Wolfgang Selke / Bernd Hoffmann (Hrsg.)
Kommunales Altlastenmanagement

Praxis der Altlastensanierung

Band 3

Kommunales Altlastenmanagement

Regionale Inventur kontaminationsverdächtiger Flächen, Vorsorgekonsequenzen, Nachsorgeprioritäten, Untersuchungskonzepte am Einzelstandort

Herausgeber

Dipl.-Ing. Wolfgang Selke
Dipl.-Ing. Bernd Hoffmann

Mit Beiträgen von

Klaus J. Franke, Dipl.-Ing. Wolfgang Selke,
Dr. Jörg Hartmann, Dipl.-Geogr. Joachim Ruf,
Prof. Dr. Dietrich Soyez, Prof. Dr. Edmund Brandt,
Dipl.-Ing. Bernd Hoffmann, Dr. Gerhard Albert,
Dipl.-Biol. Jörg Oellerich, Dr. Jürgen Wagner,
Dr. Hans-Peter Huppert-Nieder, Dipl.-Geogr.
Hartmut Bohrer, Dipl.-Geogr. Stefan Heinemeyer,
Dipl.-Geol. Martin Becker, Dipl.-Ing. Rudolf Heide,
Dipl.-Geogr. Jost Eberhard, Prof. Dr. Helmut Groh

Economica Verlag

Die Deutsche Bibliothek – CIP-Einheitsaufnahme

Kommunales Altlastenmanagement : regionale Inventur kontaminationsverdächtiger Flächen ; Vorsorgekonsequenzen, Nachsorgeprioritäten, Untersuchungskonzepte am Einzelstandort / Hrsg.: Wolfgang Selke ; Bernd Hoffmann. Mit Beitr. von Klaus J. Franke ... – Bonn : Economica Verl., 1992
(Praxis der Altlastensanierung ; Bd. 3)
ISBN 3-87081-032-7
NE: Selke, Wolfgang [Hrsg.]; Franke, Klaus J.; GT

© 1992 Economica Verlag GmbH, Bonn

Alle Rechte vorbehalten.
Nachdruck, auch auszugsweise, nur mit Genehmigung des Verlages gestattet.

Satz: Richarz Publikationsservice, St. Augustin
Druck: Weihert-Druck GmbH, Darmstadt
Gedruckt auf chlorfrei gebleichtem Papier.

ISBN 3-87081-032-7

Geographisches Institut
der Universität Kiel

Grußwort

Das Saarland ist eine traditionsreiche Industrieregion, die vor allem durch den Montanbereich geprägt ist. Industrielle Vergangenheit und Gegenwart haben im saarländischen Boden ihre Spuren hinterlassen: Es gibt eine hohe Zahl von Altlasten. Der Stadtverband Saarbrücken, das industrielle Zentrum des Saarlandes, geht dieses Umweltproblem schon seit längerem an. So hat der Stadtverband ein Forschungsprojekt erarbeitet, in dem beispielhaft eine integrierte Vorgehensweise auf kommunaler Ebene entwickelt und praktisch erprobt wird.

Die Städte und Gemeinden sind von der Altlastenproblematik unmittelbar betroffen und brauchen Unterstützung. Deshalb hat das Umweltministerium das Forschungsprojekt des Stadtverbandes mit über 600.000 DM aus Landesmitteln unterstützt. Von Landesseite wurden darüber hinaus beträchtliche Finanzmittel bewilligt, um bei einer Reihe von Wohnsiedlungen und Kinderspielplätzen, die der Stadtverband als kritisch bewertet hatte, genaue Informationen über das tatsächliche Gefahrenpotential zu erhalten. Experten des Umweltministeriums standen dem Stadtverband bei seiner Arbeit mit Rat und Tat zur Seite.

Die hier vorliegende Veröffentlichung zum kommunalen Altlastenmanagement beschreibt detailliert die Probleme, denen sich die betroffenen Behörden stellen müssen und informiert über die praxiserprobten Instrumente, die zur Lösung eingesetzt werden können. Die Verantwortlichen in den Städten und Gemeinden, Kommunalpolitikerinnen und -politiker, aber auch interessierte Bürgerinnen und Bürger können sich offensiv mit der Altlastenproblematik auseinandersetzen. Ich wünsche deshalb dem Buch eine weite Verbreitung in der Saar-Lor-Lux-Region wie auch in den anderen Bundesländern.

Jo Leinen
Minister für Umwelt des Saarlandes

Geleitwort

Für unsere Städte stellt die Altlastenproblematik eine besondere Herausforderung der Umweltpolitik dar. Nicht nur wegen der möglichen Gefahren, die von einzelnen Standorten ausgehen können, sondern auch wegen der kaum absehbaren finanziellen Folgen für die Stadtkasse, die durch Altlasten entstehen können. Auf der kommunalen Ebene sind Bürger und Politiker ganz unmittelbar von den Auswirkungen einer Altlast betroffen. Die kommunalpolitischen Entscheidungsträger und die Verwaltungen brauchen daher Instrumente und Verfahren, um sich einen verläßlichen Überblick zur Altlastenproblematik in ihrer Kommune verschaffen zu können.

Es ist daher besonders erfreulich, daß die im Forschungsvorhaben „Handlungsmodell Altlasten" erarbeitete Methodik gerade kommunalen und regionalen Verwaltungen Werkzeuge zur Verfügung stellen kann, die alle Aspekte der Altlastenproblematik umfassend behandeln. Dabei geht es sowohl um die Abwehr akuter und längerfristig wirksamer Gefahren, wie auch um die Vorsorge im Rahmen von kommunalen Planungen. Die Flächennutzungs- und Bebauungsplanung sind originär kommunale Werkzeuge, in denen sich am sichtbarsten der politische Wille zur Gestaltung des Gemeindegebietes ausdrückt.

Bei dieser Aufgabe gilt es, viele, ganz unterschiedlich gelagerte Anforderungen zu berücksichtigen. Vor allem sind in den letzten Jahren dabei die Umweltgesichtspunkte verstärkt in den Vordergrund getreten. Damit diese schwierigen Aufgaben möglichst reibungslos und umfassend von öffentlichen Verwaltungen bewältigt werden können, wurden die verschiedenen Verfahren zu einem System des kommunalen Altlastenmanagements zusammengefaßt. Die Arbeit ist im unmittelbaren Zusammenhang mit den täglichen Anforderungen einer kommunalen Verwaltung entstanden, deshalb entsprechen die praktische Handhabung und die leichte Verständlichkeit den Notwendigkeiten vor Ort.

Aber nicht nur die direkten inhaltlichen Aspekte werden im Buch aufgezeigt, sondern auch deren Umsetzung im Verwaltungsalltag. Wichtige Rahmenbedingungen wie die Öffentlichkeitsarbeit und rechtliche Fragen werden sowohl von der Methodik als auch vom praktischen Einsatz her ausführlich behandelt. Dabei ist besonders wichtig, daß eine demokratische Gemeinde großen Wert auf die umfassende Unterrichtung Ihrer Bürger legen wird. Auch diese Aufgabe wird in dem Band praxisorientiert behandelt. Nicht zuletzt ist die Veröffentlichung mit ihrem populärwissenschaftlichen Charakter auch für den interessierten Bürger geeignet.

Jochen Dieckmann
Geschäftsführendes Präsidialmitglied
des Deutschen Städtetages

Vorwort

Der Beginn der Altlastendiskussion in Deutschland wird zuweilen auf das Jahr 1979 datiert, als mit dem spektakulären Fall Stolzenberg in Hamburg Bodenbelastungen erstmals öffentlich thematisiert wurden.

Noch bis zur Mitte der 80er Jahre standen sich intensive Bemühungen um die Problematik und weitgehende Nichtbeachtung gegenüber. Bis dahin waren länderspezifische Schwerpunkte zu diesem Thema erst in Einzelfällen und bei weitem noch nicht für alle alten Länder festzustellen. Gleichzeitig und nicht immer koordiniert begannen kommunale Verwaltungen, lokale Lösungsansätze zu entwickeln.

Gleichwohl ist das Thema dank der öffentlichen Diskussion, dank der Initiative vieler verantwortlicher Einzelpersonen in den Ländern, Fachbehörden, Städten, Kreisen und Gemeinden „auf den Weg" gebracht worden.

Wenn wir uns die Zahl der Tagungen, Kongresse und Fortbildungsveranstaltungen seit Beginn der 90er Jahre vergegenwärtigen, so stellen wir eine beachtliche öffentliche, politische und fachwissenschaftliche Resonanz zum Problem Altlasten fest. Wie bei kaum einem anderen Umweltmedium ist es gelungen, das Thema in der relativ kurzen Zeit von nur zehn Jahren vom Punkt Null bis zum vorliegenden Entwurf des „Gesetzes zum Schutz vor schädigenden Bodeneinwirkungen und zur Beseitigung von Altlasten" (Bundesbodenschutzgesetz) zu entwickeln.

Die gegenwärtige Situation ist durch verschiedene Umbrüche gekennzeichnet: Mit Abstand werden uns die Herausforderungen durch den ökologischen Raubbau in der ehemaligen DDR vor besondere Anstrengung stellen. Für den wirtschaftlichen Aufschwung Ost müssen möglichst kurzfristig gerade auch innerstädtische Flächen zur Wiedernutzung bereit stehen, um die Freiflächen auf der grünen Wiese zu schonen. Aber gerade diese Innenstadtflächen sind oftmals blockiert wegen vermuteter oder tatsächlicher Belastung und zwar mit allen damit verbundenen negativen Effekten. Um hier Gegenmaßnahmen einzuleiten, hat der Bundesminister für Umwelt, Naturschutz und Reaktorsicherheit bereits im Jahr 1991 ein Forschungsvorhaben im Kreis Wittenberg bewilligt, mit dessen Hilfe der Kreis zusammen mit dem Institut für Umweltinformatik an der Hochschule für Technik und

Wirtschaft in Saarbrücken eine angepaßte Version des Saarbrücker Handlungsmodells für Kommunen und Kreise in den neuen Ländern aufstellen wird. Der Stadtverband Saarbrücken hat in diesem Vorhaben seine Erfahrungen beratend vermittelt.

Fachintern sind folgende Schwerpunkte festzustellen: Die medizinisch-toxikologischen Beiträge werden nach längerem Vorlauf in absehbarer Zeit zur Verfügung stehen und in der politischen Diskussion um ihre Anwendung weiterentwickelt werden. Bei den technisch-ingenieurmäßigen Problemlösungen werden wir noch auf Jahre einen Innovationsboom erleben, bis eine größere Anzahl praxisbewährter, kostengünstiger Technologien markterprobt zur Verfügung stehen. Einen weiteren Umbruch sehen wir dank des vom Bundesminister für Forschung und Technologie geförderten Altlastenforschungsergebnisse beim Stadtverband heute deutlicher:

Der Wissenstransfer und die Umsetzung von Erkenntnissen und Erfahrungen aus Forschung und Pilotentwicklungen in den Verwaltungsalltag der Kommunen ist eine der herausragenden Aufgaben der Altlastenbewältigung, nicht nur in den neuen Ländern. Hier werden Qualitätsniveau und Kostenumfang der Erfassung, Bewertung und der weiteren Maßnahmen entscheidend mitbestimmt.

Bereits vor der Arbeit beim Stadtverband gab es hierzu – wenn auch vereinzelt und unter Teilaspekten – bereits vielversprechende Ansätze. Was aus meiner Sicht bei den Ergebnissen der Stadtverbandsforschung besonders hervorzuheben ist, daß es mit dem vorliegenden Band nunmehr eine umfassende Gesamtstrategie gibt. Sie enthält alle Bestandteile einer regionalen Gefährdungsabschätzung, die erstens praxiserprobt ist, zweitens systematisch aus Einzelverfahren aufgebaut wurde, so daß sowohl „Anfänger" wie auch Fachleute ihre Werkzeuge bedarfsgerecht aufbauen oder ergänzen können, und drittens schließlich Instrumente enthält, die nach dem letzten Stand der Technik dokumentiert wurden. Damit wurde der Wirkungsgrad des Wissenstransfers für diejenigen erheblich gesteigert, die in ihren Verwaltungen über moderne DV-Technik verfügen.

Dr. Volker Franzius
Umweltbundesamt Berlin

Inhaltsverzeichnis

Grußwort
Umweltminister *Jo Leinen* V

Geleitwort
Jochen Dieckmann VII

Vorwort
Volker Franzius IX

Einleitung der Herausgeber XIX

I	**Wohnen auf der Altlast –**	
	Beteiligung von Betroffenen	
	Klaus J. Franke	1
1	Wohnen auf der Altlast. – Wohnen auf der Altlast? . .	1
2	Beteiligung von Betroffenen	3
3	Konsequenzen	13
II	**Kommunale Strategien im Umgang mit Altlasten**	
	Wolfgang Selke	15
1	Einleitung	15
2	Problembeschreibung und Handlungserfordernisse aus kommunaler Sicht	17
3	Ergebnisse aus der Erfassung und Bewertung kontaminationsverdächtiger Flächen	22
4	Konsequenzen für den Verwaltungsvollzug	28
4.1	Flächennutzungsplan und Kontaminationsverdacht . .	28
4.2	Altlastenverdacht, Altlasten, Bebauungsplan und Baugenehmigungspraxis nach § 34 BauGB	33
5	Öffentlichkeitsarbeit bei Altlasten	40

6	Datenschutz und Altlastenverdachtskataster	47
7	Fazit und Inhalte eines kommunalen Altlastenmanagements	48
8	Fußnoten/Literatur	51

III	**Die Erfassung von kontaminationsverdächtigen Standorten nach der vom Stadtverband Saarbrücken entwickelten Methodik im Landkreis Wittenberg** *Jörg Hartmann*	64

1	Ausgangssituation	64
2	Methodik und DV-Werkzeug	65
3	Personelle und sachliche Voraussetzungen zur Projektdurchführung	67
4	Verfügbare Informationsquellen	69
5	Hoffnungen und Erwartungen	71
6	Literatur	72

IV	**Multitemporale Luftbild- und Kartenauswertung zur Erfassung von kontaminationsverdächtigen Standorten** – Ergebnisse einer Pilotstudie im Bereich des Stadtverbandes Saarbrücken *Joachim Ruf und Dietrich Soyez*	73

1	Einführung	73
1.1	Vorbemerkung	73
1.2	Problemstellung und Untersuchungsgebiet	74
2	Untersuchungsziele und -methoden	76
2.1	Erste Untersuchungsphase	77
2.2	Zweite Untersuchungsphase	80
3	Untersuchungsergebnisse	83
4	Konzepte zur Suche altlastverdächtiger Standorte im Saarland	88
4.1	Konzept A: Flächendeckende multitemporale Karten- und Luftbildinterpretation	88
4.2	Konzept B: Gezielte multitemporale Karten- und Luftbildinterpretation in Vorzugsräumen für Verdachtsstandorte	89

4.3	Konzept C: Multitemporale Karten- und Luftbildinterpretation in planerischen Funktionsräumen	91
5	Zusammenfassende Wertung	91
6	Literatur	93

V Zum Beitrag des Rechts bei der Bewältigung der Altlastenproblematik unter besonderer Berücksichtigung der kommunalen Ebene
Edmund Brandt 94

1	Ausgangslage	94
2	Datenbeschaffung, -aufbereitung und -verwertung	95
2.1	Handlungsspektrum	95
2.2	Ermächtigungsgrundlage	96
2.3	Folgerungen	96
2.4	Informationsmöglichkeiten bei Kontaminationsverdacht und feststehenden Altlasten	97
3	Planungsrechtliche Aspekte im Zusammenhang mit der Bewältigung der Altlastenproblematik	98
3.1	Flächennutzungsplanung	98
3.2	Bodenschutz im Bebauungsplan	99
3.3	Folgerungen	101
4	Anforderungen an die Umweltrechtspolitik	101
5	Literatur/Anmerkungen	103

VI Praktische Ansätze zur Bewertung kontaminationsverdächtiger Standorte
Bernd Hoffmann 104

1	Allgemeine Bewertungsaspekte	104
2	Modelle als Abbildungen der Realität	104
3	Bewertungsgrundsätze	106
4	Einordnung der verwandten Bewertungsmodelle	107
5	Datenerhebung	108
6	Bezug der Daten zum Gefährdungspotential	110
7	Bewertungansätze bei der Behandlung von kv Flächen	115
8	Regionale Erfassung aller kv Standorte	116
9	Umsetzung in die kommunale Praxis	118
10	Die beprobungslose vergleichende Bewertung	119

11	Gefährdungsabschätzung an Einzelstandorten	121
12	Die Gefahrenabwehr am Einzelstandort	122
13	Fazit	123

VII Vorbewertung zur ersten Gefahrenabschätzung
Ergebnisse aus dem Forschungsprojekt: Methodik eines Handlungsmodells zur Abschätzung und Abwehr der Gefahren aus den Altlasten einer Region
Gerhard Albert und Jörg Oellerich 124

1	Einleitung	124
2	Räumliche Situation und kontaminationsverdächtige Flächen im Stadtverband Saarbrücken (Raumverträglichkeitsanalyse)	125
3	Methodisches Konzept der Bewertung	127
4	Vorbewertung der kontaminationsverdächtigen Flächen im Stadtverband Saarbrücken (Zweitbewertung)	129
4.1	Klassifizierung der Branchen hinsichtlich des von ihnen ausgehenden Freisetzungspotentials von Schadstoffen	133
4.2	Klassifizierung der Flächennutzungen bzw. der nutzungsübergreifenden Flächenfunktionen im Hinblick auf unterschiedliche Betroffenheit durch Kontaminationen .	135
4.3	Bewertung der kontaminationsverdächtigen Flächen anhand der festgesetzten Bewertungskriterien	137
4.4	Ergebnisse	139
5	Methodik der nachgeschalteten Dringlichkeitsbewertung	140
5.1	Ergebnisse der Dringlichkeitsbewertung	142
6	Zusammenfassung	142
7	Literatur	143

VIII Kostenoptimierte Untersuchungsprogramme mit Hilfe eines Entscheidungsschlüssels
Jürgen Wagner, Hans-Peter Huppert-Nieder und Hartmut Bohrer 145

1	Die Forderung nach kostenoptimierten Untersuchungsprogrammen	145
2	Welche Faktoren beeinflussen die Erstellung eines Untersuchungsprogramms?	146
3	Methodik und Weg zum Erstellen der Programme ...	149
4	Der Entscheidungsschlüssel	151

IX	**Orientierende Untersuchungen von Wohngebieten auf kontaminationsverdächtigen Flächen – Ein Untersuchungsprogramm des Stadtverbandes Saarbrücken** *Stefan Heinemeyer*	158

1	Einleitung	158
2	Voruntersuchungen: Standortauswahl und Intensivrecherche	159
3	Das Untersuchungsprogramm	161
3.1	Untersuchungsmedien	161
3.2	Aufschlußverfahren	162
3.3	Probenahmeraster	162
3.4	Untersuchungsparameter	163
3.5	Kostenabschätzung	163
4	Ausschreibung: Leistungsverzeichnis und Auftragsvergabe	164
5	Abstimmung mit den Kommunen	164
6	Einbindung der Bürger	166
6.1	Vorinformation und Ergebnismitteilung	166
6.2	Reaktionen auf das erste Informationsschreiben	167
6.3	Reaktionen in dem Zeitraum zwischen Probenahme und Ergebnismitteilung	168
6.4	Zweites Informationsschreiben: Mitteilung der Ergebnisse	168
6.5	Reaktionen auf die Ergebnismitteilung	169
7	Durchführung der Untersuchungen	169
8	Nachuntersuchungen	171
9	Fazit	172
9.1	Die technische Vorgehensweise	172
9.2	Bürgernähe	172

X	**Zur Richt- und Grenzwertproblematik in Zusammenhang mit orientierenden Untersuchungen und Gefährdungsabschätzungen** *Martin Becker*	178

1	Ausgangssituation und Aufgabenstellung	178
2	Prinzipielles Vorgehen	180

3	Aufbau des Bewertungssystems	181
3.1	Schadstoffsituation	183
3.2	Nutzungskontext	188
4	Zusammenfassung	192
5	Literatur	194

XI Abschätzung der wirtschaftlichen und gesellschaftlichen Folgen von kontaminationsverdächtigen Standorten im städtischen Raum
Rudolf Heide und Jost Eberhard 195

1	Problem und Ziele	195
2	Klärung von Begriffen	196
3	Darstellung der Bewertungsmethode	198
4	Praktische Anwendung der Methode und Ergebnisse	205
5	Anwendung der Wirkungsanalyse: Möglichkeiten und Probleme	208
6	Literatur	211

XII Die abschließende Bewertung des regionalen Gefährdungspotentials
Jürgen Wagner, Hans-Peter Huppert-Nieder und Hartmut Bohrer 212

1	Die Einbindung der Hauptbewertung in das Gesamtprojekt des Stadtverbandes Saarbrücken	212
2	Ziel der Hauptbewertung	215
3	Konzeptioneller Aufbau der Bewertungsmethodik	215
4	Der Bewertungsbereich Emissionspotential („Stoffgefährlichkeit")	221
5	Der Bewertungsbereich Transmissionspotential („Geoökologische Standortverhältnisse")	224
6	Der Bewertungsbereich Immissionspotential („Aktuelle und geplante Nutzung")	226
7	Die Gesamtbewertung von kontaminationsverdächtigen Standorten	227

XIII	Behandlung von kontaminationsverdächtigen Standorten, Methode und Werkzeug *Helmut Groh und Bernd Hoffmann*	232
1	Einleitung und Problemstellung	232
2	Orientierung am Nutzer	232
3	Die Aufgabenstellung in der Altlastenproblematik	233
3.1	Die regionale Erfassung aller kontaminationsverdächtiger Standorte	234
3.2	Die Umsetzung in die kommunale Praxis	234
3.3	Die vergleichende beprobungslose Bewertung des regionalen Gefährdungspotentials	236
4	Die Gefährdungsabschätzung des Einzelstandortes	236
5	Die Gefahrenabwehr am Einzelstandort	237
6	DV-Werkzeuge	237
6.1	Datenbanken	239
6.2	Geografische Informationssysteme	241
6.3	Wissensvermittelnde Systeme	242
7	Aspekte der Benutzerfreundlichkeit, Softwareergonomie	244
8	Standardisierung	246
9	Kosten für DV-Werkzeuge	246
10	Werkzeugauswahl	247
10.1	DV-Werkzeuge auf der Basis von HMA	247
10.2	HMA-ALKA, Altlastenkataster	249
10.3	HMA-VB 1 und -VB 2, Vorbewertung	251
10.4	GRAS, Grafisches System zur Visualisierung von Sachdaten	251
10.5	HMA-ER, Wissensbasierter Modul für die regionale Erfassung	253
10.6	HMA-UP, Handlungsmodell Altlasten – Untersuchungsprogramm	254
11	Philosophie des offenen „Werkzeugkastens"	255
XIV	Ausblick, Perspektiven, künftige Arbeitsschwerpunkte *Wolfgang Selke und Bernd Hoffmann*	256
Glossar		261
Autorenverzeichnis		269

Einleitung der Herausgeber

Ziele und Struktur des Forschungsansatzes

Die bereits Mitte der 80er Jahre erkennbaren Hauptrichtungen der Altlastendiskussion aus kommunaler Sicht führten im Umweltamt des Stadtverbandes Saarbrücken dazu, 1986 einen Antrag auf Fördermittel zur Altlastenforschung beim Bundesminister für Forschung und Technik (BMFT) zu stellen. Im Herbst 1987 wurde er bewilligt.

Das Projekt wird im Rahmen des Bodenforschungsprogramms des BMFT im Schwerpunkt E „Konzepte zur Bewertung, Empfehlungen und Anweisungen zum Handeln" maßgeblich gefördert. Die Projektträgerschaft liegt bei der Projektleitung Biologie, Energie, Ökologie (BEO) des Forschungszentrums Jülich GmbH. An der Finanzierung des Vorhabens sind die für die Altlastenproblematik relevanten Behörden, Institutionen und Unternehmen der Region des Stadtverbandes beteiligt. Die Gesamtmittel von ca. 6,5 Mio DM werden im wesentlichen vom BMFT (68 %) und vom Saarländischen Umweltministerium (10 %) getragen. Daneben gelang es, regional bedeutsame Organisationen wie den Kommunalen Abfallentsorgungsverband Saar, die Stadtwerke Saarbrücken und den Abwasserverband Saar für eine Mitfinanzierung zu gewinnen. Ohne daß im Saarland ein Modell zur Altlastenfinanzierung besteht, erklärten sich die strukturprägenden Montanunternehmen ebenfalls bereit, das Vorhaben zu fördern. Hierzu zählen die Saarbergwerke AG, die Saarstahl AG und die Halbergerhütte GmbH. Neben der Kostenverteilung auf mehrere Träger begrüßt der Stadtverband die Finanzierungsbereitschaft dieser Unternehmen als Signal für das gemeinsame Interesse an einer verantwortungsbewußten Lösung von Altlastenproblemen.

Wichtigste Kooperationspartner des Stadtverbandes Saarbrücken sind seine zehn Mitgliedskommunen. Im Rahmen des Forschungsprojektes waren die Städte und Gemeinden neben den Finanzgebern Hauptansprechpartner und Zielgruppe der gesamten Arbeit.

Für Städte, Kreise und kommunale Gebietskörperschaften wie Stadtumlandverbände wurde ein übertragbares Handlungs- und Entscheidungsmodell entwickelt zur Abschätzung und Abwehr der Gefahren aus den Altlasten einer Region am Fallbeispiel des Stadtverbandes

Saarbrücken. Dabei liegt der Schwerpunkt auf der praxisgerechten Entwicklung und Erprobung von Methoden und Verfahren zur Bewältigung der Altlastenprobleme vor Ort.

Im Vordergrund des Vorhabens steht daher die qualifizierte Politik- und Verwaltungsberatung. Naturwissenschaftlich-technische Grundlagenforschung ist nicht Gegenstand des Projektes; vielmehr sollen vorliegende Forschungsergebnisse ausgewertet und nach praktischer Erprobung am Fallbeispiel des Stadtverbandes anwendbar gemacht werden. Die Organisationsstruktur des Vorhabens ist an anderer Stelle eingehend erläutert worden[1].

Das Vorhaben ist unter Forschungsgesichtspunkten in drei Teilaufgaben gegliedert:
1. Feststellung der Gefahrenlage
2. Konzipierung der Gefahrenabwehr
3. Projektbegleitende Maßnahmen

In einer umfassenden flächendeckenden Bestandsaufnahme wurden ca. 2.500 kontaminationsverdächtige (kv) Standorte im Gebiet des Stadtverbandes Saarbrücken – 411 qkm, ca. 360.000 Einwohner – ermittelt, gekennzeichnet und bewertet[2].

Im Ergebnis liegt damit folgendes vor:
- vollständige, flächendeckende Erfassung aller Standorte, bei denen Boden- und Grundwasserkontaminationen möglich sind (Ausnahme: Kanalisation, ehemalige Bunker)
- beprobungslose Bestimmung von Untersuchungsprioritäten von Verdachtsflächen nach den Kriterien
  - Gesundheitsgefährdung,
  - Grundwassergefährdung,
  - Gefährdung von Natur- und Landschaftsschutzgebieten (Biotopen),
  - Beeinträchtigung von geplanten Wohnbau-, Gewerbe-, Gemeinbedarfsflächen,
  - die Wiedernutzung von Industrie- und Gewerbebrachen nicht zu verzögern,

- direkte Umsetzung der Erkenntnisse aus der Erfassung in den Verwaltungsvollzug mit dem Ziel, Fehler bei Planungen und anderen Entscheidungen zu vermeiden und
- Aufstellung von Untersuchungsprogrammen für Standorte mit vermutlich hohem Gefahrenpotential.

Zum Vorgehen bei der Erfassung im einzelnen kann auf eine frühere Veröffentlichung der Methodik zur Erfassung von kontaminationsverdächtigen Standorten im Handbuch Altlastensanierung verwiesen werden[3].

Das folgende Schaubild verdeutlicht den Aufbau des Forschungsvorhabens orientiert an der Handlungsebene, wobei die Umsetzung in die praktische kommunale Arbeit betont wird. Wir haben hier versucht, die komplexe Aufgabe zum besseren Verständnis zu vereinfachen. Insgesamt umfaßt das Forschungsvorhaben 16 Arbeitspakete mit 60 Arbeitsschritten, von denen jeder wieder in 5 bis 10 Maßnahmen untergliedert ist. Bei der Einordnung der einzelnen Beiträge zum vorliegenden Band werden wir uns auf die gezeigten Phasen, in denen die Altlastenproblematik behandelt wird, beziehen.

Im ersten Beitrag von *Franke* kommt ein Sprecher der von Altlasten unmittelbar Betroffenen zu Wort. Die hier aufgezeigten Mißstände treten in verschiedenen Phasen der Altlastenbehandlung auf. Dem Bürger, der selbstverständlich im Mittelpunkt staatlicher Aktivitäten stehen muß, wird nur allzu oft ungenügend das notwendige Gehör verschafft. Wir haben uns während des ganzen Projektes bemüht, durch Beteiligung und Offenheit gegenüber dem Bürger so weit wie möglich die angesprochenen Mißstände zu vermeiden.

Wie diese Bemühungen aussehen, ist – neben anderen – ausführlich dem Beitrag von *Selke* zu entnehmen. Darüber hinaus wird hier die fachtechnische Vorgehensweise umfassend aus den kommunalen Notwendigkeiten begründet. Es wird gezeigt, daß trotz vieler Schwierigkeiten die anstehenden Aufgaben auf der kommunalen Ebene systematisch bewältigt werden können. Die direkte Umsetzung der Kenntnisse aus der Erfassung in die Verwaltungspraxis nimmt daher einen beträchtlichen Raum ein, um Fehlentscheidungen zu vermeiden.

Der Aufsatz von *Hartmann* beschreibt die Möglichkeiten, welche sich mit der Anwendung der im Forschungvorhaben des Stadtverbandes entwickelten Methoden und Verfahren für die neuen Bundesländer ergeben. Die dortigen Arbeiten werden vom Bundesumweltminister gefördert und liegen im Rahmen der Ansätze, die Vorgehensweise in den Bundesländern zu vereinheitlichen.

Ruf/Soyez zeigen neue methodische Ansätze der Luftbild- und Kartenauswertung, die sowohl bei der Erfassung aller Standorte wie auch bei der intensiven Betrachtung eines Standortes ein wichtiges Werkzeug darstellen.

Die juristischen Rahmenbedingungen für die Kommune schildert *Brandt*, wobei auch auf die gesetzlichen Grundlagen auf Bundes- und Länderebene eingegangen wird. Trotz der schwierigen Gesetzeslage beim Umgang mit kontaminierten Grundstücken stellt der Beitrag eine Ermutigung für die Gemeinden dar.

Da die Bewertung von Gefahrenpotentialen in allen Phasen der Altlastenbehandlung eine große Rolle spielt, behandelt der Beitrag von *Hoffmann* die Grundlagen hierzu ausführlicher. Die Vermittlung von Bewertungsergebnissen in einer für die politischen Gremien verständlichen Form bildet einen Eckpunkt der Ausführungen. Die politisch Verantwortlichen sollen dadurch den kommunalen Handlungserfordernissen angemessene Entscheidungen treffen können.

Die Beiträge von *Albert/Oellerich*, *Wagner/Huppert-Nieder/Bohrer* und *Heide/Eberhard* zeigen die konkreten Bewertungsansätze auf verschiedene Stufen der inhaltlichen Differenzierung im Rahmen der beprobunglosen, vergleichenden Bewertung. Während *Albert* noch von einem ziemlich schmalen Erkenntnisniveau ausgeht, bildet der von *Wagner* beschriebene Bewertungsansatz den Abschluß der vergleichenden Beurteilung. Die schwierige Bewertung von ökonomischen und sozialen Schutzgütern im städtischen Zusammmenhang wird von *Heide/Eberhard* angegangen.

Nachdem mit den gerade angesprochenen Bewertungen unter den verschiedensten Gesichtspunkten Prioritäten für Standorte mit zusätzlichem Untersuchungsbedarf ausgewiesen wurden, steht die intensive Betrachtung einzelner Standorte an. Für diese Arbeitsphasen am Einzelstandort wurde von *Wagner* ein praxisnaher Leitfaden entwickelt. Er zeigt auf, wie historische Intensivrecherchen durchgeführt werden, welche Untersuchungsparameter daraus resultieren, mit welchen Probenahmetechniken diese Stoffpalette aufgespürt werden kann, welches Probenahmeraster sinnvoll ist, welche Kosten anfallen und wie die Ergebnisse zu interpretieren sind. Da der Leitfaden zur Aufstellung

Handlungsmodell Altlasten / Regionale Behandlung der Altlastenproblematik

Arbeitsschritte system. Altlastenhandelns

Logischer Schritt — *Ergebnisse*

Umsetzung in die kommunale Praxis

Logischer Schritt — *Ergebnisse*

Erfassung aller kontaminationsverdächtigen (kv-) Standorte

- Erfassung der kv-Flächen auf regionaler Ebene
- Regionales kv-Flächen-Kataster
- Information der polit. Gremien / Beteiligung der betroffenen Ämter, Öffentlichkeitsarbeit
- Berücksichtigung der kv-Flächen bei FNP, BP und Baugenehmigungen, Info. für Bauherren/Grundstücksverkehr

Beprobungslose Vorbewertung/Vergleich. Bewertung

- Kategorisierung Statistische Analyse
- Raumverträglichkeitsanalyse
- Bewertung des reg. Gefahrenpotentials
- Intensivrecherche für ausgewählte, untersuchungsbedürftige Standorte

- Statistischer Überblick
- Räumliche Schwerpunkte
- Prioritätenlisten
- Vollständige Angaben zu Einzelstandorten Untersuchungsentscheidungen

- erneute vertiefende Information der politischen Gremien / Beteiligung der betroffenen Ämter für:
  - Planung
  - Umweltschutz
  - Bauwesen
  - Liegenschaften

- Berücksichtigung der kv-Flächen bei Aufstellung von FNP und BP, aktuellen Baugenehmigungen und Untersuchungsprogrammen:
  - Wasserschutz
  - Wohnen auf kv-Flächen

Gefährdungsabschätzung einzelner kv-Standorte/Gruppen

- Aufstellg. v. Progr. zu orientier. Untersuchungen
- Hauptuntersuchung Bewertung des Gefahrenpotentials

- Chemisch/Physikal. Untersuchungen
- Differenzierte Analysen

- Wirtschaftsförderung
- Konzept zur Außendarstellung

- Rechtskräftige Bebauungspläne auf kv-Flächen
- Industriebrachenrecycling

SINUS: Simulationsmodell integrierte Nutzungs- und Sanierungsplanung

- Sanierungsziele
- Alternative Planungen
- Sanierungsplan-/konzepte
- alternative Nutzungskonzepte

- Nutzungsalternativen
- Sanierungsalternativen
- Kostenschätzungen
- Umweltverträglichkeit
- vollständige Entscheidungsgrundlage

- Beschlüsse über politische Prioritäten
- Öffentlichkeitsarbeit

XXIII

von Untersuchungsprogrammen u. E. von hoher praktischer Bedeutung ist, gibt es dazu eine eigene Veröffentlichung sowie eine PC-Software, welche den Anwender bei allen Aufgaben effizient unterstützt.

Wie solche Untersuchungen praktisch durchgeführt werden, zeigt der Beitrag von *Heinemeyer*. Es handelt sich um zum größten Teil um dicht bewohnte Siedlungen auf altlastverdächtigen Flächen. Hier mußte vor allem der Anspruch des Vorhabens eingelöst werden, die Bürger umfassend zu unterrichten, um zu einer größeren Akzeptanz der administrativen Vorgehensweise zu gelangen. Der erheblich erhöhte Aufwand, der mit dieser Öffentlichkeitsarbeit verbunden ist, wird längerfristig durch die geringeren politischen Schwierigkeiten in der Verständigung mit dem Bürger aufgewogen.

Eines unserer Hauptanliegen war es, die im Laufe des Vorhabens entwickelten Methoden und Verfahren unmittelbar für die Praxis nutzbar zu machen.

Groh/Hoffmann zeigen, wie diese Forderung durch die Entwicklung von entsprechenden DV-Werkzeugen umgesetzt wurde. Der Einsatz der Datenverarbeitung ist bei den anfallenden hohen Standortzahlen unabdingbar, die Programme müssen jedoch auf die Bedürfnisse der jeweiligen Anwender ausgerichtet sein. Diese enge Orientierung auf die künftigen Benutzer konnte durch die Erprobung in der Praxis optimiert werden.

Zum Abschluß zeigen die Herausgeber Perspektiven für die weitere Arbeit auf. Dabei handelt es sich im wesentlichen um die großen Aufgaben, die mit der Gefahrenabwehr auf die Kommunen zukommen. Da diesem Thema eine eigene Veröffentlichung gewidmet werden soll, beschränken wir uns in diesem Band auf die Darstellung von Grundlagen.

Als Service für den Leser, der sich bisher nicht ausführlich mit dem Thema Altlasten beschäftigt hat, ist am Ende des Buches ein Glossar beigefügt. Darin werden nicht geläufige Begriffe erklärt.

Ein solch komplexes Vorhaben ist nicht ohne die Hilfe von sehr vielen Personen durchführbar. Ihnen möchten wir abschließend herzlichst unseren Dank aussprechen.

Als erstes möchten wir der Verwaltungsspitze und den politischen Gremien des Stadtverbandes danken, die es durch ihre Beschlüsse und die

Finanzierungsbeiträge ermöglichten, das Vorhaben auszuarbeiten und zur weiteren Förderung zu beantragen. Der Bundesminister für Forschung und Technologie hat dankenswerterweise den Hauptanteil der Projektfinanzierung übernommen, den Mitfinanziers aus dem Saarland schulden wir über ihre Finanzbeiträge hinaus Dank für die Hilfe bei der Verankerung des Projektes in der Region. Herrn Dr. Dorstewitz danken wir für seine Unterstützung bei der Antragstellung und zu Beginn des Projektes.

Vorrangig möchten wir hier den Saarländischen Minister für Umwelt nennen, der insbesondere durch die Finanzierung von umfangreichen Untersuchungsprogrammen sein Interesse an der Umsetzung von Ergebnissen im Stadtverbandsgebiet bewiesen hat.

Den Mitgliedern der Lenkungsgruppe gilt unser Dank für die konstruktive, kritische Begleitung des Vorhabens. Durch sie wurden die Kommunen und die Finanzgeber repräsentiert: Der Saarländische Umweltminister, der Kommunale Abfallentsorgungsverband Saar, die Stadtwerke Saarbrücken, der Abwasserverband Saar, die Saarberg AG, die Saarstahl AG und die Halbergerhütte GmbH.

Die Zusammenarbeit mit der regional wichtigsten Zielgruppe, den Städten und Gemeinden, hat bewiesen, daß die kommunalpolitisch Verantwortlichen der Altlastproblematik und der Entwicklung von Lösungswegen hohen Stellenwert zumessen. Nicht zuletzt gilt unser Dank den Kolleginnen und Kollegen in den Kommunalverwaltungen.

Ein sehr wichtiger Partner bei der Durchführung des Projektes war uns stets die Projektbetreuung in Jülich, stellvertretend möchten wir hier Herrn Dr. Bertram nennen. Bei den nicht immer leichten administrativen Hürden wurde uns stets unbürokratisch und kollegial geholfen. Herzlicher Dank geht auch an die wissenschaftlichen Begleiter des Projekts, Herrn Dr. Franzius, Umweltbundesamt, und Herrn Reiss-Schmidt, Kommunalverband Ruhr, für Rat und Hilfe in schwierigen Projektphasen.

Ein besonderer Dank geht an unsere Mitautoren für ihre Bereitschaft, an diesem Buch mitzuarbeiten.

Last but not least wollen wir unseren Kolleginnen und Kollegen im Projekt und im Umweltamt danken für ihre Unterstützung und ihr Verständnis.

Unseren Lesern wünschen wir eine anregende Lektüre und hoffen, zur Lösung ihrer Probleme bei der Bewältigung der Altlastenproblematik beitragen zu können.

Wolfgang Selke
Bernd Hoffmann

Literatur

1 *Selke, W. & Dorstewitz, U.* (1989): Aufspüren und Handeln: Über das Modell des Stadtverbandes Saarbrücken zum Umgang mit Altlasten, in *Jessberger, H.L.* (Hrsg.): 5. Bochumer Altlastenseminar „Erkundung und Sanierung von Altlasten", S. 51 ff;

2 *Dorstewitz, U., Hoffmann, B. & Selke, W.* (1986): Wirksame Instrumente zur Lösung von Altlastproblemen, in: Der Landkreis 5/86, S. 200 ff;

3 *Gerdts, D. & Selke, W.* (1988): Leitfaden „Methodik der Erfassung kontaminationsverdächtiger Flächen unter Berücksichtigung der laufenden Produktion", in: *Franzius, V.* (Hrsg.): Handbuch der Altlastensanierung Punkt 2.2.0.1, S. 53 ff.

I Wohnen auf der Altlast – Beteiligungen von Betroffenen

Klaus J. Franke

1 Wohnen auf der Altlast. – Wohnen auf der Altlast?

Um eine Fläche als Wohngebiet nutzen zu können, bedarf es
- Planungsrechtlicher Voraussetzungen und Bedingungen:
  Im Plangebiet müssen gesunde Wohn-, Lebens- und Arbeitsverhältnisse herrschen. Sind diese nicht gegeben, so sind sie herzustellen – uneingeschränkt. Unterbleibt dies oder sind die Voraussetzungen nicht herbeizuführen, so darf keine Ausweisung der betreffenden Fläche als Wohngebiet erfolgen.

Um von Wohnen – im eigentlichen Wortsinn – sprechen zu können, müssen ebenfalls Voraussetzungen erfüllt sein. Deren eine Hälfte sind die äußeren Voraussetzungen, die nicht erfüllt sind, wenn das Wohnumfeld wie folgt aussieht:
- Die Infrastruktur ist miserabel, die Straßen z.B. sind seit Jahren nur provisorische Baustraßen, schlecht und teilweise nicht befestigt. Straßenbeleuchtung ist nicht oder nur spärlich vorhanden. Die Zuwegungen zu den Häusern sind ebenfalls nur provisorisch angelegt.
- Um manche Häuser klaffen seit Jahren offene, bzw. nur teilweise wieder aufgefüllte Arbeitsräume, Ausgangstüren enden „über dem Abgrund".
- Gärten und Vorgärten gleichen Wüsteneien und haben nichts mit dem gemein, was die Mieter oder Eigentümer sich ursprünglich einmal darunter vorgestellt haben.
- Von vielen unbefestigten und unbewachsenen Flächen erhebt sich bei jedem Wind ein Staubschwall, der durch die ganze Siedlung getrieben wird. Nach stärkeren Regenfällen, vor allem in der feuchten Jahreszeit, gehen dann von diesen Arealen schlammige Wasserströme aus, die, wenn sie die befestigten Flächen in der Siedlung

überfließen, sich nach dem Abtrocknen wieder in Form von Staub und Dreck mit jedem Wind über alles erheben und herabrieseln.

- Es stehen halbe Doppelhäuser, an die nicht angebaut werden darf, in der Siedlung, da nach „Entdeckung" der Altlast keine weiteren Baugenehmigungen erteilt werden.
- Innerhalb der Siedlung, evtl. sogar im eigenen Garten tritt Erdreich zutage, das sich je nach Witterung blau, gelb oder grün verfärbt und nicht gerade das Vertrauen in den eigenen Grund und Boden fördert.
- Nutzungs- und Anbaueinschränkungen (wenn sie denn vernünftigerweise ausgesprochen werden oder von den Siedlern von sich aus praktiziert werden) verhindern, daß die Menschen in ihren Gärten Obst und Gemüse anbauen können, wovon sie u.U. bereits jahrelang geträumt haben.
- Bei Strafe ist es verboten, innerhalb der Siedlung befestigte Flächen zu verlassen und Freiflächen, Wiesen oder Beete zu betreten. Das Verbot wird durch einen Wachdienst überwacht.
- Mitten aus der Siedlung heraus werden Häuser auf unbewohnbaren Grundstücken abgerissen und Großteile des Schuttes über Stunden und Tage in das verbleibende Kellergeschoß gestampft.

Kurz und gut, bzw. nicht gut, in vielen Altlastensiedlungen sieht es auf unabsehbare Zeit wie auf einer Großbaustelle aus, auf der einige Häuser herumstehen.

In besonders krassem Mißverhältnis zur erträumten Wohnsituation der Eigentümer und Mieter stehen auf einem Altlastengelände die

- inneren Voraussetzungen:

Wohnen ist mehr als nur der physische Aufenthalt in einem Haus oder einer Wohnung, ist Identifikation mit dem geschaffenen Heim, ist Lebensraumgestaltung und das Gefühl, zuhause zu sein.

In welchem Zwiespalt befinden sich Eltern, die den Garten ihres Hauses dazu gedacht hatten, ihren Kindern im Rahmen der Erziehung den Umgang mit dem Boden, der Erde, Tieren und Pflanzen nahezubringen, die aber nun aufgrund der Altlast gezwungen sind, den – wie es in vielen Gutachten so lapidar heißt – Kontakt Kind/ Boden zu unterbinden.

Das Wohnen auf der Altlast wird allgemein als Bedrohung empfunden, hat mit Geborgenheit als Synonym für Heim und Wohnung nicht das Geringste mehr zu tun.

Fazit und Forderungen des Bundesverbandes Altlastenbetroffener (BVAB):

- Wohnen und Altlast muß sich a priori gegenseitig ausschließen!!
- Gleiches muß für bereits bewohnte Altlasten und Altlastensanierung gelten (letzteres wird noch eingehender dargestellt).
- In der Regel auch kein Wohnen auf sog. „sanierten" Altlasten, denn Sanierung im eigentlichen Wortsinn ist – wie viele Erfahrungen zeigen – mit heutigem Instrumentarium kaum erreichbar, vielfach allenfalls Gefahrenminderungsmaßnahmen.

Aus allem Gesagten kann nur folgen: Wohnen auf der Altlast? – Nein, wenn überhaupt, dann allerhöchstens „Wohnen" auf der Altlast, denn als Wohnen kann der Aufenthalt auf Gift nun wahrlich nicht bezeichnet werden.

2 Beteiligung von Betroffenen

Altlastenverdachtsflächenerfassung sollte eigentlich schon im Interesse der Erfasser sich der Hilfe und Detailkenntnis der Betroffenen bedienen, denn es kann nur von Vorteil sein, wichtige Informationen in möglichst kurzer Zeit und in möglichst großem Umfang zu erhalten. Hierzu einige Beispiele, die zeigen können, wie einfach, aber dennoch wichtig Betroffenenhinweise sind:

- Auf dem Holland-Gelände in Bochum-Wattenscheid taucht bei Auskofferungsarbeiten zur Überraschung der Sanierungsfirma „plötzlich" ein Bunkerfundament im Boden auf. Hätte man vor Beginn der Arbeiten die betroffenen Anwohner bei der Geländeerkundung zu Rate gezogen, so wäre der „Sanierer" nicht ahnungslos gewesen, denn er hätte mit Menschen sprechen können, die im Krieg in eben diesem, mittlerweile abgerissenen Bunker gesessen haben.
- Auf vielen Altlastenverdachtsflächen sind Verfüllungen und Abkippungen eines der größten Probleme, erst recht, wenn diese nicht legal durchgeführt wurden und mit dem eigentlichen Betrieb auf dem Gelände nichts zu tun hatten. In solchen Fällen versagt jegliches

Fachwissen über innerbetriebliche Verfahrensabläufe, aber oftmals kennen ehemalige Arbeiter des nicht mehr existenten Betriebes Ort und Art der Verfüllungen.

- Verfrachtungen von Erdreich auf einem Gelände während der Bauzeit der nun aufstehenden Wohnhäuser sind auf Altlastenflächen immer Umlagerungen von Giftböden. Wer anders als die Betroffenen soll eine detaillierte Auskunft geben können, welches Erdreich von wo nach wo geschafft wurde, ob es dort eingearbeitet oder aufgebracht wurde?

- Wieviel Zeit und Geld im Wettlauf mit den von der Altlast ausgehenden Gefahren eingespart werden könnte – würden Betroffene ernst genommen oder befragt – zeigt das Beispiel Krupp-Park in Bochum-Wattenscheid.

Seit dem Herbst/Winter 1987 melden Anwohner der Stadt Bochum immer wieder, daß im sog. Krupp-Wald – größtenteils ehemaliges Betriebsgelände der Zeche und Kokerei Hannover III/IV/VI – der Boden an vielen Stellen auffällig ist und stinkt. Lange, viel zu lange tat sich trotz der Hinweise nichts. Dann wurden endlich im Frühjahr 1988 Proben genommen und im Juni 1988 eine gutachterliche Stellungnahme vorgelegt, in der es heißt: „Im Bereich des Kinderspielplatzes waren nur im tieferen Teil der Bohrung B 2 schwache kokereispezifische Gerüche aufgefallen.

Da über diesem auffälligen Bereich 6,5 m mächtige, unbelastete gewachsene Böden anstehen, muß es sich bei den geruchlichen Wahrnehmungen um einen Schadstoffaustrag mit dem Grundwasser handeln". (Zitat) Die Anwohner hatten allerdings oberflächennahe Bodenauffälligkeiten beanstandet...., die sich natürlich in der Zwischenzeit nicht geändert hatten. Deshalb wurden sie weiter beanstandet, was die Stadt dazu veranlaßte, mittels Immissionsmessungen nun zu überprüfen, „ob durch die Schadstoffe im Boden eine Beeinflussung der Umgebungsluft erfolgt". Gemessen wurde am 13.7.88, die Mitteilung erfolgte Ende August: „Keine signifikante Beeinflussung der Umgebungsluft."

Fast zeitgleich mit den Luftmessungen wurden – auch auf Druck der Anwohner – Bodenproben aus den auffälligen Bereichen entnommen und analysiert. Ende August erreicht die Anwohner das Analyseergebnis: BaP= 27 mg/kg, Summe PAK = 1252 mg/kg. Reichlich viel für einen Spielplatz und seine Umgebung, vor allem, wenn man bedenkt, daß das Ergebnis schon ca. 9 Monate hätte vorliegen können. Vor allem aber eine nicht zu verantwortende Gefährdung von Bürgern und Kindern, nur weil die Stadt mit ihren verantwortlichen Fachämtern viel zu lange selbstherrlich nach dem Motto: „Die Bürger sind Laien, und Laien sind dumm" handelte.

Zum Personenkreis, der von Sanierungsfachleuten verstärkt als Informationsquelle genutzt werden sollte, gehören zum Beispiel:
– Zeitzeugen
– ehemalige Arbeiter und andere Angehörige eines Industriebetriebes,
– Heimat„forscher" oder
– Be- und Anwohner der in Frage stehenden Gelände.

Wie wichtig diese Informationen sind, zeigt ein Vergleich von „Erkundungsergebnissen", basierend auf „totem Material", nämlich Luftbildern und auf Aussagen von Menschen.

Das Luftbild zeigt neben einem Betriebsgelände eine Kleingartenanlage, was die Gemeinde auf Grund der „objektiven Information" zum dem Schluß kommen läßt, das Gartengelände sei als unbedenklich einzustufen und als Baugelände geeignet. Stellt man dem die „subjektive Information" gegenüber, die die ehemaligen Gartenbesitzer und heutigen Anwohner einzubringen haben, so sieht die Situation völlig anders aus: Viele Gärten wurden jahrelang von nicht beträchtlichen Mengen „Dreckwassers" zeitweise überschwemmt, die vom benachbarten Betriebsgelände abflossen.

Außerdem ist im Zuge des Abrisses des Betriebes und der Auflösung der Kleingartenanlage jede Menge Bauschutt und Erdreich vom höhergelegenen Betriebsgelände in die tiefergelegenen Gärten geschafft und großflächig einplaniert worden. Mit diesem – natürlich unbequemen – Wissensstand ist die Frage der Bebaubarkeit des ehemaligen Gartengeländes selbstverständlich völlig anders zu bewerten, es scheint gar eine Sanierung des Geländes angezeigt.

Die Zeit gab den „subjektiven" Stimmen recht, denn nach nicht besonders kritischen Gutachten muß nun die Hälfte der aufstehenden Siedlung abgerissen und die übrigen Häuser durch eine Sanierung ihrer Grundstücke erst gefahrlos bewohnbar gemacht werden.

Realität:

In aller Regel sind (wie auch immer) Betroffene bei der Erfassung von Altlastenverdachtsflächen als Informationsquelle nicht gefragt, oft unerwünscht.

Fazit und BVAB-Erfahrungen:
- Behördliche und industrielle Auftraggeber und ihre Auftragnehmer legen keinen Wert auf genaue Informationen und hoffen, daß es „gutgeht",
- Informationsgeber und aktive Betroffene werden auch von behördlicher Seite als
  - Grüne Spinner,
  - Nörgler,
  - Schwarzmaler,
  - Querulanten und
  - Berufsoppositionelle

bezeichnet, vordringlich mit dem Ziel, sie als ernstzunehmende Menschen unglaubwürdig zu machen, was leider in der politisch-parlamentarischen, wie auch der Gesamtöffentlichkeit noch allzuoft gelingt.

Konsequenzen (die unverantwortlicherweise gezogen werden):
- Droht der Traum von der Wohnnutzung eines Geländes ins Wanken zu geraten, und wird so die Planung evtl. über den Haufen geworfen, so wird von der planenden Behörde den entscheidungstragenden Gremien, z.B. Umweltausschuß und Rat, kurzerhand mittels ungenauer Darstellung und Halbwahrheiten „vorgegaukelt", die Kontaminationen seien an ganz anderer Stelle, oder
- Grundstücksbezogene Einzelbaugenehmigungen für (angeblich) altlastenfreie Parzellen werden erteilt und so werden Gesamtbebauungspläne umgangen.
- Oder die Wohnnutzung wird zielgruppenorientiert – z.B. für alte Menschen – und mit entsprechendem publizistischem Aufwand als „soziale Tat" der Öffentlichkeit vorgestellt.

Konsequenz muß stattdessen sein:

Die Altlastenflächenerkundung muß mit den Betroffenen geschehen; sie muß ehrlich und gründlich sein und nicht beim geringsten Verdacht

Betroffene mit allen Mitteln ausschalten. Hat die Erkundung zum Ergebnis geführt: Altlast vorhanden, so muß zwingend der Schritt „Bewertung" eingeleitet werden, um mit der nicht angemessenen Nutzung der Fläche nicht weitere Betroffene „zu produzieren".

Bewertung:

Die Bewertung von Altlasten(verdachts)flächen, erst recht, wenn es um die Frage: „Wohnen oder nicht Wohnen" geht, muß eine verantwortungsbewußte, freie wissenschaftliche Arbeit sein, die allen Eventualitäten Rechnung trägt und sich im Falle der Entscheidung für das Wohnen unmißverständlich an den schwächsten zukünftigen Bewohnern orientiert, nämlich Kindern, Alten und Kranken und nicht an einem standardisierten Durchschnitts-Norm-Wesen.

Ist die Fläche bereits bewohnt, so hat sich die Bewertung an den Bewohnern zu orientieren, und zwar auch an ihrer Verfassung nach der Entdeckung der Altlast und den äußeren und inneren Voraussetzungen des Wohnens, die nun in der Siedlung herrschen.

Bewertung muß letztendlich immer den Menschen als Ziel vor Augen haben.

Allzuoft aber sieht das Bewertungs"geschäft" ganz anders aus, es folgt nämlich politischen Zielsetzungen und/oder Vorgaben.

– Bochum-Wattenscheid, Martin-Lang-Str.: Entgegen den zwei vorliegenden Gutachten, die die gesamte Siedlung im jetzigen „Zustand" für nicht bewohnbar erklären und Sanierungsmaßnahmen bereits dezidiert ausführen, erteilt die Stadt Bochum einem dritten Gutachter den Auftrag, die Siedlung in einen bewohnbaren und einen unbewohnbaren Teil umzudefinieren. Die „Bewertung" des „Gutachters" fällt auftragsgemäß aus, jedoch schweigt er sich über konkrete Sanierungsmaßnahmen aus. Daß das „Gutachten" teilweise auf falschen bzw. nicht existenten Daten basiert, ist dabei ebensowenig von Interesse wie die Tatsache, daß den Bewohnern des nun angeblich bewohnbaren Teils der Siedlung für ihre Haus- und Grundstücksrückkaufverhandlungen mit der Stadt nun der Boden unter den Füßen weggezogen wird.

– Bochum-Wattenscheid, Krupp-Park: Die Bewertung der wahrgenommenen Gefahren aus dem Boden des Spielplatzes durch die Anwohner wird solange als unangebracht, unverantwortlich und panikmacherisch bezeichnet, bis endlich nach ca. 9 Monaten (s.o.)

die Analysenergebnisse die Stadt – nun selbstverständlich höchst verantwortlich – zum sofortigen Handeln veranlassen.

(An gerade diesem Beispiel wird deutlich, wie sehr Erkundung und Bewertung einer Altlasten(verdachts)fläche miteinander verzahnt sind.)

Kommunen und/oder Gesellschaften haben aber auch ganz bestimmte Vorstellungen über und Erwartungen an die in Auftrag gegebene Bewertung einer Fläche, die die politische Zielsetzung verwirklichen sollen, z.b. Bebauung im Rahmen städtebaulicher Konzepte oder Geldmittel aus bestimmten „Töpfen".

Diese Erwartungshaltung kann zweierlei Folgen haben:

- Die Bewertung ist zu kritisch, überschreitet die Erwartungen des Auftraggebers. „Natürlich" wird sie dann allzuoft sofort in Zweifel gezogen, und es wird ein Gegen- oder Obergutachten in Auftrag gegeben, das die Seriosität der ersten Expertise „überprüfen" soll. Meist werden dann die Handlungswerte „auseinandergepflückt" und als wissenschaftlich unhaltbar oder realitätsfern „abqualifiziert".
- Bochum-Wattenscheid, Martin-Lang-Str.: 29.3.1988, vor Einschalten der Gutachter TÜV und IFUA: ...... „Wie wir Ihnen in verschiedenen Gesprächen bereits in Aussicht gestellt haben, beabsichtigen wir, die auf den von uns veräußerten Grundstücken vorgefundenen Altlasten in dem Umfang zu beseitigen, wie dieses zur Wohnnutzung von dem einzuschaltenden Gutachter für erforderlich gehalten wird." ....

  22.6.1989, nach Vorlage der Gutachten von TÜV und IFUA: .... „Der in den Gutachten von TÜV und IFUA aufgezeigte Handlungsbedarf erfordert sehr einschneidende Bau- bzw. Sanierungsmaßnahmen. Um die Angemessenheit beurteilen zu können und über die Notwendigkeit der Maßnahmen zweifelsfrei entscheiden zu können, fehlt es nach wie vor an einer medizinisch-toxikologischen als auch an einer hygienischen Bewertung durch anerkannte Fachleute." ......

  (Alles Geforderte enthielten die beiden ersten Gutachten in größerem Umfang als das anschließend vorgelegte „Fachgutachten".)

- Die Bewertung entspricht den Erwartungen des Auftraggebers oder unterschreitet sie. „Natürlich" wird sofort gehandelt, es gibt keine

Diskussion, aufgestellte Handlungswerte spielen keine Rolle, an Gegen- oder Obergutachten wird nicht im Entferntesten gedacht (jedenfalls nicht von Behördenseite). Unverzüglich werden bedenkliche „Sanierungsmaßnahmen" in die Tat umgesetzt. „.....Material, durch Erdbewegungen gemischt resp. verdünnt, kann ohne besondere weitere Maßnahmen ... für Lärmschutzwälle eingesetzt werden, ..."; als ob dadurch die absolute Giftmenge verringert und ökotoxikologisch unbedenklicher würde.

Während der „Sanierungsarbeiten" treten neue Fakten auf (z.B. 2 x 1200 m² stark verseuchten Erdreichs von ganz erheblicher Tiefe), die allerdings nicht dazu Anlaß geben, die bereits erfolgte Bewertung noch einmal neu und situationsangepaßt zu überdenken, geschweige denn, die Bewertung – wie betroffene Anwohner und Teile der Öffentlichkeit fordern – zu ändern.

Wie unschwer erkennbar ist, schließen beide Möglichkeiten die Betroffenen aus, zum einen durch Verlagerung der „Aktivitäten" in den Zuständigkeitsbereich eines neuen Gutachters und Aussetzung jeglicher Diskussion mit der Begründung: In ein „schwebendes Verfahren" greift man nicht ein. Betroffene werden anschließend vor vollendete Tatsachen, bzw. Gutachten gestellt, an deren Erstellung sie in keinster Weise beteiligt waren. Kritisieren sie dann das unter Ausschluß der Öffentlichkeit produzierte Ergebnis, so bekommen sie nicht selten zynischerweise noch zu hören: Jetzt kommen Sie mit Kritik und haben wieder an allem herumzumäkeln. Hätten Sie etwas zu sagen gehabt, dann hätten Sie das auch von vornherein tun können. Genau richtig, kann ich da nur sagen, nur von vornherein will niemand etwas von den Betroffenen hören und schon gar nicht mit ihnen fachlich diskutieren.

Zum zweiten werden die Betroffenen ausgeschlossen, weil sie häufig durch schnelles Handeln der „Verantwortlichen" überrumpelt werden und ihnen mittels Schnelligkeit verantwortungsbewußtes Handeln vorgemacht werden soll. Hier wird – noch deutlicher als im ersten Fall – klar, daß den Betroffenen die Möglichkeit, ihre eigene Bewertung der Situation vorzunehmen, genommen ist.

Realität:

Betroffenenbeteiligung an Bewertungsfragen ist in der Regel gleich Null. Bürgerschaftlicher Fachverstand ist nicht gefragt, ganz im Gegensatz zum Schöffenwesen, wo er sogar ausdrücklich gewünscht ist.

Fazit und BVAB-Erfahrungen:
- Das zuvor festgelegte Bild über Art und Umfang der Altlast soll durch die Bewertung nun wissenschaftlich untermauert werden.
- Die Wissenschaft dient in diesem Zusammenhang der Verstärkung der eigenen Argumentation gegenüber Öffentlichkeit, entscheidungstragenden Gremien und evtl. Betroffenen.
- Betroffenen„einmischung" wird nicht erwartet, schon gar nicht gewünscht, denn wissenschaftliche Fachgespräche werden durch Laien nur behindert und Entscheidungen in die Länge gezogen.
- Häufig tauchen immer die gleichen Institutsnamen auf, denn die dahinterstehenden Fachleute haben mit den Städten oder Gesellschaft bereits mehrfach erfolgreich und für den Auftraggeber zufriedenstellend zusammengearbeitet.

Konsequenzen und BVAB-Forderungen:

Gutachter und ihrer Auftraggeber müssen in Argumentations- und Rechtfertigungszwang gebracht werden, indem der Entstehungsprozeß und das daraus resultierende Gutachten selbst öffentlich gemacht werden, vor allem natürlich den Betroffenen zur Kenntnis gegeben werden.

Dies kann nur erwünscht sein, denn Öffentlichkeit trägt zur Verbreiterung und Versachlichung der Diskussion bei und stellt die Entscheidungen von Politikern und Verwaltungen auf festere Füße, macht sie somit akzeptabler und bringt Planer in gesicherte Positionen. Durch die Fülle der Argumente und Gegenargumente würde vermieden, Abwägungsfehler zu begehen und nicht zuletzt brächte diese Verfahrensweise ein allseits zufriedenstellendes Ergebnis der Bewertung schneller zustand als mit der bisher allseits bzw. vielerorts praktizierten „Geheimniskrämerei" mit anschließender „Öffentlichkeits- und Betroffenenbescherung", die dann in aller Regelmäßigkeit erst die gerügte zeitraubende Diskussion in Gang setzt.

Durch ein solches öffentliches Verfahren würde sich die Politik insgesamt glaubwürdiger machen und ihr Negativimage in puncto Altlasten"management" durch Betroffenenbeteiligung von Anfang an sowie eine glaubwürdige Zusammenarbeit nach und nach ablegen können. Voraussetzung wäre allerdings, Umweltdaten nicht als personenbezogene schützenswerte Daten zu betrachten, sondern sie öffentlich zu machen, um nicht jeglicher Diskussion und Betroffenenbeteiligung auf diesem Wege den Boden zu entziehen.

Sanierung

Öffentlichkeit und Betroffene werden mit dem Begriff „Sanierung" verwirrt. Die meisten durchgeführten Maßnahmen haben jedoch mit Sanierung im eigentlichen Wortsinn nichts, aber auch gar nichts zu tun, sie sind reine Kosmetik und nicht um eine wirkliche Entfernung bzw. Unschädlichmachung des vorhandenen Giftes bemüht. Statt von vornherein zu sagen, auf welchen Grad der Reinigung des Bodens man sich einlassen will und wie hoch das verbleibende Restrisiko ist, wird durch Heimlichtuerei und (allzuoft viel zu) schnelles Handeln die Beseitigung der Gefahr vorgetäuscht. Legten die Sanierer und ihre Auftraggeber offen, was sie zu tun gedenken bzw. was getan werden soll oder besser gesagt, sie zu tun bereit sind, so wäre – was doch wohl selbstverständlich sein sollte – den betroffenen Be- und/oder Anwohnern die Möglichkeit gegeben, die Effektivität der Sanierung und verbleibende Gefahren für sich persönlich zu bewerten. Für jeden Plastik-Yoghourtbecher gibt es mittlerweile eine Kennzeichnungspflicht; dies müßte auch für Altlasten und sanierte Altlasten eingeführt werden, jedoch nicht um mit diesem Instrument den wahren Sachverhalt über die Gefährdung zu verschleiern, sondern zur objektiven Information.

Einige Beispiele für „erfolgreich durchgeführte „Sanierungen"".

– Die Folienwurst:

Bochum-Wattenscheid, Holland-Gelände: Der kontaminierte Boden wird nach dem Aushub in eine Folie verpackt. Das so „sanierte" Gelände soll anschließend hauptsächlich von alten Menschen bewohnt werden. Im Bereich der „Folienwurst" wird ein Gewerbegebiet angesiedelt. Eine ganz eigenwillige Interpretation von Töpfer's Verpackungsverordnung findet der BVAB, vielleicht bald auch ein „Bochumer Modell".

– Die Hygieneraupe:

Moers, Altlast Schacht IV:

Was hat es mit einer Sanierung zu tun, wenn mittels einer Planierraupe ein Gelände einplaniert wird, und die vorhandenen Schadstoffe ignoriert, geschweige denn entfernt werden und anschließend die Maßnahme als hygienische Vorsorge deklariert wird. So werden mit schwerem Gerät letztendlich die Betroffenen „plattgemacht".

- Die Gutachtenvariante:

  Bochum-Wattenscheid, Martin-Lang-Str.:

  Grundstückskäufer erhalten als Anlage zum Kaufvertrag 7 (in Worten: sieben) Gutachten, die die Unbedenklichkeit des Geländes bescheinigen, auf dem die neuen Häuser gebaut werden sollen. Als beim Ausheben einer Baugrube soviel Gift ans Tageslicht befördert wird, daß es im wahrsten Sinne des Wortes zum Himmel stinkt und die Eigentümer auf Rückkauf des Baugrundes klagen, will der Verkäufer des Grundstücks, die LEG-NW, allen Ernstes vor Gericht glaubhaft machen, daß die Gutachten, die Unbedenklichkeit bescheinigen, den Käufern an die Hand gegeben wurden, um sie beim Kauf des Grundstückes mißtrauisch zu machen, und den Grundstücken sei nicht die Eigenschaft der Bebaubarkeit zugesichert worden (obwohl sie als Baugrund an Bauwillige veräußert wurden, in zwölf Fällen die LEG sogar als Bauunternehmer für Siedler fungierte). Das Gericht schloß sich dieser Argumentation nicht an.

  Heute wird die „sanierte" Altlast Martin-Lang-Str. als nicht bewohnbar angesehen, die Hälfte der Häuser muß abgerissen werden, die andere Hälfte erst durch weitere Sanierungsmaßnahmen bewohnbar gemacht werden (und das obwohl das entsprechende Gutachten von vielen Siedlern und dem BVAB als unkritisch angesehen wird).

- Die Mehrkostenvariante:

  Bergkamen:

  Von der LEG-NW kauften die Bauherren in spe Grundstücke eines „sanierten" Altlastengeländes.

  Bei den Ausschachtungs- und Gründungsarbeiten jedoch stellte sich heraus, daß der Grund nicht die normale Tragfähigkeit besaß, um ein Haus normal gründen zu können. Der Grund: Verfüllungen auf dem Gelände. Auf den Mehrkosten für die Gründung der Fundamente in Höhe von bis zu DM 40.000 blieben die Betroffenen sitzen. Wieder eine eigenwillige Interpretation, diesmal der Betroffenen"beteiligung".

- Der Zustandsstörer:

  In diesem Falle sind die Betroffenen nicht nur beteiligt, sondern ganz und in die Pflicht genommen – für die Sanierung ihres Grundstückes. Hier wird die Allgemeinlast Altlast zur Alleinlast für den Betroffenen gemacht. Für einen Planungsfehler der Genehmigungsbehörde, die eine Altlastenfläche nie hätte zum Wohngebiet erklären dürfen, muß nun der bauwillige Bürger geradestehen, weil er zufällig Eigentümer dieses Grundstücks geworden ist. Sein Bauwille wird nach erfolgreicher Entgiftung seines Grund und Bodens wahrscheinlich nicht nur aus finanziellen Gründen ganz erheblich gedämpft sein.

Fazit und BVAB-Forderungen:
Altlastensanierung ist nicht denkbar ohne die Beteiligung der Öffentlichkeit, also der Anwohner und im Falle bewohnter Altlasten der Bewohner, der direkt Betroffenen. Die Betroffenen müssen gefragt werden, und zwar vor Beginn irgendwelcher Maßnahmen, ob sie mit dem Prozedere einverstanden sind, ob sie dies alles wollen. Ohne Zustimmung und Beteiligung der Betroffenen macht man sich diese zu Gegnern, vor allem dann, wenn ihnen Informationen vorenthalten werden, die für sie zur Beurteilung der Situation wichtig sind. Bürger, die ihre Zustimmung nicht geben, da sie mehr wissen wollen, dürfen nicht mit aller Macht bekämpft werden, diffamiert und unglaubwürdig gemacht werden, wie in Bochum geschehen. Kommt es zu einer Sanierung, so muß Grundsatz sein: Sanierungsgebiete sind gefährliche Baustellen, auf die keine Bewohner gehören. Es gibt mittlerweile auch eine geklärte Rechtslage, daß man dort nicht wohnen muß. Im Falle Essen-Zinkstr. ist den Bewohnern der Altlast für die Zeit der Sanierung Geld gezahlt worden, daß sie sich außerhalb des Sanierungsgebietes eine Mietwohnung nehmen können, um sich nicht den Gefahren der Sanierungsarbeiten aussetzen zu müssen.

3 Konsequenzen

– Kein Altlasten„management", also Erkundung, Bewertung und Sanierung, ohne die Betroffenen.
– Offene Informationspolitik, die den Betroffenen die Möglichkeit gibt, an den zu erarbeitenden Konzepten mitzuwirken.
– Betroffene sind nicht Gegner der behördlich Handelnden, sondern Partner; zu Gegnern werden sie erst gemacht.
– Mithilfe bei der Forderung der BVAB: Jeder, der will, soll die Altlast ohne finanziellen Verlust verlassen können, ganz gleich ob Mieter oder Eigentümer.

- Die persönliche Bewertung der Situation, die der Betroffene für sich trifft, ist zu akzeptieren.
- Die Betroffenen müssen endlich ernst genommen werden.

II Kommunale Strategien im Umgang mit Altlasten

Wolfgang Selke

1 Einleitung

„Durch den schwarzen, fußhohen Koth watet man an zahllosen Fabrikgebäuden, Arbeiterwohnungen und Wirthshäusern vorüber bis nach dem preußischen Ort Sulzbach, wo die Industrie an allen Ecken und Enden ihren Wohnsitz aufgeschlagen hat. Der Ort ist bei unverstopfter Nase leicht zu finden, denn es befindet sich hier auch eine Salmiak- und Berlinerblaufabrik, und faulende Thierleichname und Äser füllen die Luft mit mephitischen Dünsten"[1].

Diese Verhältnisse lösten in der Frühphase der industriellen Entwicklung keine Beklemmung aus, sondern ganz im Gegenteil galt diese Landschaftsbeschreibung vielen als Ruhmeszeichen des beginnenden Wohlstands, als „Ehrenkleid, das die Menschen sich gegeben haben. Es bedeutet: Hier wird gearbeitet! Hier wohnt ein werktätiges Volk! Hut ab!"[2].

Daß wir heute zu anderen Wertungen kommen, hat vielfältige und weithin bekannte Gründe:

Altlasten verursachen seit Ende der 70er Jahre auf verschiedenen Ebenen und bei unterschiedlichen Personengruppen Probleme: Familien in sog. „Giftsiedlungen" sehen ihre Gesundheit bedroht. Arbeitsmedizinische und humantoxikologische Erkenntnisse belegen die Anfälligkeit des menschlichen Organismus gerade bei der Langzeitwirkung von chemischen Stoffen; neben diesen klinischen Befunden sind psycho-soziale Schäden zu berücksichtigen, die sich z.B. in hohen Scheidungsraten in „Giftsiedlungen" ausdrücken können.

Neben den psycho-sozialen Schäden aus dieser berechtigten oder übertriebenen Angst kann der finanzielle Wertverlust materielle Existenzgrundlagen zerstören. Kommunalpolitik und Verwaltung sind angesichts der vielfältigen, massiven Probleme bei diesen spektakulären Einzelfällen schnell überfordert.

Es besteht die Gefahr gravierender Fehleinschätzungen, und bekanntlich wurden Kommunen bereits gerichtlich zu erheblichem Schadensersatz wegen Amtspflichtsverletzungen verurteilt.

Altlasten und bereits Altlastenverdacht verzögern Gewerbeansiedlungen und Bauinvestitionen, da Unternehmer nicht bereit sind, „die Katze im Sack zu kaufen"! Von den gravierenden Auswirkungen klagen trotz der Freistellungsklausel im sog. „Enthemmungsgesetz" die Treuhandanstalt und die Länder bei der Privatisierung ehem. volkseigenen Eigentums.

Stadtplaner befürchten weiteren „Landschaftsverbrauch" der Freiräume. Trotz hervorragender Lage, komplett vorgehaltener Infrastrukturausstattung und optimaler Verkehrsanbindung bleiben Industriebrachen wegen ihrer Bodenbelastung jahrzehntelang ungenutzt mit der Folge, daß sich Gewerbe „auf der grünen Wiese vor der Stadt" ansiedelt.

Neben allen wirtschaftlichen und sozialen Problemen rechnen Hydrologen und Geowissenschaftler heute bereits mit einer latenten Grundwasserbelastung und entsprechend steigenden Aufbereitungskosten für unser Trinkwasser. Bodenkundler warnen eindringlich vor irreparablen Schädigungen der obersten Erdschicht.

Kommunalpolitische Störfälle wurden neben allen sachlichen Problemen nicht zuletzt durch eine ungeschickte Öffentlichkeitspolitik mitverursacht. Das Vertrauen der Bürger in die Kompetenz der Verwaltung und die Seriosität von Kommunalpolitikern ist schnell verspielt, wenn es zu bürokratischen Standardreaktionen kommt wie

- „ist halb so schlimm, alles nur Panikmache der Medien/Bürgerinitiativen",
- „wir sind nicht zuständig".

Unzureichende Öffentlichkeitsarbeit hat in mehr als einem Fall zu personellen Wechseln in der Verwaltungsspitze geführt, wenn nach Monaten oder Jahren die behördliche Inkompetenz oder Untätigkeit nachgewiesen wurden.

Insgesamt werden wir über kurz oder lang zu „geordneterer Städtebaupolitik" zurückfinden müssen. Damit wird die Wiedernutzung von Siedlungsflächen zum Standard des Städtebaus. Freiflächen in Anspruch zu nehmen, sollte künftig die Ausnahme bleiben. Diese Maximen der

Städteplaner werden nur dann keine Illusion bleiben, wenn die zuvor genutzten Böden – nach pfleglichem Umgang – überhaupt erneut zur Disposition stehen.

Im Rahmen eines maßgeblich vom Bundesministerium für Forschung und Technologie (BMFT) und vom Saarländischen Umweltminister geförderten Forschungsprogramms wurden vom Stadtverband Saarbrücken Lösungen zu den geschilderten Schwierigkeiten erarbeitet; darüber hinaus sollen die vorliegenden Praxiserfahrungen vorgestellt werden.

2 Problembeschreibung und Handlungserfordernisse aus kommunaler Sicht

Industriebrachen können wegen ihrer Standortgeschichte spätestens dann bestimmte Probleme aufwerfen, wenn sie zu anderen Zwecken wieder genutzt werden sollen.

Wurden im Produktionsprozeß boden- und grundwassergefährliche chemische Stoffe eingesetzt, ist ein Kontaminationsverdacht nach den bisherigen, praktischen Erfahrungen nicht auszuschließen. Dies gilt gleichermaßen für Dienstleistungsbranchen und für Infrastruktureinrichtungen.

In mehreren europäischen Ländern (Niederlande, Großbritanien, Frankreich, Belgien und Deutschland) wie in den USA sind in den letzten Jahren eine Vielzahl von spektakulären Bodenverseuchungen und aufwendigen Altlastensanierungen bekannt geworden. Häufig wurden Abfälle aus der Produktion, aber auch Hausmüll – aus heutiger Sicht – so unsachgemäß gelagert, daß Boden und Grundwasser erheblich verseucht wurden.

In vielen Fällen führten Einsatz oder Umgang mit entsprechenden chemischen Stoffen über Leckagen, Tropfverluste, Betriebsunfälle und sorglosen Umgang zu großflächigen Bodenkontaminationen.

Besondere Risiken resultierten aus diesen Belastungen besonders dann, wenn sensible Nutzungen wie Wohnen, Spielplätze oder Sportanlagen auf diesen hierfür ungeeigneten Böden errichtet worden sind oder noch gebaut werden sollen.

Aus den bisherigen Erfahrungen mit den geschilderten Defiziten und Risiken bietet es sich an, dem vorsorglichen Bodenschutz größere Aufmerksamkeit zu widmen.

Die umweltpolitische Dimension dieses Problems umfaßt mehrere Ebenen:

- die Gefahr mittel- und langfristiger Grundwasserverunreinigungen mit latenten Belastungsrisiken bzw. aufwendiger Trinkwasseraufbereitung,
- potentielle Gesundheitsrisiken, falls sich Menschen längere Zeit auf diesen Böden aufhalten,
- hohe finanzielle Entschädigungen für die Fälle, in denen Behörden vor Baugenehmigungen von Verseuchungen wußten oder hätten wissen müssen,
- erhebliche wirtschaftliche Nachteile, wenn gut erschlossene und verkehrsgünstig gelegene Industriegrundstücke wegen Bodenbelastungen nicht wiedergenutzt werden können,
- städtebauliche Probleme, wenn wegen der Wiedernutzungsverzögerungen neue, bislang land- oder forstwirtschaftlich genutzte Flächen in der freien Landschaft bebaut werden müssen,
- psycho-soziale Schädigungen von Menschen, deren Wohnungseigentum plötzlich wertlos wird und die sich nicht kalkulierbarer gesundheitlicher Risiken ausgesetzt fühlen.

Für die kommunal wie regional Verantwortlichen ergeben sich in Kenntnis dieser Probleme klare Konsequenzen insbesondere dann, wenn der umwelt- und wirtschaftspolitische Anspruch des Verursacherprinzips bei der Finanzierung von Bodensanierungen verwirklicht werden soll:

Das bislang vorherrschende Defizit – ex post – auf Bodenverunreinigungen zu reagieren, müßte in einen vorsorglichen Bodenschutz – ex ante – weiterentwickelt werden. Erst wenn allen Beteiligten die hohen Risiken von potentiellen Bodenbelastungen in der Gegenwart deutlich sind, kann das Problem in der Zukunft unter Kontrolle gebracht werden.

Entsprechend müßten die Hauptziele der Kommunen und Fachbehörden darin bestehen:

1. Risiken im gegenwärtigen Umgang mit boden- und wassergefährdenden Chemikalien in den entsprechenden Wirtschaftsprozessen zu verringern und zu vermeiden,
2. Gefährdungen auszuschließen, die dadurch entstehen, daß bereits belastete Flächen für schadstoffempfindliche Nutzungen in Anspruch genommen werden,
3. diejenigen Standorte systematisch und flächendeckend zu ermitteln, an denen der Kontaminationsverdacht vorrangig aufzuklären ist.

Naheliegenderweise müßten Ziele kommunalen Handelns vorrangig darauf konzentriert werden, die gravierendsten Folgen der geschilderten Probleme zu mindern oder zu verhindern.

Systematisches, planmäßiges Handeln erfordert den Gesamtüberblick über die tatsächliche und potentielle Belastung auf Stadt- oder Kreisebene. Nur auf der Grundlage der Gesamtsituation kann im Einzelfall angemessen und vergleichbar gehandelt werden und entschieden werden, ob Industriebrachen wieder „flott" gemacht werden können. Für spektakuläre, einmalige Altlastsanierungen und -entschädigungen in Millionenhöhe trifft diese Handlungsmaxime nicht zu.

Konsequenterweise sollte der Altlast-Begriff seiner historisch-beschränkenden Definition enthoben und stattdessen die zeitneutrale Formulierung der „kontaminationsverdächtigen Fläche" eingeführt werden.

Vor der endgültigen Feststellung als Altlast gilt ein Gelände mit industrieller Vergangenheit heute oft nur dann als altlastverdächtig, wenn es z. Z. brachliegt. Solange es heute genutzt wird, werden vergangene Belastungen oft ausgeklammert. Damit werden alle gegenwärtig mit boden- und wassergefährdenden Stoffen umgehenden gewerblichen Aktivitäten häufig vernachlässigt. Es wird dann gern darauf verwiesen, daß diese Bereiche anderen gesetzlichen Überwachungsgrundlagen und -organen zugeordnet sind.

Aus städteplanerischer Sicht sind hierzu zwei Anmerkungen wesentlich. Zum einen haben gesetzliche Bestimmungen in der Vergangenheit Boden- und Wasserbelastungen nicht verhindert.

Die zeitgenössische administrative Ausstattung der Kontrollorgane gibt heute trotz verbesserter Rechtslage keinen Anlaß auf absehbare Veränderung, d. h. auch in Zukunft haben wir bei Betriebsstillegungen mit

Bodenverunreinigungen zu rechnen – trotz entgegenstehender Rechtslage.

Zum anderen kommt durch den verwaltungsinternen Kommunikationsprozeß erschwerend hinzu, daß es ohne funktionierende, vernetzte administrative Datenverarbeitung kaum gelingen wird, Umnutzung oder Stillegung von Gewerbeflächen rechtzeitig den Planungsämtern zu vermitteln. Diese werden i. d. R. aber noch Jahre auf sich warten lassen, da viele Beobachtungen den Schluß nahelegen, daß es sich hier um eine echte „bürokratische Sysiphus-Arbeit" handelt.

Was den Kommunen heute also fehlt, um die bekannten Gerichtsurteile zu Bielefeld-Brake, Dortmund-Dorstfeld und Osnabrück im gegenwärtigen Verwaltungsvollzug zu berücksichtigen, ist ein aktuelles Industrie-, Gewerbe-, Dienstleistungs- Deponie- und Infrastrukturkataster (das auf den Umgang mit boden- und wassergefährdenden Stoffen ausgerichtet ist) unter Berücksichtigung historischer altlastverdächtiger Flächen (Altdeponien und Altstandorte).

Kommunalen oder regionalen Wirtschaftsförderungsgesellschaften würde damit eine wesentliche Grundlage geschaffen, um den bekannten Flächenengpässen für die Gewerbeansiedlung frühzeitig mit einem wirksamen Instrumentarium zu begegnen.

Der Gesundheitsvorsorge und vor allem dem prophylaktischen Grundwasserschutz wird heute häufig Vorrang in der Altlastdiskussion eingeräumt. Ohne selbstverständlich deren Rang in Frage stellen zu wollen, ist in Erinnerung zu rufen, daß wir nach einem Wasserrohrbruch nicht als erstes damit beginnen zu schöpfen, sondern nach aller Lebenserfahrung zunächst den Haupthahn schließen, um uns dann dem Malheur zu widmen.

In der Altlastendiskussion handeln wir heute noch anders. Die Ansätze zur Altlastenbewältigung stammen in den meisten Bundesländern aus Fachbehörden des Grundwasserschutzes und der Abfallwirtschaft. Städtebauliche und wirtschaftspolitische Aspekte spielen – wenn überhaupt – eine untergeordnete Rolle.

Die Erfassung von kontaminationsverdächtigen Produktionsstätten, Dienstleistungs- und Infrastrukturbereichen ist in den neuen Bundesländern die Regel, in den alten Bundesländern die Ausnahme. Nebenbei sei bemerkt, daß zwar alle fünf neuen Länder die „laufenden

Betriebe" miterfaßt haben, die Altlastengesetze dieser Länder dieses Vorgehen jedoch nicht vorsehen!

Dort, wo die „laufenden Betriebe" nicht berücksichtigt werden, helfen die „entschuldigenden" Verweise auf unterschiedliche Kompetenzen wenig, wenn den Beteiligten klar ist, daß die Gewerbeaufsichtsämter keine klassischen Umweltschutzbehörden sind. Wer die personelle Ausstattung vieler Unterer Wasserbehörden kennt, weiß, warum noch täglich neue Altlasten in unseren Städten entstehen.

Dem Stadtverband war früh daran gelegen, zumindest die angesprochene Gefahr künftiger Planungsfehler auszuschließen.

Mit seiner Fachkompetenz zur Flächennutzungsplanung, die er im Auftrag der Gemeinden wahrnimmt, war es seit 1988/89 ein Hauptanliegen, auf diese Schwachstelle aufmerksam zu machen und ihr konstruktiv zu begegnen.

Die o. g. spektakulären „Giftsiedlungen" wären kein Thema geworden, wären nicht auf den belasteten Flächen Wohnhäuser errichtet worden: Nach der Bodenverunreinigung wurden die Grundwasser- und Bodenbelastungen erst dadurch zu einem Gesundheitsproblem, weil Menschen auf der Altlast angesiedelt wurden.

Sollen diese Fehler systematisch ausgeschlossen werden, ist dies mit der o. g. Konsequenz verbunden, die der Rat von Sachverständigen für Umweltfragen Ende 1989 folgendermaßen charakterisiert hat[3]:

131. „Gefahrenabwehr und Schadensbegrenzung bestimmen derzeit die Politik gegenüber Altlasten. Diese Aufgaben haben Priorität. Der Rat betont jedoch auch die Bedeutung präventiven Handelns zur Vermeidung zukünftiger neuer Altlasten, das im Hinblick auf den Schutz der Böden, des Untergrundes und des Grundwassers notwendig ist. Die systematische Erfassung und Prüfung aller stillgelegten Altablagerungen und Altstandorte ist Voraussetzung einer umsichtigen Umweltpolitik.

Der Rat empfiehlt, parallel dazu auch die in Betrieb befindlichen Anlagen und Kanalisationen, bei denen sowohl in der Vergangenheit als auch in der Gegenwart und näheren Zukunft die Möglichkeit des Austritts von umweltgefährdenden Stoffen in Böden und Untergrund besonders gegeben ist, zu erfassen. Hierdurch könnten in Form eines Katasters die problematischen von den unproblematischen Fällen unterschieden werden. Diese Phase der Erfassung dient nicht nur der Vorsorge, sondern ermöglicht auch die Anwendung des Verursacherprinzips. Es muß das Ziel sein, später möglichst nicht mehr auf zufällige Entdeckungen altlastverdächtiger Flächen und die langwierige Suche nach ihren Eigentümern angewiesen zu sein." (Sondergutachten des Rates von Sachverständigen für Umweltfragen 1989).

Soll also die vielzitierte Forderung nach dem Verursacherprinzip keine leere Floskel bleiben, müßte Bodenschutz dort ansetzen, wo Verursacher noch greifbar sind, also in der Gegenwart von Produktion und Dienstleistungen.

Dagegen stehen die wirtschaftspolitischen Diskussionen über die finanzielle Belastbarkeit von Klein- und Mittelbetrieben sowie der Erhalt von Arbeitsplätzen, die oftmals bei größerem Sanierungsbedarf durch die Gefahr eines Konkurses bedroht sind.

3 Ergebnisse aus der Erfassung und Bewertung kontaminationsverdächtiger Flächen

Wie an anderer Stelle bereits dargestellt[4], wurden im Gebiet des Stadtverbandes mit ca. 410 qkm bei 360.000 Einwohnern ca. 2.500 kontaminationsverdächtige Flächen mit dem Berichtsstand 1987/88 ermittelt[5]. In einer derzeit noch nicht gänzlich abgeschlossenen Nacherhebung mit dem Ziel der Aktualisierung der Datenbestände zum Stichdatum April 1992 ist mit ca. 250 zusätzlichen Fällen zu rechnen (s. Abbildung 1).

Auch unter Berücksichtigung der regionalen Wirtschafts- und Siedlungsstruktur des Stadtverbandsgebietes als dem saarländischen Verdichtungsraum stellt sich die Frage, ob die Region des Stadtverbandes in besonderem Maße von Altlasten betroffen ist. Dieses ist jedoch nicht der Fall. Daß die Zahl von Verdachtsflächen so hoch ist, liegt in der Definition des Kontaminationsverdachtes begründet.

Orientiert an Ergebnissen anderer Forschungen[6] wurden vom Stadtverband diejenigen Industrie- und Gewerbebranchen, Dienstleistungseinrichtungen und Infrastrukturanlagen als kontaminationsverdächtig eingestuft, für die beim gegenwärtigen Stand der Kenntnisse eine Boden- und Wassergefährdung nicht ausgeschlossen werden kann. Auf diese Weise kommen insgesamt ca. 170 Branchen zusammen, von der Tankstelle und der chemischen Reinigung über das Heizöllager, den Schrottplatz, die metallverarbeitende Fabrik, die Chemiefabrik, die Textilfärberei bis zu den Produktionsstätten der Montanindustrie wie den Kokereien und schließlich den Gaswerken (zu der Auflistung der 170 Branchen vgl.[7]).

Stadtverband Saarbrücken

Gesamtfläche : 41.100 ha
ges. Kv-Flächen : 3.712 ha

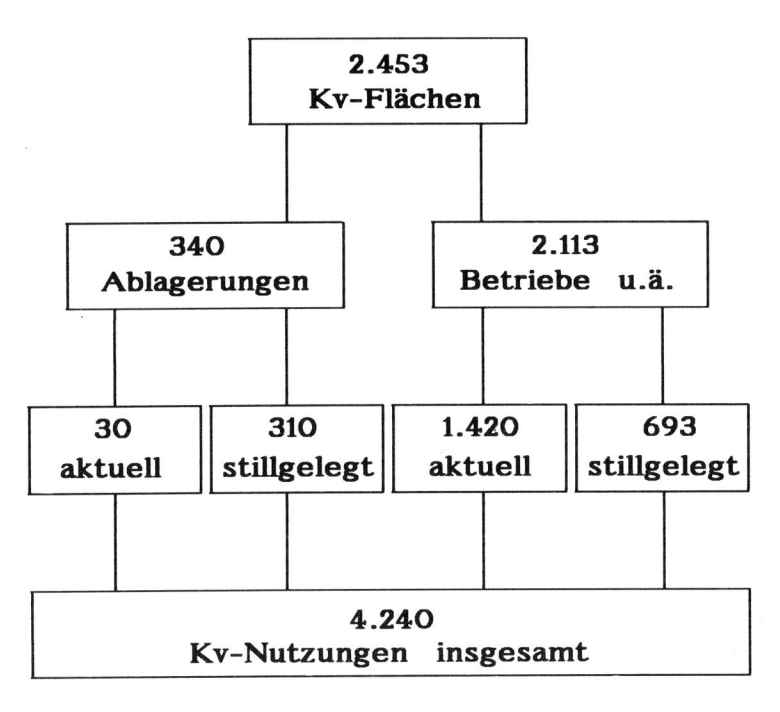

```
                    ┌─────────────────┐
                    │     2.453       │
                    │   Kv-Flächen    │
                    └────────┬────────┘
              ┌──────────────┴──────────────┐
     ┌────────┴────────┐           ┌────────┴────────┐
     │      340        │           │     2.113       │
     │  Ablagerungen   │           │  Betriebe u.ä.  │
     └────────┬────────┘           └────────┬────────┘
      ┌──────┴──────┐               ┌──────┴──────┐
  ┌───┴───┐    ┌────┴────┐     ┌────┴────┐   ┌────┴────┐
  │  30   │    │  310    │     │ 1.420   │   │  693    │
  │aktuell│    │stillgelegt│   │ aktuell │   │stillgelegt│
  └───┬───┘    └────┬────┘     └────┬────┘   └────┬────┘
      └─────────────┴───────┬───────┴─────────────┘
                ┌───────────┴───────────┐
                │        4.240          │
                │ Kv-Nutzungen insgesamt│
                └───────────────────────┘
```

Stand: 12/89

Abb. 1: Verteilung der Kv-Flächen

Durch allgemein zugängliche Quellen, insbesondere die „Gelben Seiten" (Branchenverzeichnis) der Telefonbücher und historische Karten wurde die Standortgeschichte der Region bis teilweise in das 19. Jahrhundert zurückverfolgt. Im Ergebnis liegt ein Verzeichnis und ein Atlas der kv-Flächen vor, das über 5.000 Einzelnutzungen auf ca. 3.000 Standorten beinhaltet.

Die Datenerfassung hierzu wurde auf das Mindestmaß von Informationen beschränkt. Hierzu zählen vor allem Angaben
- zur Lokalisation (Gauß-Krüger-Koordinaten),
- zur Art des Betriebes/der Einrichtung,
- zur Betriebsdauer,
- zur geologischen Formation,
- zum Bodentyp,
- zu gegenwärtigen und
- geplanten Nutzungen nach Flächennutzungsplan (incl. Infrastruktureinrichtungen wie Kinderspielplatz, Sportplatz, Kleingarten, Freibad, Park etc.) (vgl. auch *Hoffmann*).

Nur vollständig ausgefüllte Datensätze erlauben Vergleichbarkeit und damit eine Prioritätensetzung hinsichtlich des Untersuchungsbedarfs von Verdachtsstandorten. Häufig anzutreffende Datenerfassungen im Umfang von zweistelligen Seitenzahlen pro Standort können auf dieser Bearbeitungsebene nur zu „Datenfriedhöfen" führen.

Die Dokumentation der über 250.000 Einzeldaten erfolgte datenbankgestützt (PC-Computer) und mittels des geographischen Informationssystems GRIPS – einer saarländischen Softwareentwicklung.

Der Datenbankeinsatz ermöglicht erste statistische Auswertungen: Für den Stadtverband zeigt sich, daß 50 Prozent der gesamten Fälle (ca. 2100) bereits durch neun Branchen abgedeckt sind (vgl. Tabelle 1).

„Rund ums Auto" sind ca. 1/3 aller Fälle anzutreffen (Tankstellen, Schrottplätze, Kfz-Reparaturwerkstätten). Zu den „Spitzenreitern" zählen neben dem 1. Rang Tankstellen, noch – regional typisch – metallverarbeitende Betriebe, Druckereien und Altdeponien.

Die Auswertung des Flächenumfangs ergibt ein noch deutlicheres Schwergewicht bei den beiden großflächigen Standorttypen „Montanbetriebe" und „Deponien"; sie machen allein fast 50 Prozent der Fläche aller kv-Standorte aus (vgl. Tabelle 3).

Soweit zur „Stoffseite", also den Emittenten. Auf der Immissionsseite sind ebenfalls deutliche Schwerpunkte auszumachen (vgl. Tabelle 2). Neben Grundwasserbelangen und den durch Nahrungsmittelproduktion betroffenen Standorten fallen Kinderspielplätze ins Gewicht.

lfd. Nr.	Branche	Anzahl	%	% aggr.
1	Autoreparaturwerkstätten	468	11.54	11.54
2	Tankstellen	453	11.17	22.72
3	Fuhrpark/Autohandel	327	8.07	0.78
4	Bauunternehmen, Baustoffhandel	171	4.22	35.00
5	Deponie: Hausmüll u.ä.	169	4.17	39.17
6	Metallbau, Stahlverformung u.ä.	138	3.40	42.58
7	Schrottplätze, Autoverwertung	118	2.91	45.49
8	Maschinen- und Apparatebau	115	2.84	48.32
9	Chem. Reinigungen	114	2.81	51.13
...		...	...	

Tab. 1: Statistische Verteilung der häufigsten kontaminationsverdächtigen Branchen (sortiert nach Fallzahlen)

Schutzgut	Anzahl
Wasserschutzzone II	106
Brunnen bis 250 m Entfernung	418

Tab. 2a: Anzahl der kv-Flächen in Schutzgütern

Nutzung	Anzahl
Wohnen	634
Gewerbe	1.856
Kinderspielplätze	14
Sportanlagen	52
Schießstände	19

Tab. 2b: Anzahl der aktuellen Nutzungen auf kv-Flächen (Auswahl)

Herausragend ist die hohe Zahl von Wohnflächen, die durch Kontaminationsverdacht auffällig werden. In ihnen sind allerdings alle bewohnten Haushalte neben oder über Tankstellen, Kfz-Reparaturwerkstätten, chemischen Reinigungen oder Druckereien enthalten.

Beim Stadtverband wurde davon ausgegangen, daß an diesen „laufenden" Gewerbestandorten betriebliche Arbeitsschutzmaßnahmen, Kontrollen der Gewerbeaufsicht und Schulungen zur Verbesserung der Umweltschutzvorsorge Vorrang genießen.

Die Suche nach Gesundheitsgefährdungen durch Altlasten wurde daher auf ehemalige Betriebsflächen und Deponien konzentriert, die mit

Wohnhäusern bebaut oder heute als Kinderspielplätze genutzt werden.

Zu der Untersuchungspriorität „Gesundheitsgefährdung/Nachsorge" und den damit verbundenen Untersuchungsprogrammen „Kinderspielplätze und Wohnsiedlungen auf kv-Flächen" vgl. den Beitrag von *Heinemeyer* in diesem Band[8].

Die computergestützte Datenbank erlaubt neue, statistische Hinweise, die gerade unter Städtebauaspekten bemerkenswert sind:

Rang	Gruppe (Branchen/Gruppe)	Anzahl	ha	%[1]	%[1] aggr.
1	Ablagerungen (8)[2]	344	1356.6	36.5	36.5
2	Metallherstellung und –verarbeitung (11)	230	488.8	13.2	49.7
3	Steinkohlenbergbau (1)	71	405.2	10.9	60.6
4	Bahnhöfe und Flugplätze (2)	35	286.2	7.7	68.3
5	Kfz-Dienstleistungen (6)[3]	802	232.0	6.2	74.5
6	Kokereien (1)	11	152.8	4.1	78.6
7	...	...	...	...	...
.		2453	3712.8	100.0	

1 % an der Gesamtfläche aller kv-Flächen
2 incl. Bergehalden
3 Handel, Reparatur, Schrotthandel, Speditionen, Reifenhandel, Lackierereien

Tab. 3: Flächenverbrauch der häufigsten Branchengruppen

Von der Gesamtfläche des Stadtverbandsgebietes (100%) sind entsprechend der Wirtschafts- und Siedlungsstruktur über ein Drittel bebaut (Siedlungsbereich). Der Anteil kontaminationsverdächtiger Flächen beträgt 9% der Gesamtfläche (vgl. Abbildung 2).

Im Siedlungsbereich konzentrieren sich die kontaminationsverdächtigen (kv) Standorte mit einem Anteil von über 80%. Die verbleibenden kv-Flächen im Außenbereich (knapp 20%) werden von Altablagerungen, Bergbauhalden und Montanunternehmen dominiert.

Im Siedlungsbereich erreicht der Flächenanteil der kv-Standorte im gesamten Stadtverband Saarbrücken durchschnittlich 21.5% der be-

Stadtverband Saarbrücken (SVS)

	kv-Flächen im SVS	SVS-Gesamtfläche
Fläche in ha	3714	41098

9,0 % = Anteil der kv-Flächen an SVS-Gesamtfläche

Legende für Flächengrafiken

Gesamtfläche SVS

kv-Flächen

Siedlungsbereich

Außenbereich

	Außenbereich	Siedlungsbereich
Gesamtfläche in ha	27022	14072
kv-Flächen in ha	688	3026

Flächenstruktur des SVS
(Außenbereich / Siedlungsbereich)

34,25% Siedlungsbereich

65,75% Außenbereich

Verteilung der kv-Flächenanteile im Außen- und Siedlungsbereich

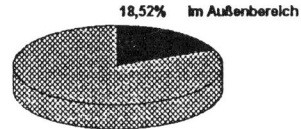

18,52% im Außenbereich

81,48% im Siedlungsbereich

Flächenanteile der kv-Flächen am Außenbereich

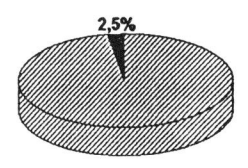

2,5%

Flächenanteile der kv-Flächen am Siedlungsbereich

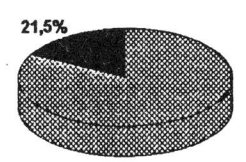

21,5%

Verwendete Datenquellen:
1. Das Verzeichnis kontaminationsverdächtiger Flächen des Stadtverbandes Saarbrücken; Stand November 1990
2. Die Flächenbilanz zum (Vor-)Entwurf des Flächennutzungsplanes des Stadtverbandes Saarbrücken; Stand Februar 1991

Abb. 2: Auswertungen und Flächenbilanzen der Datei kontaminationsverdächtiger Flächen im Stadtverband Saarbrücken

bauten Flächen. In der Stadt Saarbrücken liegt der Flächenanteil mit 25 % leicht darüber. Diese hohe Quote ist insbesondere darauf zurückzuführen, daß im Betrieb befindliche Anlagen berücksichtigt wurden. Entsprechend hoch ist die Zahl von „im Verfahren befindlichen" Bebauungsplänen, die Kontaminationsverdacht aufzuklären haben: In der Stadt Saarbrücken beträgt sie z.Zt. ca. 80 %.

Zweierlei wird daraus deutlich: Die Definitionsausweitung auf die „kontaminationsverdächtigen Flächen" knüpft ein relativ enges Netz für den vorsorglichen Umweltschutz und es wird neben den Fällen aus den Baugenehmigungsverfahren (vgl. weiter unten) eine hohe Aufklärungsquote in der Bauleitplanung erreicht.

4 Konsequenzen für den Verwaltungsvollzug

Nachdem oben aufgezeigt wurde, welche Erwartungen und Ziele an die Erfassung von kontaminationsverdächtigen Flächen aus kommunaler Sicht zu richten sind, geht es in diesem Kapitel um die ersten direkten Konsequenzen aus dem sog. Altlastenkataster, exakt aus dem Verzeichnis und Atlas kontaminationsverdächtiger Flächen für den unmittelbaren Verwaltungsvollzug und die dort erkennbaren Defizite.

Vorrangig sollten künftig Planungsfehler und Entschädigungen für Fehlentscheidungen ausgeschlossen werden (vgl. zur gesamten Entschädigungsdiskussion ausführlich *Boujong*[9]). Der Stadtverband hat dieses Ziel über die in Abbildung 2 dargestellten Maßnahmen erreicht.

4.1 Flächennutzungsplan und Kontaminationsverdacht

Speziell für das Thema Flächennutzungsplan und Kontaminationsverdacht werden beim Stadtverband folgende Überlegungen und Ansätze relevant:

Die vorgestellte Inventarisierung führte zu einem kurzfristig nicht abarbeitbaren Untersuchungsaufwand.

Dieser bezieht sich auf
- zukünftig geplante, bislang noch nicht in Anspruch genommene Neubauflächen;
- rechtskräftige und im Verfahren befindliche Bebauungspläne mit umfangreichen Baulücken oder Reservegebieten;
- bereits eingetretene Planungsfehler an Standorten mit Nutzungskonflikten.

Im Stadtverband Saarbrücken beträgt diese Auswahl von untersuchungsbedürftigen Standorten ohne diejenigen aus Gründen des Grundwasserschutzes weniger als einhundert Fälle. Sie vollständig auf ihre Verdachtsmomente hin aufzuklären, wird längere Zeit in Anspruch nehmen.

Um gegenüber der Öffentlichkeit Verantwortungsbereitschaft und die kommunalpolitische Priorität des Bodenschutzes zu dokumentieren, hatte die Verwaltung des Stadtverbandes im Sommer 1990 dem Planungsrat die Kennzeichnung von 84 Fällen im derzeit aufzustellenden Flächennutzungsplan vorgeschlagen. Die Flächen wurden mit wissenschaftlichen Methoden auf hohem fachlichen Niveau im Forschungsvorhaben Altlasten ermittelt. Der Stadtverband hatte dargelegt, warum ausgerechnet diese Flächen und nicht ganz andere oder weit mehr als 84 Flächen gekennzeichnet werden sollten[10].

Die Kennzeichnung von Flächen mit Untersuchungsbedarf wäre über die nach dem BauGB derzeitigen gesetzlichen Anforderungen an die Flächennutzungsplanung hinausgegangen, wonach lediglich Siedlungsflächen mit erwiesenen Altlasten zu markieren sind.

Der Planungsrat hatte deshalb ein Rechtsgutachten zur Frage der Kennzeichnung eingeholt[10]. Der Gutachter, Prof. Dr. Brandt, Universität Hamburg, vertrat die Auffassung, daß die Kennzeichnung einer Flächenauswahl rechtlich zulässig ist. Darüber hinausgehend, empfahl er, die Flächen mit Untersuchungsbedarf durch eine Kennzeichnung hervorzuheben.

Diese Empfehlung basierte auf der Überlegung, daß zum einen der Altlastenverdacht nicht ignoriert werden kann, zum anderen, daß die Aufklärung aller Verdachtsmomente nicht abgewartet werden kann, ohne die Flächennutzungsplanung erheblich zu verzögern. Die jüngste

Rechtsprechung bestätigt die Auffassung des Gutachters, wonach die Kommunen grob fahrlässig handeln, wenn sie dem Altlastenverdacht in der Bauleitplanung nicht nachgehen.

Zum gleichen Sachverhalt liegen Äußerungen eines in der Sache maßgebenden Richters am Bundesverwaltungsgericht vor[11].

Gaentsch hält es ebenfalls für rechtlich möglich und zulässig, „in Bauleitplänen auch auf Altlastverdachtsflächen hinzuweisen, wenn Anhaltspunkte für einen begründeten, aber derzeit noch nicht abschließend aufzuklärenden Verdacht vorliegen..."[12].

84 Flächen im Siedlungsraum des Stadtverbandes, auf denen durch Untersuchungen dem Verdacht auf Bodenverunreinigungen nachgegangen wird, bzw. in absehbarer Zeit nachgegangen werden muß, sind eine überschaubare Aufgabe. Darunter sind Neubauflächen, die erst dann untersucht werden müssen, wenn diese Projekte realisiert werden. Dazu gehören einige Modellstandorte, die bereits in dem Forschungsprojekt des Stadtverbandes untersucht werden. Darunter sind außerdem ca. 20 Kinderspielplätze und zwei Dutzend Wohnsiedlungen, die in eigenen Programmen bereits untersucht worden sind. Da keine belastenden Befunde ermittelt wurden, kann auf deren Darstellung bereits verzichtet werden.

Seit dem Sommer 1991 hat die Fachkommission „Städtebau" der ARGEBAU einen Mustererlaß „Berücksichtigung von Flächen mit Altlasten bei der Bauleitplanung und im Baugenehmigungsverfahren" abschließend beraten, der von der Ministerkonferenz zustimmend zur Kenntnis genommen wurde[13].

Danach besteht – entsprechend des höchstrichterlichen Urteils (BVerwGE 59, 87 (103)) im Fall Osnabrück – bei der Bauleitplanung eine sog. „generelle Nachforschungspflicht nach Altlasten" (zunächst) nicht: „Was die Gemeinde nicht sieht und nach den gegebenen Umständen auch nicht zu sehen braucht, kann von ihr bei der Abwägung nicht berücksichtigt werden und braucht nicht berücksichtigt werden" (Mustererlaß Punkt 2.1.2).

Allerdings wird eingeräumt, daß bei konkreten Bauleitplanverfahren, also z.B. bei der Aufstellung eines Flächennutzungsplanes, dem Altlastverdacht nachzugehen ist, wenn konkrete Hinweise und Anhaltspunkte über mögliche Altlasten existieren.

Als Beispiele werden aufgeführt:
- Altlastenkataster, Verdachtsflächenverzeichnisse,
- alte Kartierungen, Bauakten, Luftbilder,
- Hinweise aus der Bevölkerung, Anregungen und Bedenken,
- Stellungnahmen von Trägern öffentlicher Belange,
- Genehmigungsunterlagen der Gewerbeaufsichtsbehörden auf der Grundlage des § 16 Gewerbeordnung,
- die frühere Nutzung der Flächen.

Bei positiven Befunden werden darüber hinaus Behördengespräche empfohlen, da zur Aufklärung von Verdachtsmomenten eine bloße Zusendung des Planentwurfs an die Träger öffentlicher Belange nicht ausreiche; als Beispiele werden genannt:
- Geologisches Landesamt
- Abfallbehörde
- Wasserbehörde
- Wasserwirtschaftsamt
- Umweltbehörde

Es wird weiter davon ausgegangen, daß die eingehenden Stellungnahmen der Fachbehörden nicht in jedem Fall ausreichen; vielmehr könnten von Fall zu Fall Gutachten von Sachverständigen nötig werden. Darin sollen u.a. die Auswirkungen der ermittelten Altlasten auf die beabsichtigten Nutzungen behandelt werden.

Spätestens an diesen Empfehlungen aus dem Mustererlaß, der sich eng an das o.g. Urteil anlehnt, wird deutlich, daß sich die Aussagen wohl eher an dem einzelnen Bebauungsplan orientieren als am Flächennutzungsplan. Offen bleibt im Mustererlaß heute noch, wann und wie Verdachtsflächenkataster aufzustellen und die zahlreichen Quellen systematisch auszuwerten sind.

Es könnte die Vermutung entstehen, daß sich die Kommune im Vorteil befindet, die diese aufwendigen Recherchen unterläßt. Denkbar ist aber auch, daß ein Verwaltungsrichter jahrelange Untätigkeit seitens der Verwaltung zum Anlaß nimmt, um derartige kommunale Defizite zu rügen.

Bei einer drei- bis vierstelligen Zahl von kontaminationsverdächtigen Flächen ist die Einbindung der genannten Fachbehörden nach den Empfehlungen des Mustererlasses administrativ kaum noch lösbar. Für derartige Fallzahlen gar noch Fachgutachter für Einzelfallbeurteilungen einzuschalten, sprengt jeden Zeitplan und die Haushalte.

In dieser Situation können nur beprobungslose Konzepte mit vergleichenden Methoden helfen, die Rangfolge für orientierende Untersuchungen zu bestimmen. Dazu sagt der Mustererlaß allerdings nichts aus.

Werden Verdachtsmomente nicht oder nur unzureichend aufgeklärt, kann dies zu Abwägungsmängeln und schließlich zur Nichtigkeit einzelner Flächendarstellungen bei der Neuaufstellung von Flächennutzungsplänen führen. Für rechtskräftige Flächennutzungspläne sind im Bedarfsfall Änderungsverfahren wegen Nutzungskonflikten aus Bodenbelastungen einzuleiten.

Da der FNP aber für Dritte keine „Verläßlichkeitsgrundlage" i. S. von Nutzungsrechten und positiven Zulassungstatbeständen darstellt, reiche es daher „im allgemeinen aus sicherzustellen, daß nicht irrtümlich Bebauungspläne durch ein „Herausentwickeln" aus dem durch Altlasten insoweit fehlerhaften FNP aufgestellt werden" (Mustererlaß 2.2.4, S. 15). Danach erhält der FNP einen entsprechenden „Warnvermerk", der nicht mit der Kennzeichnung nach § 5 Abs. 3 BauGB identisch ist. Vielmehr verweist er auf die (mögliche) Fehlerhaftigkeit der im FNP (noch) dargestellten Nutzung und die Änderungsabsicht, für die „ggf. weitere Untersuchungen erforderlich sein" können.

Nach alldem und den Erfahrungen mit dem FNP beim Stadtverband zeichnet sich ab, daß sich nach wie vor eine „Kennzeichnung" oder ein „Warnvermerk" auch bei neu aufzustellendem FNP für eine begründete Auswahl von Verdachtsflächen empfiehlt, da mit ihnen folgende Aspekte abgedeckt werden können:

– Zeitverzögerungen durch die abschließende Aufklärung von Verdachtsmomenten an der Vielzahl von relevanten Fällen können bei der Aufstellung bzw. der Änderung von FNP vermieden werden,

- Abwägungsmängel können minimiert werden,
- fehlerhaftes Entwickeln von Bebauungsplänen (BP) kann verhindert werden,
- es wird der kommunalpolitische Programmcharakter des Untersuchungskonzeptes deutlich.

Bereits vor einer späteren Änderung des Mustererlasses bestehen ausreichend Argumente, von kommunaler Seite über die Empfehlungen des Mustererlasses hinauszugehen.

Das Ziel, künftig Planungsfehler und Fehlentscheidungen auszuschließen, wird in der Praxis wesentlich von den kleinräumigen Verwaltungsentscheidungen beeinflußt, d. h., über die Bebauungspläne und die einzelfallbezogene Baugenehmigung:

4.2 Altlastenverdacht, Altlasten, Bebauungsplanung und Baugenehmigungspraxis nach § 34 BauGB

Die nachfolgenden Hinweise versuchen aus der Sicht des Praktikers auf einige Aspekte aufmerksam zu machen, die im Einzelfall abzuwägen und umzusetzen sind.

Die gesetzliche Grundlage für Regelungen zu diesem Thema liegt mit dem § 9 Abs. 5 Nr. 3 BauGB in der Fassung vom Dezember 1986 seit längerem vor. Danach sind im BP „Flächen, deren Böden erheblich mit umweltgefährdenden Stoffen belastet sind", zu kennzeichnen.

Die Kennzeichnung beschränkt sich dabei nicht auf die „für bauliche Nutzungen vorgesehenen Flächen", wie beim FNP, da sie in einem umfassenden Sinn zu verstehen sind, d. h., daß z.B. Grünanlagen oder Kinderspielplätze selbstverständlich dem „Umfeld" der baulichen Anlagen hinzuzurechnen sind.

In Bezug auf den praktischen Umgang mit Altlasten oder Altlastenverdachtsmomenten empfiehlt es sich, auch den § 1 BauGB, Abs. 5, Nr. 7 zu beachten, der im besonderen auf die „Belange des Umweltschutzes, des Naturschutzes und der Landschaftspflege, insbesondere des Naturhaushaltes, des Wassers, der Luft und des Bodens..." abhebt.

Bekanntlich ist daneben als „Generalklausel" das Abwägungsgebot des
§ 1 zu berücksichtigen.

Schließlich kommt der vorliegenden Rechtssprechung erhebliche Bedeutung zu.

Entsprechend eigener Erfahrungen und den Empfehlungen des
„Mustererlasses" läßt sich für den BP mit Nachdruck bestätigen,
daß
- das Abwägungsmaterial sorgfältig zusammengestellt werden muß
  und besonders vorhandene Altlastenkataster und Hinweise aus der
  Beteiligung der Träger öffentlicher Belange beachtet werden,
- ein begründeter Anfangsverdacht über historische Intensivrecherchen und/oder über hinreichende chemische Analytik ausgeräumt
  wird,
- bei positiven Analysebefunden das Gefährdungspotential auch im
  Hinblick auf die planerisch vorgesehenen Nutzungen abgeschätzt
  und beurteilt wird.

Für das Gebot gerechter Abwägung bei der Berücksichtigung
von Altlasten im BP erinnert der Mustererlaß an folgende Grundsätze:
- Im BP sind das Vorsorgeprinzip und der Grundsatz des vorbeugenden Umweltschutzes besonders zu beachten, d. h., daß Gefahrenmomente weit unterhalb des Gefahrenbegriffs nach dem Polizeigesetz zu beachten sind.
- Sollten die Planungsabsichten im Vergleich zur Bodenbelastung
  Nutzungskonflikte auslösen, so darf der BP diese nach dem Gebot
  der planerischen Konfliktbewältigung nicht ungelöst lassen. Vielmehr muß der durch die Nutzungsabsicht ausgelöste Handlungs-
  bzw. Sanierungsbedarf technisch, rechtlich und finanziell möglich
  sein. Wesentlich erscheint die Empfehlung:

„Im Bebauungsplan sind die Festsetzungen zu treffen, die zur Behandlung der Altlast nach § 9 BauGB zulässig und geeignet sind"[13].
Hierbei kommen als Festsetzungen in Betracht
- überbaubare und nicht überbaubare Grundstücksflächen (§ 2,
  Abs. 1, Nr. 2 BauGB)

- besondere Nutzungszwecke von Flächen, die durch besondere städtebaulichen Gründe erforderlich sind (§ 9, Abs. 1, Nr. 9 BauGB)
- Flächen und ihre Nutzung, die von der Bebauung freizuhalten sind (§ 9, Abs. 1, Nr. 10 BauGB)
- Flächen für Aufschüttungen und Abgrabungen (§ 9, Abs. 1, Nr. 17 BauGB)
- von der Bebauung freizuhaltende Schutzflächen und ihre Nutzung, Flächen für besondere Anlagen und Vorkehrungen zum Schutze vor schädlichen Umwelteinwirkungen i.S. des BImSchG (§ 9 Abs. 1, Nr. 24, BauGB)

Nach dem „Mustererlaß" bestehen keine Bedenken, wenn in den BP Hinweise aufgenommen werden, die für nachfolgende Genehmigungsverfahren von Bedeutung sind (z. B. Baugenehmigungsverfahren). Hiermit kann die „enge" Interpretation der Kennzeichnung im BauGB pragmatisch i. S. der „Warnfunktion" auch unterhalb der Schwelle des „sicheren Nachweises von erheblichen Belastungen" erweitert werden.

Mit diesen Handlungshilfen wird die an anderer Stelle von *Henkel* betonte Bedeutung der Abwägung bestätigt[14]. Es lassen sich sinnvollerweise zunächst die drei Fallbeispiele aufführen, die in der Praxis im wesentlichen vorkommen:

Fall I

Es bestehen keine Verdachtsmomente für Kontaminationen.

Fall II

Es besteht ein begründeter Anfangsverdacht, der durch konkrete Hinweise gerechtfertigt ist; die tatsächliche Situation ist jedoch noch nicht aufgeklärt: Ist der Boden belastet und – wenn ja – mit welchen Stoffen und in welchen Konzentrationen?

Nach der Rechtsprechung des BGH genügt es für einen solchen aufklärungsbedürftigen Anfangsverdacht, wenn auf der betroffenen Fläche eine Mülldeponie betrieben wurde, auf der Industrieabfälle abgelagert wurden und/oder es bereits zu Gewässerverunreinigungen gekommen ist. Für Altstandorte bedeutet dies, daß bereits die potentielle Gefährlichkeit einer Branche oder eines Betriebszweiges als begründeter Anfangsverdacht ausreichen, um eine nähere Aufklärung erforderlich zu machen[15].

Fall III

Nach orientierenden, analytischen Untersuchungen liegen positive Befunde vor. Umfang, Ausmaß der Belastungen und ihre Auswirkungen auf die Planung sind jedoch noch offene Fragen.

Es stellen sich hiermit eine Reihe ungelöster Rechtsprobleme:

Welche Untersuchungen sind durchzuführen, um die Verwirklichung bestimmter Nutzungen abzusichern, welche Belastungsgrenzen sind gesundheits- und umweltpolitisch hinzunehmen, welche Sanierungsverfahren sind geeignet, um Belastungen zu reduzieren, welche Kosten entstehen?

Im Forschungsvorhaben des Stadtverbandes wurden und werden hierzu Lösungsbeiträge angestrebt: Die mittlerweile vorliegende Methodik zur Konzeption von Untersuchungsprogrammen[16] deckt den ersten Teil der Problematik ab. Wie bereits oben dargelegt, ist ein Simulationsmodell „Integriertes Nutzungs- und Sanierungskonzept" (SINUS) bis zum Herbst 1992 projektiert. Damit wird ein Beitrag zur zweiten Fragestellung vorbereitet.

In diesem Zusammenhang stellt sich die Frage, in welchem Umfang die Aufklärung der Bodenbelastung Gegenstand der Stadtplanung sein sollte. Die Lösung aller Detailprobleme kann – und dies dürfte unstrittig sein – durch die Bauleitplanung nicht geleistet werden. Welche Beiträge sind also im BP sinnvoll und welche Aufgaben sollten besser nachfolgenden Entscheidungsebenen überlassen bleiben?

Wichtigen Einfluß auf diese Abgrenzung hat die Zuordnung der Kosten. Aufwendungen bei der Aufklärung des Kontaminationsverdachts im Vorfeld einer Bauleitplanung oder in einem rechtskräftigen BP hat die Kommune zu tragen. Entstehen diese Kosten im Rahmen eines Bauantrags im unbeplanten Innenbereich nach § 34 BauGB, können sie auf den Antragsteller, Bauherrn oder Investor abgewälzt werden.

Die kurzfristig erreichbaren Kostenvorteile sind allerdings nicht das einzige Entscheidungskalkül: Je nach Fall und städtebaulichem Planungserfordernis werden alternative Lösungen zum Zuge kommen.

Für beide Haupthandlungsebenen – BP und Baugenehmigung – ist herauszustellen, daß Kennzeichnungen, Erläuterungen und Warnfunktionen der vorbereitenden Bauleitplanung spätestens im Bauschein nach Prüfung aller relevanten Informationen konkret in Auflagen umgesetzt werden müssen. Verschiedenste Schwerpunkte sind denkbar:

– Ein im Detail festgelegtes Untersuchungsprogramm klärt im Zuge der Geländearbeiten Kontaminationskonzentrationen und -mengen als Voraussetzung für deren sicheren Verbleib. (Hier wird leicht vorstellbar, daß ein allzu „abgespecktes", orientierendes Untersuchungsprogramm in dieser Phase zu großen Überraschungen führen kann, die die bereits begonnenen Baumaßnahmen erheblich verzögern oder gänzlich verhindern können – mit allen damit verbundenen finanziellen Konsequenzen).

– Die Auflage, Abbruch- und Aushubchargen zu beproben, um die Ziele des Abfallgesetzes zu gewährleisten.

– Arbeitsschutzauflagen

– Garantien zur Einhaltung der Auflagen durch Einschaltung von Fachbüros und Kontrollen durch persönliche Anwesenheit von Gutachtern.

Diese „Regelungsauflagen" sind nicht an Vorgaben und Kennzeichnungen im BP gebunden. Sie gelten gleichwohl für die Genehmigung der im Zusammenhang bebauten Ortslage nach § 34 BauGB. Auch an die „einfache" Baugenehmigung sind die gleichen Ansprüche und Erfordernisse wie an die Bauleitplanung hinsichtlich der Ausschaltung von Gefahrenmomenten zu stellen.

Beim Stadtverband hat sich folgende Regelung als praktisch erwiesen:

Der Atlas mit den kartographierten Verdachtsstandorten liegt der Unteren Baugenehmigungsbehörde im Maßstab 1:5.000 vor.

Im Rahmen der Vorprüfung von Bauanträgen wird das Baugesuch mit dem Atlas abgeglichen. Bei positivem Befund wird zu dem Bauantrag im Umweltamt eine Stellungnahme erarbeitet, in der der Aufklärungsbedarf des Kontaminationsverdachts abgeleitet wird und Beratungen angeboten werden. Nach Vorlage entsprechender Gefährdungsabschätzungen und historischer Standortrecherchen wird die Baugenehmigung ggf. mit Auflagen erteilt. Voraussetzung dafür ist der gesicherte Verbleib von Aushub und Abbruchmaterialien sowie die Verträglichkeit der angestrebten Grundstücksnutzung mit der vorgefundenen Bodenbelastung bzw. den hinnehmbaren Restkontaminationen nach entsprechenden Bodenbehandlungen.

Darüber hinaus enthält der Mustererlaß eine Reihe zusätzlicher Gestaltungsmöglichkeiten und Sicherungen, die an dieser Stelle nur aufgezählt werden sollen: Baulasten, städtebauliche Verträge, zeitliche Verknüpfung zwischen Satzungsbeschluß über den BP, Baulast und städtebaulichen Vertrag.

Abschließend ist noch auf den Kontaminationsverdacht bei bestehenden, rechtskräftigen BP einzugehen. Die mit dem Satzungsbeschluß eingegangenen Rechtsverbindlichkeiten verpflichten die Kommune zur Aufklärung auf „eigene Kosten". Verfahren zur Aufhebung, Änderung oder Ergänzung können die Folge sein. Es wäre allerdings unrealistisch, von der Gemeinde zu verlangen, alle BP gleichzeitig zu bearbeiten.

Als sachgerechtes Vorgehen charakterisiert der Mustererlaß für diesen Fall, daß die „Gemeinde – ein Konzept zur Überprüfung der betroffenen BP-Reihenfolge der zu überprüfenden BP unter Berücksichtigung insbesondere des möglichen Gefährdungsgrades der tatsächlichen oder ausgewiesenen Nutzung – erarbeitet und danach die Verfahren zur Überprüfung der BP einleitet"[17].

Um die Kommunen im Gebiet des Stadtverbandes hierzu in die Lage zu versetzen, konnten den Städten und Gemeinden bereits 1989 Listen der in Frage kommenden BP übergeben werden.

Last but not least erfolgen einige Anmerkungen zur Problematik der Industriebrachen, die in verstärktem Maße für die alten wie – hoffentlich nur kurzfristig – die neuen Bundesländer gelten:

In der kritischen Diskussion um die Aufgaben der Treuhandanstalt taucht in jüngster Vergangenheit erwartungsgemäß die Forderung nach der umweltpolitischen Verantwortung auf. Diese soll hier nicht behandelt werden, sondern das Sachproblem für Industriebrachen in allen Bundesländern.

Mit dem Prozeß des Strukturwandels sind Betriebsschließungen verbunden. Die städtebaulich und betriebswirtschaftlich i. d. R. hoch attraktiven Flächen können wegen der bekannten Kontaminationsproblematik nicht genutzt werden. Was ist zu tun?

Auf der Grundlage des oben vorgestellten Gewerbe-, Industrie-, Dienstleistungs- und Infrastrukturkatasters mit Betrieben und Anlagen, die mit boden- und grundwassergefährdenden Stoffen umgehen, ist spätestens bei Betriebs- und/oder Anlagenstillegungen zu prüfen, ob ein aufklärungsbedürftiger Kontaminationsverdacht besteht.

In enger Abstimmung mit dem Grundeigentümer, den Planungsbehörden und den für Wirtschaftsförderung und Gewerbeansiedlung Verantwortlichen ist festzustellen, ob eine uneingeschränkte oder eine mit Auflagen versehene Wiederverwendung der Flächen möglich ist.

Für die letztgenannten administrativen Verantwortlichen würde damit die Chance eröffnet, einen aktuellen, abgesicherten Überblick über Gewerbeflächenpotentiale zu besitzen. Gleichzeitig dürfte der letzte Zeitpunkt erreicht sein, Verursacher von Bodenverunreinigungen haftbar zu machen.

Zusammenfassend läßt sich für den angesprochenen Themenkomplex festhalten:
– Kennzeichnungen für ausgewählte Standorte mit Kontaminationsverdacht sind sinnvoll.
– Der Atlas kontaminationsverdächtiger (kv) Standorte stellt für die Bauleitplanung und Baugenehmigung die wesentliche Voraussetzung dar, um künftig Planungsfehler auszuschließen. Dies ist nur möglich, wenn die rein historische Altlastenbeschäftigung auf aktuelle Kontaminationspotentiale ausgedehnt wird.

- Untersuchungsprioritäten sind pragmatisch mit vertretbarem zeitlichem, personellem und finanziellem Aufwand kurzfristig zu ermitteln.
- Konzepte zur Aufstellung von Untersuchungsprogrammen liegen vor.
- Die Umsetzungen dieser Bemühungen werden maßgeblich durch die Gestaltungsmöglichkeiten im BP und durch Auflagen im Bauschein unterstützt.
- Zur Kontrolle und Einhaltung der Auflagen ist ein zusätzlicher Aufwand in den Kalkulationen zu berücksichtigen.
- Die Einsichtnahme in das kv-Kataster nimmt schon beim Grundstücksverkehr eine Frühwarnfunktion wahr.

5 Öffentlichkeitsarbeit bei Altlasten

Bislang liegen nur äußerst wenige Beispiele für erfolgreiche Öffentlichkeitsarbeit bei der Altlastthematik vor. Es überwiegen bei weitem Negativbeispiele, leider bis in die jüngste Vergangenheit. Obwohl auch aufbereitete Analysen des Konfliktpotentials in dieser Frage existieren[24], scheinen ihrer Umsetzung in die Verwaltungsbürokratien strukturell Schwierigkeiten entgegenzustehen. Ohne an dieser Stelle auf die lange Tradition der Verwaltungssoziologie, -psychologie und kommunalen Politikforschung eingehen zu können, läßt sich als wesentlich festhalten, daß

- für den verantwortlichen Verwaltungsbeamten oder Kommunalpolitiker im Problembereich Altlasten offensichtlich schwer überschaubar ist, welche konkreten Folgen administratives Handeln, bzw. Nichthandeln beim altlastbetroffenen Bürger und in der eigenen Kämmerei auslösen kann,
- die im verwaltungshierarchischem Aufbau unterentwickelten Teilverantwortlichkeiten der „Nichtzuständigkeitshaltung" erheblich Vorschub leisten,
- kommunalpolitischer Alltag – oftmals zu kurzfristig an Wahlperioden orientiert – planmäßiges, systematisches und mittelfristig vorsorgliches Handeln wenig fördert.

Baumheier[18] hat nach der Analyse mehrer Fallbeispiele fünf Phasen typischen Verwaltungshandelns in „teilweise selbstverursachten Krisensituationen" ausgemacht:

Phase 1: Abwehr einer Thematisierung des Problems
Phase 2: Problemminimierung durch Eingrenzung
Phase 3: Vereinheitlichung der Außendarstellung durch verbesserte Koordination und verstärkte Zentralisation
Phase 4: Verantwortungsstreuung durch verstärkte Einbindung verwaltungsexterner Akteure
Phase 5: Änderungen der Organisationsstruktur als ultimo ratio

Ähnliche Szenarien entwirft *Kühnel* in jüngster Vergangenheit[19].

Dem steht auf Bürgerseite Fassungslosigkeit gegenüber: „Durch Tschernobyl haben andere erlebt, wie es bei uns täglich zugeht", sagte 1987 eine Bewohnerin in Dorstfeld-Süd. Neben allen gesundheitlichen Gefahren im klinischen Sinn entstehen extreme psycho-soziale Spannungen. Nach amerikanischen Untersuchungen war ein signifikanter Anstieg der Scheidungsrate auf 40 % in der „Giftsiedlung" love canal festzustellen. Ein Prototyp der dahinterstehenden Auseinandersetzungen könnte so lauten:

Frau: „Unsere Kinder sind krank, wir müssen hier wegziehen.
Mann: Woher weißt du, daß die Kinder wegen der Gifte hier krank geworden sind?
Frau: Das kann uns niemand sagen, die Ärzte rennen hier immer noch mit Urinproben rum, die sagen uns auch nichts. Wir müssen hier weg, und zwar sofort. Du klebst nur an deinem Haufen Steine.
Mann: Das, was du einen Haufen Steine nennst, ist unser Haus. Mein Lebenswerk. Und außerdem können wir uns das nicht leisten, einfach wegzuziehen, weißt du eigentlich, wieviel Hypotheken ich hier monatlich zahle?
Frau: Das weiß ich nicht, und das interessiert mich auch nicht mehr, was bedeutet schon Geld, es geht um die Gesundheit unserer Kinder, und die werden hier krank[20]."

Zusammengefaßt kamen die Umweltjournalisten Kerner/Radek[21] in einem vom Stadtverband beauftragten „Konzept zum Beginn der Öffentlichkeitsarbeit" zu folgenden Ergebnissen:

„Die wichtigsten Gefühle/Reaktionen/Probleme von Giftmüll-Betroffenen, die in Wochen, Monaten, vielleicht sogar Jahren entstehen:
- das Geborgenheitsgefühl im eigenen Haus wird durch das Gift zerstört
- das Thema „Gifte" dominiert mehr und mehr das Familienleben
- in der Siedlung entstehen über das gemeinsame Giftproblem neue Bekanntschaften und mittelfristig auch neue soziale Strukturen
- Nachbarn schließen sich zur Bürgerinitiative und Interessengemeinschaft zur Anti-Giftarbeit zusammen, „pressure groups" entstehen
- der bereits gestörte Familienfrieden wird durch neue Rollenverteilungen weiter belastet, Frauen, die den ganzen Tag im Giftgebiet leben und sich in erster Linie um die Gesundheit ihrer Kinder sorgen, sind dem Thema näher als Männer, die nur abends und nachts zu Hause sind. Sie sind es zunächst, die sich Toxikologiebücher beschaffen und Initiativen starten, ihren Kindern den alltäglichen Umgang mit dem verseuchten Boden erklären müssen und später den Wegzug aus dem Giftgebiet fordern
- das Haus ist inzwischen zur unkalkulierbaren finanziellen Größe geworden. Die Hypotheken aber laufen weiter, der Mann sieht sein Lebenswerk, das eigene Haus, in Gefahr da es unverkäuflich geworden ist.
- regelmäßig kommt es zu Frauen/Männer-Konflikten beim Abwiegen von Gesundheitsgefahren und den finanziellen Konsequenzen aus einem eventuellen Wegzug
- die Kinder aus dem Giftgebiet werden in der Schule von anderen Kindern als chemieverseucht diskriminiert, Schulkameraden dürfen plötzlich nicht mehr zu ihnen nach Hause kommen, weil Eltern diesen Besuch für grundsätzlich zu gefährlich halten
- Kinder schnappen aus den Diskussionen im Elternhaus, auf der Straße, in der Schule, diffuse Informationen über Gifte und Gefahren auf, die sie nicht verarbeiten können. Folge: Entstehung von Ängsten, Phantasien, Leistungsabfall in der Schule, neurotisches Verhalten und als Folge alldessen: Hoffnungslosigkeit, eine größere Anfälligkeit gegenüber Krankheiten, so daß weder Eltern noch Ärzte in der Lage sind zu entscheiden, was giftiger ist, die Gifte selbst oder die Angst vor den Giften.

Fazit: Gifte im Boden und Sanierung bedeuten für die Familie eine extreme Zerreißprobe, Partnerschaft, Sexualität, Eltern-Kind-Beziehung sind tangiert, wenn nicht gestört. Und: eine Familie findet sich subjektiv plötzlich mitten in einer Umweltkatastrophe wieder. Im Gegensatz zu Naturkatastrophen wie Feuer oder Sturm, bedeuten Umweltkatastrophen für die betroffenen Menschen eine Lebenskrise auf Raten. Denn – so fanden Katastrophenforscher heraus – bei Naturkatastrophen gibt es einen klar definierten Anfang und ein klar definiertes Ende der Katastrophe und einen Wendepunkt, wo der Mensch wieder Herr der Lage ist, aufräumt etc. Bei Umweltkatastrophen hingegen nicht – es können gesundheitliche Spätschäden auftreten und auch nach einer noch so gründlichen Sanierung bleiben Gifte im Boden[21]."

Auf der ersten „Altlasttagung" für betroffene BürgerInnen aus vielen Altlast-Siedlungen[22] wurden als gemeinsame Erfahrungen der Menschen herausgestellt:

„– lokale Verwaltung reagiert ignorant und/oder arrogant
- Filz
- Glauben an Wissenschaft/Demokratie/Gerechtigkeit/Verwaltung/Politik geht verloren –
- Nachrichtensperre/Betretungsverbot/Spielverbot/Verzehrverbot/ Fütterungsverbot
- ökonomische Fragen: Wer zahlt wann wieviel?
- Verdrängung von Fakten/Umgang mit Angst lernen/Oder – statt Verdrängung – aktiv werden!
- Wohnen auf Altlasten: Flop des Lebens/Krise in Raten
- die ökonomische Frage ist entscheidend (Verkehrswert, Neuwert, Umzugshilfe)[23]."

Als eine Konsequenz dieses ersten Zusammentreffens von BürgerInnen in ähnlichen Situationen wurde der Bundesverband altlastbetroffener BürgerInnen e.V. gegründet. In diesem Zusammenhang möchte ich auf einschlägige Veröffentlichungen zur Thematik psycho-sozialer Auswirkungen durch Altlasten[24] und zusammenfassend auf Abb. 3 und die Ausführungen von *Franke* in diesem Band verweisen.

Öffentlichkeitsarbeit kommunaler Gebietskörperschaften sollte also berücksichtigen, daß der Vertrauenskredit, den der Bürger der Verwaltung gegenüber einräumt, dann schnell verspielt ist, wenn
- er sich mit seinen psycho-sozialen und ökonomischen Problemen nicht ernstgenommen fühlt,
- konkrete Schwierigkeiten als nicht-existent erklärt oder verharmlost werden,
- bürokratische Sprache vernebelt statt aufzuklären,
- unabgestimmte Presseerklärungen heute diese und morgen jene „Wahrheiten" verbreiten,
- der Eindruck der ungerechtfertigten Geheimhaltung erweckt wird,
- Entscheidungsprozesse für den Bürger nicht mehr nachvollziehbare Zeiträume in Anspruch nehmen.

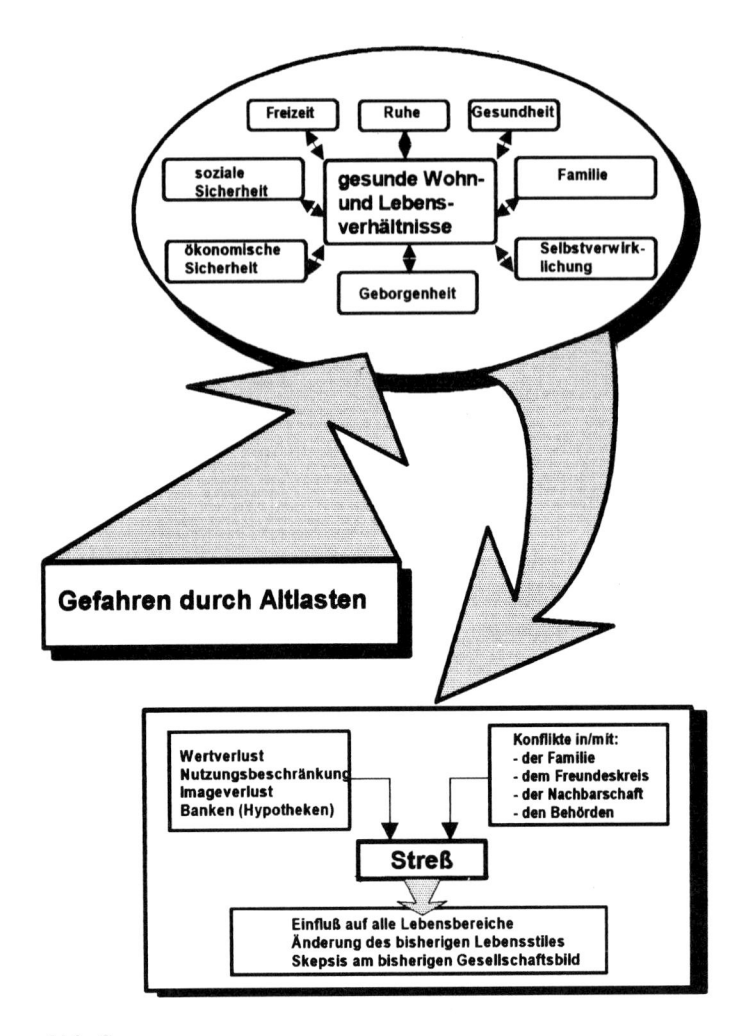

Abb. 3

In diesem Zusammenhang können *Kühnels* Forderungen nur unterstützt werden: Bürger und Verwaltung brauchen für erfolgversprechende Verhandlungen den gleichen Status; dazu gehört das gleiche Informationsniveau, d. h. Recht auf Einsicht in relevante Akten. Schließlich bedarf echte Partizipation der Grundlage eines weitgehend gleichen Entscheidungseinfluß, also dem gleichen Stimmrecht[19].

Im Rahmen des hier vorgestellten Forschungsprojekt „Kommunales Altlastenmanagement" hat sich der Stadtverband bemüht,
- ein Konzept zur Öffentlichkeitsarbeit in Grundzügen erarbeiten zu lassen, wozu versierte Umweltjournalisten beauftragt wurden[21],
- in einem Planspiel den kommunalpolitisch und administrativ Verantwortlichen die Thematik zu vermitteln[25],
- Informationsbroschüren zu erarbeiten[26], (vgl. Anlage 1)
- kontinuierlich durch Zeitungen, Zeitschriften, Radio- und Fernsehberichte über seine Arbeit allgemein zu berichten,
- speziell Grundeigentümer auf die Korrekturmöglichkeiten im Atlas kontaminationsverdächtiger Flächen aufmerksam zu machen[27], (vgl. Anlage 2)

Für orientierende analytische Untersuchungen in 17 Wohnsiedlungen auf kontaminationsverdächtigen Flächen wurde folgende Abfolge von Informationsschritten gewählt (vgl. Beitrag *Heinemeyer*):

1. schriftliche Informationen zu den Verdachtsgründen an jeden Mieter, Pächter und Eigentümer sowie über die beabsichtigten Untersuchungen mit Erklärung ihres technischen Charakters und der Bitte um Betretungs- und Bohrerlaubnis (vgl. Anlage im Beitrag *Heinemeyer*)
2. danach Pressemitteilungen über die Untersuchungsprogramme
3. schriftliche Information jeden Mieters, Pächters und Eigentümers über die analytischen Ergebnisse mit eingehender Erläuterung ihrer Beurteilung, differenziert nach Standorten ohne Befunde, Standorte mit Einzelgrundstücksbefunden und flächenbezogenen Resultaten (vgl. Anlage bei *Heinemeyer*)
4. danach Pressemitteilungen über die Gesamtergebnisse

Die Abstimmung der Schritte drei und vier mit den Fachbehörden, Bürgermeistern und Oberbürgermeistern der Region auszuarbeiten, ihre Abwicklung zu leiten, Untersuchungsprogramme zu beschleunigen, die entsprechenden Informationsunterlagen zu erarbeiten, Fachgutachten zu „übersetzen", drei Dutzend Versionen von Anschreiben über die Ergebnisse differenziert nach der jeweiligen Fallgruppe für ca. 600 Haushalte und die entsprechenden Abstimmungen zwischen den Beteiligten zu leisten, war arbeits- und zeitintensiv. Allerdings war der Aufwand durch eine erfolgreiche Abwicklung und gewachsene Akzeptanz bei den Beteiligten letztlich mehr als gerechtfertigt.

Doch stellt sich Kooperationsbereitschaft und Verständnis für Maßnahmen trotz allen Aufwands nicht automatisch ein; vielmehr gilt, was der Rat von Sachverständigen in seinem Sondergutachten Altlasten sagt:

„Akzeptanz stellt sich nicht von selbst ein; sie bedarf der Organisation. Der erste Schritt besteht darin, über Risiken, Belastungen und Belästigungen der zur Entscheidung stehenden Alternativen zu informieren. Aufklärung muß der Verdrängung entgegenwirken. Nicht Beruhigung darf das vorrangige Ziel sein, sondern aktive Bewußtseinsbildung (.....). Verdrängung schafft dagegen eine nicht kalkulierbare Situation, in der kleinste Anlässe Mißtrauen und Ablehnung hervorrufen können"[28].

Ohne Patentlösungen präsentieren zu können, sollte kommunale Öffentlichkeitsarbeit zu Altlastproblemen folgendes berücksichtigen:

- frühzeitige, offene, verständliche und ehrliche Informationen während aller Handlungsphasen
- Schulung des eingesetzten Verwaltungspersonals i. S. fachlicher Kompetenzerweiterung und Umgang mit Bürgern/Außendarstellung: „Verständnis für die andere Seite entwickeln und angemessen reagieren"
- Vorbereitung eines Krisenmanagements durch ein Handlungskonzept z.B. mittels Planspiele, Einrichtung einer Projektgruppe und eines Informationsbüros
- kreative und phantasievolle Beiträge, z. B. einen Lehrfilm über die Altlastproblematik für Schulkinder aus betroffenen Siedlungen
- finanziellen Ausgleich für materielle Schäden
- finanzielle Ausstattung der Betroffenen für unabhängige Informationsbeschaffung und -bewertung Gutachter, Berater etc. aus öffentlichen Mitteln
- wie schon der Rat von Sachverständigen betont, ist die Selbstorganisation der BürgerInnen für alle Beteiligten zu begrüßen.

6 Datenschutz und Altlastenverdachtskataster

Wie *Brandt/Iven* in einem vom Stadtverband in Auftrag gegebenen Gutachten[29] festgestellt haben, handelt es sich bei einem Kataster kontaminationsverdächtiger Flächen zum Teil um personenbezogene Daten, die Belange des Datenschutzes berühren.

Einsichtnahme in entsprechende Atlanten kontaminationsverdächtiger Standorte nur bei „berechtigtem Interesse" zu ermöglichen, bedeutet bereits eine wichtige Beachtung des Datenschutzes. Auch wenn alle grundstücksbezogenen Informationen aus öffentlichen, allgemein zugänglichen Quellen ermittelt wurden, sind bereits durch den „begründeten Anfangsverdacht" – ausgedrückt im Begriff der „kontaminationsverdächtigen Fläche" – Wertverluste nicht auszuschließen, bzw. Kosten zur Aufklärung in der Folge zu erwarten.

Nun ist in diesem Zusammenhang der Schutz des Eigentums nicht mit einer „Wertgarantie" zu verwechseln: Preisschwankungen auf dem Grundstücksmarkt sind uns in anderen Zusammenhängen durchaus vertraut, man denke nur an die spekulative Komponente im Begriffsfeld „Bauland-Bauerwartungsland-Rohbauland". Da das Thema „Altlasten und Datenschutz" an anderer Stelle eine umfangreiche Würdigung erfahren hat[29], soll an dieser Stelle ein anderer Aspekt kurz angesprochen werden:

Wie oben bereits gezeigt, propagiert der Stadtverband, die in Betrieb befindlichen Standorte bereits heute im Kv-Kataster zu berücksichtigen. Die gleiche Forderung erhebt der Rat von Sachverständigen bekanntlich in der Kurzfassung seines Sondergutachtens Altlasten. In der Langfassung sieht er zwar „derzeit keine eigene rechtliche Grundlage", allerdings „bieten die Regelungen über die Überwachung von Anlagen nach den einzelnen Umweltgesetzen gewisse Möglichkeiten"[30]. Die genannten Hinweise sind nach Erfahrungen des Stadtverbandes um die §§ 1, 5 und 9 BauGB zu ergänzen, die sichere Grundlage bieten, um entsprechende Daten zu erheben und in der Bauleitplanung zu verwerten.

7 Fazit und Inhalte eines kommunalen Altlastenmanagements

Die Hauptmerkmale des Vorhabens waren aus Sicht des Projektträgers folgende:
- Es sollte eine Methodik zum regionalen Umgang mit der Altlastenproblematik geleistet werden.
- Die Methodik sollte zwar auf Vorarbeiten fußen, hauptsächlich aber durch die systematische Abwicklung beim Stadtverband als praktischem Fallbeispiel entwickelt werden.
- Hierbei wurde ein ganzheitlicher interdisziplinärer Ansatz verfolgt. Praktiker und Wissenschaftler aus allen altlastrelevanten Disziplinen wurden in die Modellentwicklung eingeschaltet.
- Das Modell ist in der politischen Praxis mit den zuständigen Entscheidungsträgern erprobt worden.
- Es konnte sichergestellt werden, daß die relevanten Kräfte der Region in den Projektgremien vertreten sind.
- Auch die Öffentlichkeit wurde durch eine konstruktive Informationspolitik einbezogen.
- Das Projekt stellt einen Beitrag zum vorsorgenden Bodenschutz dar.
- Das zu entwickelnde Konzept „Gefahrenabwehr" sollte so gestaltet sein, daß es im Rahmen realer Ressourcen und Restrisiken durchführbar ist.
- Das zu erarbeitende Programm Folgemaßnahmen soll Anregungen für die weitere Entwicklung des Bodenschutzes liefern.

Zu Beginn erkannte Probleme hinsichtlich der Realisierung der Projektziele konnten gelöst werden bzw. haben sich bestätigt:
- Finanzierungsengpässe bei der Untersuchung der Modellfälle sind nicht aufgetreten
- Die Übertragung von Arbeitsergebnissen an Modellstandorten auf größere Standortkollektive ist – wie vorausgesehen – nur in engem Rahmen möglich.
- Die Lösung der offenen Bewertungsprobleme steht nach wie vor aus, da toxikologische Beiträge nur zögerlich bereitgestellt werden.

- Die Mitwirkung der Entscheidungsträger kann unter hohem Zeitaufwand gesichert werden.
- Die Gefahr des Auseinanderbrechens der Arbeitsprogramme durch politischen Pragmatismus hat sich nicht bestätigt, da über die Einbindung der politischen Kräfte Akzeptanz erreicht wurde. Dies war allerdings mit hohem Zeitbedarf verbunden.

Es wurden einige Projektgrundsätze entwickelt, um die Durchführbarkeit des Projektes trotz der erkennbaren Probleme zu fördern:
- Nur unbedingt nötiges Wissen entwickeln oder beschaffen
- Methodik beachten
- Schwer lösbare Fragen umgehen
- Vollständigkeit vor Scheingenauigkeit gehen lassen
- Keine Grundlagenforschung betreiben, sondern
- Vorhandene Forschungs- und Entwicklungsergebnisse integrieren
- Entscheidungsprozesse wirksam vorbereiten
- Übertragbarkeit und Repräsentanz sicherstellen
- Leichte Handhabbarkeit ermöglichen
- Anpassungsfähigkeit an neues Wissen vorsehen.

Diese Strategie war erfolgreich.

Neben den methodischen Erfolgskriterien kann inhaltlich festgehalten werden:

Die Instrumente für die Erfassung und Bewertung kontaminationsverdächtiger Standorte liegen mit den vorgestellten Ergebnissen aus meiner Sicht für die kommunale Ebene vor. Die Bestimmung von Untersuchungsprioritäten ist auf der Grundlage einer regionalen Generalinventur möglich. Darüber hinaus ist das Hauptziel der Bestandserfassung erreichbar:
- Fehler in der Bauleitplanung können ausgeschlossen werden.
- Einzelbauanträge können mit dem Atlas kontaminationsverdächtiger Flächen verglichen werden, so daß eine Überbauung von vorbelasteten Flächen verhindert werden kann.

- Zugleich werden Industrie- und Gewerbebrachen wegen ihres Altlastenverdachts beprobt, um Folgenutzungen vorzubereiten.
- Für Kontaminationsbefunde wird das Simulationsmodell „Integrierte Nutzungs- und Sanierungsplanung" entwickelt.
- Schließlich kann für den Grundstücksverkehr eine Frühwarnfunktion wahrgenommen werden.
- Gleichzeitig werden historische Planungsfehler bekannt. Wohnsiedlungen, Kinderspielplätze, Parks, Freibäder, Kleingartenanlagen etc. können aus Gründen des Gesundheitsschutzes untersucht werden.
- Ähnliches gilt für das Trinkwasser oder landwirtschaftliche Nutzungen.

Auf die Einsatzmöglichkeit eines „Expertensystems Altlasterfassung und -bewertung" möchte ich ausdrücklich hinweisen (vgl. hierzu den Beitrag über EDV-Programme von Prof. *Groh*).

Im Rahmen der Untersuchung von 17 Wohnsiedlungen auf kontaminationsverdächtigen Geländen wurde das Öffentlichkeitskonzept getestet und die Informationsbroschüre (vgl. Anhang) erfolgreich eingesetzt. In diesem Zusammenhang war die „Methodik zur Aufstellung von Untersuchungsprogrammen" sehr hilfreich (vgl. Beitrag *Wagner*).

Das Vorhaben des Stadtverbandes diente als Grundlage für einen Antrag auf Fördermittel, der von *Prof. Groh*, Institut für Umweltinformatik, und vom Landkreis Wittenberg gestellt wurde. Nach dem Bewilligungsbescheid vom Anfang des Jahres 1992 sollen die Erkenntnisse und Erfahrungen aus dem Projekt des Stadtverbandes für die ostdeutschen Städte und Kreise verfügbar gemacht werden. Die methodischen Ansätze sind entsprechend den unterschiedlichen Rahmenbedingungen zu modifizieren und anzupassen. Dazu zählen insbesondere die Organisationsstruktur, die spezifische Quellenlage und Datenverfügbarkeit sowie die besonderen Anforderungen an die Umsetzung der Resultate in die Verwaltungspraxis (vgl. Beitrag *Hartmann*).

Nach den vielfältigen, mehrjährigen Erfahrungen des Stadtverbandes besteht für Städte, Kreise und Gemeinden Bedarf nach einem kommunalen Altlastenmanagement. Welche spezifische Ausprägungen derar-

tige Konzepte im konkreten Fall annehmen mögen, es sollte geprüft werden, ob folgende Bestandteile zu berücksichtigen sind:
- flächendeckende und systematische Erfassung der Gesamtsituation hinsichtlich kontaminationsverdächtiger Standorte und Flächen
- Konsequenzen für den Verwaltungsvollzug hinsichtlich Bauleitplanung, Baugenehmigungen und Grundstücksverkehr
- Gewerbe- und Industrieflächenkataster für die Wirtschaftsförderung und das Brachflächenrecycling
- Konzeption und Abwicklung von Untersuchungsprogrammen
- Untersuchungsprioritäten für Gesundheitsschutz (Kinderspielplätze, Wohnsiedlungen, Sportanlagen, Grünflächen etc.),
- Untersuchungsprioritäten für den Boden- und Grundwasserschutz
- Konzept für die Gefährdungsabschätzung an Einzelstandorten
- Integrierte Sanierungs- und Nutzungsplanungen für Altlasten mittels SINUS (Simulationsmodell für integrierte Nutzungs- und Sanierungsplanungen)
- Prüfung der Umweltverträglichkeit von Sanierungsmaßnahmen
- Begleitendes Konzept für generelle und einzelstandortbezogene Öffentlichkeitsarbeit
- Finanzierungskonzept einschließlich Drittmittelbeschaffung

8 Fußnoten/Literatur

1 *Becker, A.* (1858): Die Pfalz und die Pfälzer;

2 *Herzog, R.*: (1905): Die Wiskottens; in: *Arnold, T.*: Wasserverschmutzung am Beispiel der Wupper; in: *Andersen, A. & Spelsberg, G.* (Hrsg.) (1990): Das Blaue Wunder;

3 Rat von Sachverständigen für Umweltfragen (1989): Kurzfassung des Sondergutachtens Altlasten; S. 24 ff., Ziffer 131;

4 *Selke, W. & Dorstewitz, U.* (1989): Aufspüren und Handeln: Über das Modell des Stadtverbandes Saarbrücken zum Umgang mit Altlasten, in: *Jessberger, H. L.* (Hrsg.): 5. Bochumer Altlastenseminar „Erkundung und Sanierung von Altlasten", S. 51ff;

5 *Dorstewitz, U., Hoffmann, B. & Selke, W.* (1986): Wirksame Instrumente zur Lösung von Altlastenproblemen, in: der landkreis 5/86, S. 200ff;

6 *Niclass, M., Kinner, U. & Köttler, L.* (1986): Branchentypische Inventarisierung von Bodenkontaminationen; UBA-Forschungsbericht 10/03 001 86-016, UBA-Texte 31/86;

7 *Gerdts, D. & Selke, W.* (1988): Leitfaden „Methodik der Erfassung kontaminationsverdächtiger Flächen unter Berücksichtigung der laufenden Produktion", in: *Franzius, V.* (Hrsg.): Handbuch der Altlastensanierung Punkt 2.2.0.1, S. 53;

8 Die Methodik zur Aufstellung von Untersuchungsprogrammen ist ebenfalls im Economica Verlag, Bonn, 1992 erschienen und in einer Softwareversion erhältlich;

9 *Boujong, K.-H.* (1991): Schadensersatz- und Entschädigungsansprüche wegen fehlerhafter Bauleitplanung und rechtswidriger Bauverwaltungsakte nach der Rechtssprechung des Bundesgerichtshofes, in: Wirtschaft und Verwaltung, Vierteljahresbeilage zum Gewerbearchiv, WiVerw. 1991/2 S 59ff;

10 *Brandt, E.* (1990): Die Kennzeichnung kontaminationsverdächtiger Standorte im Flächennutzungsplan, unveröffentl. Gutachten im Auftrage des Planungsrates beim Stadtverband Saarbrücken;

11 *Gaentsch, G.* (1990): Aufhebung der baulichen Nutzbarkeit von Altlastenflächen, BADK-Information 3/1990 S. 51ff und NKwZ 1990 S. 505 ff;

12 ebenda S. 52;

13 Fachkommission d. ARGEBAU (1989): Mustererlaß „Berücksichtigung von Flächen mit Altlasten bei der Bauleitplanung und im Baugenehmigungsverfahren", Ministerkonferenz der ARGEBAU, 81. Sitzung, 27./28.6.1991 grundsätzlich auch: Projektgruppe Altlasten im Städtebau der ARGEBAU;

14 *Henkel, M.* (1990): Rechtsprobleme bei der Wiedernutzung kontaminierter Betriebsflächen in: Folgenutzungen kontaminierter Betriebsflächen unter besonderer Berücksichtigung der Sanierungsgrenzen, 18. Wassertechnisches Seminar am 11.10.89 in Darmstadt;

15 *Henkel, M.* (1990): ebenda S. 67;

16 *Wagner, J.* (1992, in Vorbereitung): Entscheidungsschlüssel zur systematischen Konzeption von Untersuchungsprogrammen auf kontaminationsverdächtigen Standorten;

17 Mustererlaß, a.a.O., Punkt 2.3.4;

18 *Baumheimer, R.* (1988): Muster kommunaler Problemverarbeitung in teilweise altlast-verschuldeten Krisensituationen: Bsp. Altlasten in: Verwaltungsarchiv H. 2/88 S. 160-183;

19 *Kühnel, G.* (1992): Menschen in Angst vor Altlasten – Gründe – Hilfen, in: BWK intern (Nachrichten des Bundes der Ingenieure für Wasserwirtschaft, Abfallwirtschaft und Kulturbau (BWK e.V.) 5-1992, S. 26ff;

20 *Kerner, I. & Radek, D.* (1987): Wohnen auf Gift: Lebenskrise in Raten, in: Psychologie heute, S. 38;

21 *Kerner, D. & Kerner, I.* (1988/89): Konzept zum Beginn der Öffentlichkeitsarbeit (Phase 1) zur geplanten Sanierung, unveröffentlichtes Gutachten im Auftrag des Stadtverbandes;

22 Auf Altlasten leben? Tagung des Umweltbeauftragten der Ev. Kirche v. Westfalen, u.a. vom 21.4.89 bis 23.4.89 in der Ev. Akademie Iserlohn;

23 *Claus, F.*: Resumee der Beiträge der Tagung des Umweltbeauftragten der Ev. Kirche v. Westfalen, u. a. vom 21.4.89 bis 23.4.89 in der Ev. Akademie Iserlohn; (Gedächtnisprotokoll);

24 *Discher, H. & Kraus, S.* (1991): Vergiftete Träume, Leben und Wohnen auf Altlasten in: Raumplanung 53/1991, S. 99ff;

De Borst, B.: Soziales Umfeld und Akzeptanz bei Bodensanierungen in den Niederlanden, unveröffentlicher Vortrag;

Kellermann, J. (1989): Siedlung Essen Zinkstraße – Ein Altlastenfall aus Siedlersicht, in: *Kompa, R., Fehlau, K.-P.* (Hrsg.), Altlasten '89, Forum Umweltschutz TÜV Rheinland, S. 379 ff;

Kusterer, R. (1990): Altlastenproblematik aus der Sicht des Bundesverbandes Altlasten-Betroffener (BVAB) – Ausgangslage und Planung, in: *Franzius, V.* (Hrsg.): Sanierung kontaminierter Standorte, Abfallwirtschaft in Forschung und Praxis;

Noeke, J. & Timm, J.: (1989): Sonderabfall, Altlasten und Öffentlichkeit, Veröffentlichung des Instituts für Umweltschutz der Universität Dortmund; Kurzfassung unter gleichem Titel in: Abfallwirtschaftsjournal 1 (1989) Nr. 3, S. 2 4-29;

Nocke, J. & Timm, J. (1990): Altlasten, Sonderabfälle und Öffentlichkeit, INFU Werkstattreihe Nr. 19;

Striegnitz, M. (1990): Mediation – Lösung von Umweltkonflikten durch Vermittlung, Praxisbericht zur Anwendung in der Kontroverse um die Sonderabfalldeponie Münchehagen, in: Zeitschrift für angewandte Umweltforschung, Heft 1;

Tettinger, P. J. & Kleinsschnittger, A. (1991): Bürgerbeteiligung aus der Sicht des öffentlichen Rechts, in: *Jessberger, H. L.* (Hrsg.): Erkundung und Sanierung von Altlasten;

Ulrici, W. (1991): Bürgerbeteiligung bei Sanierungsverfahren – Erfordernisse und Erfahrungen, in: *Jessberger, H. L.*: Erkundung und Sanierung von Altlasten,

Nau, E., Bauer, H. J., Kompa, R. & Odensass, M. (1989): Planübung Altlasten;

25 Stadtverband Saarbrücken (1990): Planspiel „Krisenmanagement Altlasten" am 5.6.1990, unveröffentlicht;

26 Stadtverband Saarbrücken (1991): Boden, Bodenkontamination und Altlasten, Bürgerinformation;

27 Saarbrücker Zeitung (1990): Zeitungsveröffentlichung vom 15. Februar 1990;

28 Rat von Sachverständigen für Umweltfragen (1989): Sondergutachten Altlasten, Langfassung, S. 48, Tz. 84;
29 *Brandt, E. & Iven K.* (1990): Altlastenkataster und Datenschutz;
30 Rat von Sachverständigen für Umweltfragen (1989): ebenda, Kurzfassung Tz. 131 und Langfassung Tz 1018.

Anlage 1

Stadtverband Saarbrücken

Boden, Bodenkontamination und Altlasten

Eine Informationsbroschüre
des Stadtverbandes Saarbrücken
-Umweltamt-

August 1991

Was ist Boden ?

Boden ist die oberste Schicht der Erdoberfläche, welche sich aus ehemaligen Festgestein im Laufe der Zeit u.a. durch Verwitterung entwickelt hat. Sie zeichnet sich dadurch aus, daß sie mehr oder weniger viel Humus enthält und sowohl von kleinsten Mikroorganismen bis über Regenwürmern bis hin zu Wirbeltieren bewohnt wird.

Boden ist neben Wasser und Luft eines unserer kostbarsten natürlichen Güter:
- wir leben auf ihm
- alle unsere **Lebensmittel** wachsen auf ihm und sind ohne Boden nicht produzierbar
- Boden und das sich unter ihm befindliche Gestein sind die wichtigsten Filter und Schutzschichten für unser **Grundwasser**
- Boden ist damit **Lebensgrundlage** für alle Pflanzen, Tiere und Menschen

Boden ist schnell verschmutzt und alle wertvollen Organismen in ihm abgetötet. Aber die Selbstreinigung von Böden dauert oftmals Jahrhunderte oder ist gar unmöglich. Auch die Bodenneubildung braucht ebenfalls Jahrhunderte. Der Boden ist ein schützenswertes Gut. Er darf nicht leichtfertig verschmutzt und verschwendet werden !

Das dem Bodenschutz mittlerweile -nach der Luft und dem Wasser- größere Bedeutung zugemessen wird, zeigt sich auch daran, daß das Saarland bereits ein Bodenschutzgesetz entworfen hat.

Was sind Bodenkontaminationen ?

Von Bodenkontaminationen oder Bodenverunreinigungen spricht man, wenn sich im Boden Stoffe oder Stoffgruppen befinden, welche dort natürlich überhaupt nicht vorkommen (z.B. Quecksilber) oder sich nur in wesentlich geringeren Konzentrationen (z.B. Kupfer in bestimmten Regionen) finden lassen. Zu den häufigsten Fremdstoffen in Böden gehören u.a. Schwermetalle und Kohlenwasserstoffe. Oftmals sind schon geringste Konzentrationen bestimmter Schadstoffe im Boden (in der Größenordnung von weniger als 1 mg/kg Boden) gefährlich und werden als Kontamination bezeichnet.

Stadtverband Saarbrücken

- 2 -

Wie entstehen Bodenkontaminationen ?

Bodenverunreinigungen können verschiedene Ursachen haben. Häufig und fast überall gibt es Einträge in den Boden durch Schadstoffe, welche sich im Niederschlag oder als Staubpartikel in der Luft befinden. So findet man z. B. entlang stark befahrener Straßen hohe Konzentrationen an Blei im Boden. Oder Schadstoffe aus hohen Schornsteinen werden oftmals hunderte von Kilometern durch den Wind verfrachtet und finden sich dann ganz woanders im Boden wieder. Eine andere Ursache für Kontaminationen sind durch **Unfälle** und/oder **Leckagen**. Bekannt sind Lkw-Unfälle, bei welchen meist flüssiges Transportgut, aber auch Dieselkraftsoff in den Boden einsikkern kann. Aber auch durch Tropfverluste z.B. auf einem Parkplatz kann Boden ebenso verunreinigt werden wie durch undichte Rohrleitungen, Pipelines oder Kanalisationsnetze. Schließlich wird Boden auch durch alte Deponien und ehemalige, aber auch aktuelle Industriebetriebe verunreinigt. Allein schon beim alltäglichen Umgang (z.B. **Umfüllen**) mit Chemikalien oder auch bei der **Lagerung** von Materialien können Schadstoffe in den Boden gelangen, bzw. in früheren Betriebszeiten gelangt sein. Auf diese Weise können sich über oftmals lange Betriebszeiträume hohe Konzentrationen an Schadstoffen angesammelt haben. Hinzu kommt, daß man früher weniger über Schadstoffe und ihre Folgen im Boden wußte und sorgloser mit Chemikalien umgegangen ist.

Was sind kontaminationsverdächtige Flächen und was sind Altlasten ?

Werden auf einer Fläche Kontaminationen des Bodens vermutet, so spricht man von **Verdachtsflächen** oder **kontaminationsverdächtigen Flächen** (Kv-Flächen).

Nun ist es wichtig auch diesen begründeten Anfangsverdacht zu berücksichtigen: nur so kann verhindert werden, daß kontaminierte Flächen in Unkenntnis bebaut werden Darüberhinaus möchte wohl auch niemand belastete Grundstücke kaufen und anschließend feststellen, daß sie nicht nutzbar sind.

Sind Kontaminationen des Bodens durch chemische Analysen nachgewiesen, so spricht man im -Gegensatz zu den Verdachtsflächen- nun von **Altlasten**.

- 3 -

Daneben unterscheidet man zwischen Altdeponien und Altstandorten (also ehemalige Betriebsgelände). Oftmals werden solche Verdachtsflächen oder Altlasten heute anders genutzt, so daß man von den Hinterlassenschaften nichts mehr sieht und möglicherweise auch nichts mehr weiß.

Da Verunreinigungen an zur Zeit in Betrieb befindlichen Industrie- und Gewerbestandorten nicht grundsätzlich ausgeschlossen werden können, sollten sie also mit berücksichtigt werden. Dies ist von besonderem Interesse, da sich an diesen Flächen die Verursacher der Kontamination im Allgemeinen noch feststellen lassen.

Was für Folgen haben Bodenkontaminationen ?

Es gibt verschieden Wege, auf denen der Mensch die Schadstoffe aus kontaminierten Boden aufnehmen kann:

- in Gärten können Schadstoffe z.T. durch die dort angebauten Pflanzen aufgenommen werden. **Beim Verzehr** derselben gelangen dann die Schadstoffe in den menschlichen Körper (orale Aufnahme).

- auch insbesondere Kleinkinder bis zu 3 Jahren nehmen **beim Spielen** häufig Erde durch den Mund zu sich.

- selbst **bei Berührung** (insbesondere mit kleinen Verletzungen) mit kontaminiertem Material können Schadstoffe vom Körper aufgenommen werden (percutane Aufnahme).

- auf Sportanlagen können Stäube ausgeweht werden; Sportler können sie **einatmen**.

- manche Gase durchdringen auch Mauerwerk, welche dann auch im Haus eingeatmet werden können. Sind Gase schwerer als Luft, können sich in Gebäuden sogenannte 'Schadstoffseen' bilden, welche u.U. sogar **explosiv** sind.

- durch Niederschläge, bzw. durch Schwankungen im Grundwasser, können Schadstoffe des kontaminierten Bodens in das Grundwasser und folglich in unser **Trinkwasser** gelangen. Wasserproben, wie sie regelmäßig durchgeführt werden, umfassen nicht alle Schadstoffe oder deren Kombinationen.

- 4 -

Schadstoffe werden im menschlichen Körper oftmals weder abgebaut, noch wieder ausgeschieden; so können sie sich in wichtigen Organen (z.b. Leber, Niere) anreichern und diese schädigen. Die Wirkungsgefüge solcher Fremdstoffe im Körper sind aber noch weitgehend Neuland und Mediziner und Humantoxikologen beurteilen Schadstoffe im Körper des Menschen sehr unterschiedich.

Wie geht der Stadtverband Saarbrücken mit Altlasten und Verdachtsflächen um ?

Seit 1987 hat der Stadtverband Saarbrücken in seinem Gebiet **alle Altstandorte und Altdeponien** erfaßt. Wertvolle Informationen bei dieser aufwendigen Recherche lieferten vor allem die Baumeister der einzelnen Gemeinden und nicht zuletzt auch zahlreiche Bürger. Zusätzlich zu den ehemaligen Betriebs- und Deponieflächen hat der Stadtverband Saarbrücken (im folgenden auch: SVS) zusätzlich alle aktuellen Deponien sowie alle in **Betrieb befindlichen Firmengelände** erfaßt, für welche Bodenkontaminationen nicht auszuschließen sind. Denn diese Flächen können die Altlasten von morgen sein. Insgesamt sind im Bereich des Stadtverbandes Saarbrücken etwa 2500 Flächen als kontaminationsverdächtig ermittelt worden. Das Ergebnis wurde in einem **Atlas kontaminationsverdächtiger Flächen** kartographiert und dokumentiert. Dieser Atlas kann bei Bauanträgen oder für Grundstückskäufe eingesehen werden.

Flächen, auf denen gegenwärtig durch die Kontamination des Bodens die Gesundheit von Menschen gefährdet ist, sind dem Stadtverband zur Zeit keine bekannt. Trotzdem läßt der SVS aus **Vorsorge** jene Flächen untersuchen, auf denen sich heute sensible menschliche Nutzungen (Wohnen, Kinderspielplätze, Kleingärten) befinden.

Als erstes hat sich der Stadtverband Saarbrücken jenen Flächen angenommen, auf welchen heute Kinder spielen welche auf ehemaligen Deponien, bzw. auf ehemaligen Betriebsgeländen liegen. Finanziert wurde dieses **Untersuchungsprogramm an 18 Kinderspielplätzen** durch das Ministerium für Umwelt (MfU). Erfreulicherweise wurden auf keinem der Spielplätze gesundheitsbedenkliche Konzentrationen an Schadstoffen gemessen.

Als zweiten Schritt sollen 1991 noch **16 Wohngebiete** und eine **Kleingartenanlage auf Kv-Flächen untersucht** werden, die finanziellen Mittel stellt ebenfalls das MfU bereit.

- 5 -

Wie werden diese Flächen untersucht ?

Zunächst wird vor allem die **Nutzungsgeschichte** des ehemaligen Betriebes intensiv recherchiert. Hierfür werden historische Karten, Luftbilder, zahlreiche Akten aus verschiedenen Behörden u.v.m ausgewertet. Wichtigste 'Informationsquelle' sind in vielen Fällen aber Anwohner oder ehemalige Mitarbeiter dieser Betriebe. Durch diese **Intensivrecherche** können oft mögliche Emissionsquellen (also die Produktionsanlagen, bzw. Teilflächen, von denen die Kontamination ausgegangen ist) genau lokalisiert werden (z.b. Benzollager, Maschinenhaus, Tankanlagen). Hierdurch ermitteln die Fachleute recht genau, wo man nach welchen Stoffen zu suchen hat.

In der nächsten Phase werden **an repräsentativen Stellen Bohrungen** in den Boden niedergebracht. Dies setzt voraus, daß sich der Grundstückseigentümer einverstanden erklärt. Meistens sind diese Bohrungen 3-5 m tief und haben einen Durchmesser von nur etwa 4.5 cm. Aus dem Bohrkern werden **Proben entnommen** werden, welche anschließend in einem **Labor** auf mögliche Schadstoffe untersucht werden.

Die Laborergebnisse werden **in einem Gutachten bewertet**, wobei es heute noch keine einheitlichen gesetzlichen Normen oder Richtwerte gibt. Diese Gutachten werden beim Stadtverband einsehbar sein. Befinden sich Schadstoffe im Boden eines Grundstücks, so werden die betroffenen Eigentümer, Mieter und Pächter hierüber informiert. Möglicherweise erforderliche Maßnahmen werden vorgestellt, diskutiert und abgestimmt.

Wie kann mit kontaminiertem Boden umgegangen werden ?

Stellt sich durch den Laborbefund heraus, daß sich auf dem Grundstück Schadstoffe in gesundheitsbedenklichen Konzentrationen befinden, so werden **zunächst Nachuntersuchungen** durchgeführt (man könnte ja einen Zufallsfund -z.B. ein altes Thermometer oder eine alte Autobatterie- bei der Bohrung gemacht haben). Bestätigen diese Nachuntersuchungen den Verdacht, so muß entschieden werden, ob und wenn ja, wie diese saniert werden soll.

Falls es im Bereich des Stadtverbandes Saarbrücken tatsächlich zu solch einem Fall kommen sollte, ist der Stadtverband bestrebt, in enger Zusammenarbeit mit Betroffenen, und Sanierungsunternehmen eine einvernehmliche Lösung zu erarbeiten. Zunächst erhält der Grundstückseigentümer spezielle

- 6 -

Informationen über die Gesamtsituation und Möglichkeiten, dem Problem der Atlast zu entgegnen.

Was kann man als Privatperson gegen Bodenverschmutzungen tun ?

Auch zahlreiche **Stoffe aus Privathaushalten** können für eheblich Bodenverschmutzungen sorgen. Viele Schadstoffe gelangen über den Abfluß und das Kanalsystem in unsere Böden. Daher sollten alle schädlichen Stoffe (z.B. Fette und Öle, Farbreste, Terpentinersatz, Altöl, Klebstoffreste) nicht in den Abfluß oder direkt in die Umwelt gebracht, sondern stoffgerecht entsorgt werden. Der **KABV** bietet flächendeckend die Möglichkeit an, solche Schadstoffe an einer Sammelstelle oder einem Sammelauto abzugeben.

Wo finde ich Ansprechpartner ?

Ansprechpartner sind im Bereich des Stadtverbandes Saarbrücken neben Vertretern Ihrer eigenen **Kommune** vor allem:

Stadtverband Saarbrücken	**Landesamt für Umweltschutz**
-Umweltamt-	-Abfallwirtschaft und Bodenschutz-
Herr Dipl.-Ing Selke	
Schloßplatz 6-8	Don-Bosco-Str. 1
6600 Saarbrücken	6600 Saarbrücken
Tel. 0681/506-258	Tel. 0681/8500-0

Hinweis:
Bei der Erstellung dieser Informationsbroschüre boten Unterlagen der Stadt Wuppertal, des Instituts Kommunikation und Umweltplanung, Dortmund, sowie der Projektgruppe Boden, Rotterdam wertvolle Anregungen, für die wir uns an dieser Stelle bedanken möchten.

Stadtverband Saarbrücken

Bitte vollständig ausfüllen und zurücksenden an:

An den
Stadtverband Saarbrücken
-Umweltamt-
Postfach 1 99

6600 Saarbrücken

Eigentümer:
Name/n^x...

....

Straße:..

Ort:...Tel. tagsüber:...............

Einverständniserklärung

Ich bin / Wir sind^x einverstanden, daß auf meinem / unserem^x Grundstück

Gemarkung......................Flur.................Flurstück...............

genaue Adressse..
Boden-, Bodenluft- und/oder Grundwasseruntersuchungen durchgeführt werden.

Auf dem Grundstück befinden sich keine/folgende^x Versorgungsleitungen:

....

....

Auf dem Grundstück befindet sich ein / kein^x Brunnen.

Sollten wider Erwarten durch die Probenahme Schäden verursacht werden, so ist die beauftragte Firma vertraglich verpflichtet, den ursprünglichen Zustand wieder herzustellen.
Das Grundstück wird nach Möglichkeit vor Beginn der Maßnahmen und nach Beendigung der Arbeiten gemeinsam mit dem Grundstückseigentümer auf seinen Zustand hin besichtigt.

....
Ort, Datum   Unterschrift/en der/des Grundstückseigentümer/s^x

Bitte nicht Zutreffendes streichen

Anlage 2
Auslegung eines Verzeichnisses von Flächen mit Verdacht auf Bodenverunreinigungen (Altlastenverdachtsverzeichnis)

Liebe Bürgerinnen und Bürger,

der Stadtverband Saarbrücken hat für sein Gebiet im Rahmen eines Forschungsvorhabens rund 2500 Flächen erfaßt, für die ein Verdacht auf Bodenverunreinigungen besteht. Bei diesen Flächen handelt es sich u.a. um ehemalige Deponien und stillgelegte Betriebe, in denen mit boden- und wassergefährdenden Stoffen umgegangen wurde. Viele dieser Flächen sind heute im allgemeinen bekannt, andere sind in Vergessenheit geraten.

Der Stadtverband Saarbrücken hat sich daher entschlossen, allen Bürgerinnen und Bürgern, die ein berechtigtes Interesse an den erhobenen Daten haben, den Zugang zu dem genannten Verzeichnis zu ermöglichen. Das Altlastenverzeichnis liegt im Saarbrücker Schloß aus.

Vorliegende Informationen

Insgesamt wurden 2452 Verdachtsflächen im Stadtverbandsgebiet kartiert und in Atlanten im Maßstab 1:5000 (Grundkartenmaßstab) dargestellt. Zu jeder Fläche sind Daten zur Betriebsdauer, Nutzungsgeschichte, zur jetzt vorhandenen und im Flächennutzungsplan vorgesehenen Nutzung aufgenommen worden.

Voraussetzungen für die Einsichtnahme

Das Altlastenverdachtsverzeichnis kann aus Datenschutzgründen nur bei berechtigtem Interesse eingesehen werden. Grundstückseigentümer und Kaufinteressenten von Grundstücken, die wissen möchten, ob ihr Grundstück von dem Altlastenverdacht betroffen ist, erhalten Auskunft. Das Gleiche gilt für Personen, die ein bestimmtes Grundstück bewohnen oder sich vorübergehend dort aufhalten.

Ort und Zeiten der Einsichtnahme

Um Wartezeiten zu vermeiden, bitte ich um vorherige telefonische Anmeldung bei

Herrn D.Schneiderhöhn (Tel. 0681/506-263)
oder Frau M.Simon (Tel. 0681/506-373)

Die Anmeldung kann auch schriftlich beim
Umweltamt des Stadtverbandes Saarbrücken
Sachgebiet Bodenschutz/Altlasten
Postfach 199
6600 Saarbrücken
erfolgen.

Für die Einsichtnahme ist ein Personalausweis vorzulegen. Gebühren entstehen nicht.

Die Einsichtnahme kann Dienstag und Mittwoch in der Zeit von 9.00-12.00 und 14.00 bis 16.00 und Donnerstag zusätzlich von 14.00 bis 17.45 im Umweltamt des Stadtverbandes, Am Schloßplatz, Zimmer 163, 1.Etage, Südflügel, stattfinden.

Hinweis für Grundstückseigentümer

Das Altlastenverdachtsverzeichnis ist mit größter Sorgfalt erstellt worden. Trotzdem ist nicht auszuschließen, daß sich im Einzelfall Fehler eingeschlichen haben.

Kann der betroffene Grundstückseigentümer darlegen, daß der Verdacht der Bodenbelastung zu Unrecht besteht, wird die entsprechende Verdachtsfläche aus dem Verzeichnis gelöscht.

Saarbrücken, den 15.Februar 1990
mit freundlichen Grüßen

Der Stadtverbandspräsident
gez. Triem

III Die Erfassung von kontaminationsverdächtigen Standorten nach der vom Stadtverband Saarbrücken entwickelten Methodik im Landkreis Wittenberg

Jörg Hartmann

Im Sommer 1990 beantragte der Landkreis Wittenberg gemeinsam mit dem Institut für Umweltinformatik an der Hochschule für Technik und Wirtschaft des Saarlandes beim Bundesminister für Umwelt und Reaktorsicherheit die Förderung des Pilotprojektes „Regionale Erfassung von Altlasten in der Modellregion Landkreis Wittenberg", kurz REAW genannt. Nach positiven Zwischenbescheiden im Frühjahr 1991 und weiteren notwendigen Projektüberarbeitungen konnte im Januar 1992 der Projektbeginn vollzogen werden. Welche Zielstellungen verbinden sich mit diesem Projekt? Auf welcher Grundlage erfolgt seine Realisierung? Welcher Zwischenstand ist gegenwärtig erreicht? Auf diese und andere Fragen soll im folgenden eine Antwort gegeben werden.

1 Ausgangssituation

Ausgehend vom Sondergutachten des Rates von Sachverständigen für Umweltfragen vom 13.12.1989 gab es bis dato in der Bundesrepublik Deutschland keine allgemein anerkannte und einheitliche Vorgehensweise bei der Erfassung von kontaminationsverdächtigen Standorten. Diese Feststellung ist heute immer noch aktuell, selbst wenn bundesweit inzwischen schon unterschiedlichste Verfahren zur Altlasterfassung praktiziert und entsprechende Datenverarbeitungssysteme (z. B. ALTEXSYS, ALTRISK, USCHI, XHMA oder XUMA) entwickelt wurden.

Es ist nämlich festzustellen, daß sowohl in den alten als auch in den neuen Bundesländern nur in wenigen Fällen flächendeckende und damit den tatsächlichen Bedürfnissen des potentiell breiten Anwenderkreises entsprechende Erhebungen kontaminationsverdächtiger Flächen vorliegen. In den neuen Bundesländern kommt hinzu, daß sich in historisch kurzer Zeit umfassende Entwicklungen und Strukturveränderungen in Wirtschaft und privater Sphäre vollziehen werden. Für die kommunalen Verwaltungen muß es vor allem darum gehen, in diesen Prozessen Fehlentwicklungen weitgehend zu vermeiden. Dies ist aber nur möglich, wenn verläßliche und aussagekräftige Entscheidungsgrundlagen für das zu betrachtende Gebiet zur Verfügung stehen oder, was eher der Praxis entspricht, kurzfristig und mit vertretbarem personellem und finanziellem Aufwand bereitgestellt werden. Als eine solche wichtige Entscheidungsgrundlage ist unter anderem ein flächendeckendes Altlastenkataster zu verstehen.

Aus den genannten Gründen ist im Rahmen des Projektes REAW vorgesehen, beispielhaft für die neuen Bundesländer eine in einem alten Bundesland, konkret im Saarland, entwickelte und praxiserprobte Methodik zur beprobungslosen flächendeckenden Erfassung und Bewertung von kontaminationsverdächtigen Flächen unter den spezifischen Bedingungen vorheriger, vierzigjähriger sozialistischer Planwirtschaft anzupassen und anzuwenden. Das heißt, daß der im Projekttitel gewählte Begriff „Altlast" als „kontaminationsverdächtige Fläche" zu interpretieren ist, da zweckmäßigerweise nicht nur Standorte früherer, sondern auch aktueller Nutzungen, von denen Kontaminationen ausgehen können, betrachtet werden sollen.

Die Auswahl des Landkreises Wittenberg als Modellregion erfolgte nicht willkürlich. Es ist vielmehr davon auszugehen, daß der Landkreis Wittenberg aufgrund seiner Territorialstruktur (landwirtschaftlich geprägte Gebiete, um die Jahrhundertwende entstandene Industriestandorte) als Beispiel für viele Landkreise der ehemaligen DDR dienen kann. Hinzu kam, daß bereits in den Vorjahren durch im Territorium ansässige wissenschaftlich-technische Einrichtungen Vorarbeiten zur Erfassung von Altlasten auf dem Gebiet der DDR erfolgt waren.

2 Methodik und DV-Werkzeug

Das Projekt REAW basiert im methodischen Bereich im wesentlichen auf der im Rahmen des Forschungsprojekts „Handlungsmodell Altlasten" (HMA) des Stadtverbandes Saarbrücken angewendeten Methodik zur Identifizierung, Erfassung und Vorbewertung kontaminationsverdächtiger Standorte. Die dabei gewonnenen Erfahrungen stehen im

Jahr 1989 im veröffentlichten „Leitfaden zur Erfassung kontaminationsverdächtiger Flächen" (*Selke/Gerdts* 1989) zur Verfügung.

Insgesamt wurden im Rahmen dieses Projektes über 2 500 kontaminationsverdächtige Standorte identifiziert, einer Vorbewertung unterzogen und der weiteren Bearbeitung im Rahmen einer Hauptbewertung zur Ableitung des Handlungsbedarfs zugeführt. Dabei stützt sich das Projekt REAW auf Arbeitsergebnisse des Instituts für Umweltinformatik bzw. der Zusammenarbeit dieses Institutes mit dem Stadtverband Saarbrücken.

Bereits seit 1987 befaßt sich das genannte Institut mit Problemen der DV-gestützten Erfassung von Altlasten bzw. der Anwendung entsprechender Expertensysteme zu diesem Zwecke. So wurden in der Folge des Projektes „Handlungsmodell Altlasten" DV-Werkzeuge zur Erstellung eines Altlastenkatasters, zur grafischen Darstellung der erfaßten Objekte sowie ein Datenverarbeitungssystem entwickelt, in dem die Erfahrungen aus diesem Projekt und aus der Kenntnis der Problematik eingearbeitet wurden. Diese DV-Werkzeuge waren ursprünglich nur auf der Basis anspruchsvoller und damit vergleichsweise teurer Hardware verfügbar. Inzwischen liegen einzelne Programmkomponenten jedoch auch als PC-Version vor. Dies besitzt besondere Bedeutung für das Projekt REAW, auf die weiter unten noch eingegangen wird.

Konkret steht das Umweltinformationssystem ALKA (d. h. Altlastenkataster) zur Verfügung, das vom Prinzip her die Erfassung, Vorbewertung und grafische Darstellung von Altlastverdachtsflächen umfaßt. Es gestattet menügesteuert die Erhebung einer begrenzten Zahl, für eine Vorbewertung aber ausreichender verwaltungstechnischer und raumbezogener Daten sowie umweltspezifischer Inhalte wie

– Lageparameter (geografische Koordinaten, Ort, Straße ...)
– Schutzgüter in der näheren Umgebung (Brunnen, offene Gewässer, Biotope ...)
– betroffene Nutzungen (gegenwärtig, geplant ...) am Standort
– Transmissionsparameter (Bodentyp, Oberflächenbeschaffenheit, Grundwasserfließrichtung ...)
– Kontaminationsparameter (Art der kontaminationsverdächtigen Fläche, Nutzung, Füllhöhe ...).

Ebenso ist die Durchführung von Suchprozessen, Sortierungen, Ergänzungen usw. im vorhandenen Datenbestand, die Vorbewertung der erfaßten Standorte im Bezug auf den Gefährdungsgrad einzelner Schutzgüter und der Priorisierung hinsichtlich des weiteren Handlungsbedarfs sowie schließlich die grafische Repräsentation der erfaßten Standorte möglich.

Eine weitere Komponente, die auf PC-Basis verfügbar ist, ist das grafische System GRAS. Es stellt ein kostengünstiges geografisches Informationssystem dar, das mit dem Hintergrund geografischer Informationen (administrative Grenzen, Hydrografie, Verkehrsnetz usw.) die Visualisierung der über ALKA gesammelten Daten erlaubt.

Die Praxisorientierung dieses DV-Werkzeugs wird u. a. auch darin sichtbar, daß je nach Nutzinteresse unterschiedliche Maßstabbereiche (Zoomen nach Verwaltungseinheiten, Kartenblättern, Rechteckausschnitten) als Hintergrund angewählt werden können.

Schließlich ist das auf MX 300 installierte XHMA zu nennen, aus dem die vorgenannten PC-Versionen als Einzelkomponenten abgeleitet wurden.

Das Programmsystem XHMA berät den Anwender auf der Basis der gespeicherten fachlichen Vorgaben bei der Erfassung und Bewachung der Altlastverdachtsflächen, erlaubt in Abhängigkeit von der Qualität der Datenquelle eine variable Vorgehensweise und bietet zudem die bei ALKA und GRAS aufgeführten Leistungen. Gegenwärtig befinden sich weitere Module zur Erstellung von Untersuchungsprogrammen, zur Durchführung von Hauptbewertungen bzw. zur Erstellung von Programmen zur Gefahrenabwehr in Erarbeitung und könnten gegebenenfalls noch während der Laufzeit des Projektes zur Pilotierung mit herangezogen werden.

3 Personelle und sachliche Voraussetzungen zur Projektdurchführung

Die Erfassung bzw. Bewertung kontaminationsverdächtiger Flächen in einem Gebiet stellt – bei Vorliegen einer anwenderfreundlichen Methodik – keine außergewöhnlichen Anforderungen an das einzusetzende Personal bzw. an sachliche Voraussetzungen. Es ist im Gegenteil eher davon auszugehen, daß in den Städten und Kreisen der neuen Bundesländer ausreichend Personal zur Verfügung steht, das bereits über Erfahrungen in der Erfassung von Altlasten verfügt. Schließlich stand doch in den letzten zwei Jahren nicht nur bei Behörden, sondern auch in der Öffentlichkeit das Bemühen im Vordergrund, endlich genauere Kenntnis über die Umweltbedingungen zu erlangen, was seine Wiederspiegelung z. B. in der Auslösung entsprechender Arbeitsbeschaffungsmaßnahmen oder in Aktivitäten von Umwelt- und Kirchengruppen fand.

Im Landkreis Wittenberg sind für das Projekt REAW insgesamt fünf Mitarbeiter im Einsatz. Die Projektleitung wird mit 50 % der täglichen Arbeitsleistung vom zuständigen Sachgebietsleiter Abfallwirtschaftlich/Altlasten wahrgenommen, der bereits langjährig im Bereich Abfallwirtschaft tätig ist und über umfangreiche Erfahrungen hinsichtlich der Erfassung von Altlastverdachtsfällen verfügt. Bei den im Rahmen der Erfassung, Eingabe und Bewertung einzusetzenden Arbeitskräften sind detaillierte Ortskenntnisse, eine gewisse fachliche Eigung und Zuverlässigkeit im Sinne genauen Recherchierens bei der Datensammlung vorausgesetzt worden. Konkret werden ein Geotechniker mit Berufserfahrung im Umweltschutz, eine Landwirtin, die zuvor über eine Arbeitsbeschaffungsmaßnahme Erfahrungen bei der Erfassung und Dokumentation wilder Müllablagerungen im Kreisgebiet sammeln konnte und zwei technische Mitarbeiter, die aus der ehemaligen ortsansässigen wissenschaftlich-technischen Einrichtung des Umweltministeriums stammen, eingesetzt.

Fachlich begleitet wird das Projekt durch das Staatliche Amt für Umweltschutz des Regierungsbezirkes Dessau, das am Standort Wittenberg aus der oben erwähnten ehemaligen wissenschaftlich-technischen Einrichtung hervorgegangen ist und über Erfahrungen aus der zu DDR-Zeit vorgenommenen Erfassung von Altlasten verfügt. An sachlichen Voraussetzungen waren, wie sicherlich auch in anderen Landkreisen/Städten, nur die entsprechenden Räumlichkeiten für die Projektdurchführung gegeben. Die technische Ausstattung dagegen erfolgte im Rahmen der Fördermittel des Projektes. Langfristig ist jedoch davon auszugehen, das mit dem Aufbau von kommunalen Datenverarbeitungszentren, aber auch durch die schrittweise Ausstattung der Gebietskörperschaften mit einfacher und auch anspruchsvollerer

Technik die notwendigen technischen Voraussetzungen zur Erstellung und breiten Anwendung von Altlastenkatastern im Verwaltungsbereich vorhanden sein werden.

4 Verfügbare Informationsquellen

Als ein wesentlicher Bestandteil des Projektes ist die Anpassung der zur Verfügung stehenden Methodik an die für die neuen Bundesländer typische Datensituation zu betrachten.

Dabei ist in den neuen Bundesländern bei der Erfassung kontaminationsverdächtiger Flächen von einer nicht geringen Zahl von Informationsquellen auszugehen, auch wenn es zwischen den Kreisen/Städten Unterschiede in Qualität und Quantität der vorhandenen Daten geben dürfte.

An vorderer Stelle zu nennen wären die von geologischen Dienststellen und Einrichtungen der ehemaligen DDR (Hydrogeologie Nordhausen, Zentrales Geologisches Institut, Geologische Forschung und Erkundung, Abteilungen für Geologie bei den Räten der Bezirke usw.) aus Erkundungsarbeiten gewonnenen Daten. Sie fanden – meist unter entsprechendem Vertraulichkeitsgrad – in Karten unterschiedlicher Maßstäbe und Inhalte (z. B. das bekannte HK 50 oder verschiedene Ingenieurgeologische Kartenwerke), aber auch in Datenbanken ihre Widerspiegelung. Teilweise können sich auch Probleme bei Nutzung derartigen Datenmaterials für die Gebietskörperschaften ergeben, konkret in finanzieller Art, weil aus dem obengenannten Dienststellen hervorgegangene, meist privatwirtschaftliche Einrichtungen ihrer Monopolstellung hinsichtlich der Datenweitergabe im wahrsten Sinne des Wortes gerecht werden.

Eine weitere Informationsquelle für die neuen Bundesländer sind die topografischen Karten in den Maßstäben 1 : 25 000 und 1 : 10 000 unterschiedlichen Herausgabedatums. Sie liegen im konkreten Fall für das gesamte Gebiet des Landkreises vor. Wenn auch die zu DDR-Zeiten herausgegebenen Karten zur öffentlichen Verwendung (Ausgabe Staat, Ausgabe für die Volkswirtschaft) als gewissermaßen verzerrte Darstellungen zu betrachten sind, so stellen sie doch ebenso wie die Karten älteren Ursprungs (Meßtischblätter des Deutschen Reiches, geologische Karten der deutschen Länder) mit dargestellten Betriebsanlagen, Verkehrsflächen, militärischen Übungsplätzen usw. ein unverzichtbares Informationsmaterial dar. Nicht zuletzt können nun auch die Karten des ehemaligen Militärtopografischen Dienstes als Quelle herangezogen werden.

Historische Quellen sind wohl in allen Gebietskörperschaften der neuen Bundesländer in den kommunalen Archiven – vorausgesetzt, sie sind nicht durch Kriegseinwirkungen vernichtet worden – zu finden; im Landkreis Wittenberg sind das zum Beispiel das Kreis- bzw. Stadtarchiv und das Stadtgeschichtliche Museum. Hier können insbesondere Informationen zur wirtschaftlichen Entwicklung seit dem 19. Jahrhundert erwartet werden, aber auch alte Branchen-, Adress- und Fernsprechbücher, Stadtpläne, Gewerbeverzeichnisse, Chroniken, Kataloge ...

Von den Quellen neueren Datums sind natürlich die Unterlagen der ehemaligen Ratsbereiche für Wirtschaft, Landwirtschaft, Handel und Gewerbe, Verkehr, öffentliche Versorgungswirtschaft, Bauwesen heranzuziehen, ebenso wie die Akten und Kartendarstellungen aus dem ehemaligen Bereich Umweltschutz und Wasserwirtschaft zu Deponiestandorten, Flächen wilder Verkippungen, von Bodenkontaminationen usw. Die genannten Datenquellen sind zwar in sich teilweise recht widersprüchlich und keineswegs flächendeckend, als Teile des „Puzzlespiels" Altlastkartierung dennoch unverzichtbar.

Weiterhin kann als Datenquelle mit den Ergebnissen der bereits zu DDR-Zeiten vorgenommenen Registratur von Deponiestandorten einschließlich der eingelagerten Abfallarten sowie der 1990 durchgeführten Altlastenerfassung gerechnet werden, die vom ehemaligen Zentrum für Umweltgestaltung bzw. Institut für Umweltschutz erstellt, beim jetzigen Staatlichen Amt für Umweltschutz des Regierungsbezirkes Dessau vorliegen. Nicht zuletzt stehen im Landkreis Wittenberg die Ergebnisse der 1991 erfolgten Erfassungsarbeiten im Rahmen des „ökologischen Sanierungskonzeptes Leipzig/Bitterfeld/Halle/Merseburg", der Ende 1991 fertiggestellten Trinkwasserstudie für den Landkreis Wittenberg und einer im Herbst 1990 als ABM durchgeführten Erhebung landwirtschaftlicher Altlastverdachtsflächen zur Verfügung.

5 Hoffnungen und Erwartungen

Die Verwaltungen in den neuen Bundesländern stehen vor der anspruchsvollen Aufgabe, schnell, unbürokratisch, ohne Zeitverzug und möglichst ohne Fehler Entscheidungen zu treffen, umfangreiche Planungsvorgänge, Entwicklungen, Nutzungsänderungen, Investitionen bewältigen zu müssen.

Dies setzt, wie bereits am Anfang dargelegt, in wesentlichem Maße das Vorhandensein von aussagekräftigen und verläßlichen Entscheidungsgrundlagen voraus. Wenn sie fehlen, so müssen sie in kürzester Frist und mit – in Anbetracht der finanziellen Situation in den neuen Bundesländern – möglichst geringem Aufwand erarbeitet werden. Wichtig ist dabei weniger die Detailkenntnis einer begrenzten Zahl von Standorten als vielmehr das Bekanntsein möglichst aller verdächtiger Standorte im zu beplanenden Gebiet.

Genau diesem Ziel stellt sich das Projekt REAW mit der Pilotierung der im Saarland bereits erprobten Methodik und DV-Werkzeuge, indem es sich auf kostengünstige Technik (MS-DOS PCs) zur Erstellung eines Altlastenkatasters stützt und mit der Methodik zur beprobungslosen und vor allem flächendeckenden Erfassung und Bewertung von kontaminationsverdächtigen Flächen kurzfristig Entscheidungsgrundlagen bereitstellt und den Umfang kostenaufwendiger Detailuntersuchungen verringern hilft.

Für den Praktiker in einer kommunalen Behörde lassen sich die Erwartungen noch konkreter fassen: Die Kenntnis der Altlastensituation ist erforderlich, um aussagefähig zu sein, Stellungnahmen abgeben bzw. Genehmigungen erteilen zu können bei jeglicher Form der Bauleitplanung, bei Bauvoranfragen und Bauanträgen, bei Förderanträgen, bei der Erarbeitung von Kreisentwicklungsprogrammen und Fachplanungen (Wasserwirtschaftskonzeptionen, Tourismuskonzepten), bei der Bearbeitung von Grundstücksangelegenheiten, bei der Flurneuordnung im landwirtschaftlichen Bereich, bei Bürgeranfragen und im Rahmen der Arbeit des Zivil- und Katastrophenschutzes. Genauso liegt es im Interesse des Umweltamtes, wenn Bau-, Planungs-, Gesundheits-, Sozial- und Ordnungsbehörden in ihrer täglichen Arbeit auf entsprechende Entscheidungsgrundlagen zurückgreifen könnten.

6 Literatur

Der Bundesminister für Umwelt, Naturschutz und Reaktorsicherheit, Bonn (Hg.): Sondergutachten Altlasten des Rates von Sachverständigen für Umweltfragen (1989)

Selke W., Gerdts D.: Methodik der Erfassung kontaminationsverdächtiger Flächen, Saarbrücken (1989)

IV Multitemporale Luftbild- und Kartenauswertung zur Erfassung von kontaminationsverdächtigen Standorten
Ergebnisse einer Pilotstudie im Bereich des Stadtverbandes Saarbrücken

Joachim Ruf und Dietrich Soyez

1 Einführung

1.1 Vorbemerkung

Im Rahmen des Forschungsvorhabens „Methodik eines Handlungsmodells zur Abschätzung und Abwehr der Gefahren aus den Altlasten einer Region" hat der Stadtverband Saarbrücken (SVS) Anfang des Jahres 1988 an die Verfasser den Auftrag erteilt, im Rahmen einer begrenzten Pilotstudie den Ansatz einer multitemporalen Luftbild- und Kartenauswertung in einem Raum anzuwenden, in dem zuvor schon auf der Basis anderer verfügbarer Quellen alle verdächtigen Standorte erfaßt worden waren. Dadurch sollte geprüft werden, welche zusätzlichen Informationen durch einen solchen Ansatz gewonnen werden können.

In einer von der Landesanstalt für Umweltschutz des Saarlandes (LFU) finanzierten und 1989 abgeschlossenen Anschlußstudie wurde der Ansatz auf der Basis der erhobenen Daten vertieft. Hier stand die Frage im Mittelpunkt, ob es möglich ist, den bei einer flächendeckenden Inventur zwangsläufig notwendigen zeitlichen, personellen und finanziellen Aufwand zu reduzieren, ohne daß die Genauigkeit der Erfassung darunter sehr wesentlich leidet. Beide Studien sind den jeweiligen Auftraggebern lediglich als vervielfältigtes Manuskript übergeben worden (*Ruf & Soyez*, 1988, 1989). Im folgenden werden Ansatz und Ergebnisse der genannten Studien zusammenfassend dargestellt (ein weiterer Bericht mit einem etwas anderen Schwerpunkt ist in Vorbereitung, *Ruf & Soyez*). Die Einsichtnahme in die ursprünglichen Langfassungen der Arbeiten ist in Absprache mit den genannten Auftraggebern möglich.

1.2 Problemstellung und Untersuchungsgebiet

Es ist seit langem bekannt, daß Luftbilder eine ausgezeichnete Grundlage darstellen, um die unterschiedlichsten Inventuren oder Analysen selbst in hochkomplex strukturierten Landschaftsräumen durchzuführen. Ältere Luftbildsätze eignen sich folglich ebenso gut für die Rekonstruktion ehemaliger Landschaftszustände, auch wenn hier das Fehlen von synchron mit der Befliegung erstellten Interpretationsschlüsseln die Aussagekraft begrenzt.

Seit dem verstärkten Wahrnehmen der Altlastproblematik durch die betroffenen Fachdisziplinen und Verwaltungen ab Mitte der 1980er Jahre fehlt es nicht an Versuchen, den Informationsgehalt vor allem älterer Luftbilder systematisch zu nutzen, um dadurch Altablagerungen oder Altstandorte besser zu lokalisieren und die von ihnen potentiell ausgehenden Gefährdungen abschätzen zu können. Wichtige Grundlagenarbeiten, teilweise von „Leitfadencharakter" mit hohem methodischem und praktischem Wert, liegen seit einigen Jahren vor (hier sind etwa zu nennen *Dodt* u. a., 1987, *Huber & Volk*, 1986, Umweltbundesamt, 1987).

Die genannten Arbeiten beziehen sich jedoch gerade wegen ihrer überwiegend methodischen Zielsetzung auf relativ begrenzte Räume (teilweise sogar nur einzelne Betriebsgelände). Sie vermögen deswegen noch keine klaren Hinweise zu geben, inwieweit die hier erprobten Ansätze sich so operationalisieren lassen, daß größere oder in ihrer Ausstattung wesentlich anders gestaltete Räume angemessen bearbeitet werden können.

Es ist auch schwierig, einen Überblick über das Ausmaß des Einsatzes von Luftbildern in der Praxis und die dabei gewonnenen Erfahrungen zu gewinnen. Vielfach werden nämlich die Ergebnisse nicht allgemein zugänglich veröffentlicht (wie das auch für die hier vorgestellten Studien der Fall war), oder aber die Verwendung von Luftbildern ist zwar in einem umfassenderen Ansatz integriert, die diesbezüglichen methodischen Erkenntnisse jedoch werden nicht explizit mitgeteilt, weil die Zielsetzung der Ergebnisdarstellung eine andere ist (vgl. etwa den Bericht über die den Stadtkreis Mannheim abdeckende Inventur von *Eberle & Eberle-Brach*, 1990).

Es ist somit deutlich, daß die Bedeutung des Einsatzes von Luftbildern (und Karten), vor allem in einem multitemporalen Ansatz, breite Anerkennung findet. Dennoch bestehen weiter erhebliche Erkenntnislücken über die generelle Verwendbarkeit solcher Verfahren bei flächendeckenden Inventuren in unterschiedlich strukturierten Landschaftsräumen und die dabei auftretenden spezifischen Schwierigkeiten und Kosten (aufschlußreiche Angaben zum letztgenannten Punkt aber schon bei *Albertz* u. a., 1984, *Dodt* u. a., 1987).

Vor diesem Hintergrund gewinnen die für den Stadtverband Saarbrücken und das Landesamt für Umweltschutz im Saarland durchgeführten Arbeiten an Interesse. Sie beziehen sich zwar ebenfalls auf ein begrenztes Testgebiet (mit dem Schwerpunkt im südlichen Bliesgau SSE von Saarbrücken, Abbildung 1). Jedoch umfaßt dieses bei etwa 150 km^2 Gesamtfläche die vollständige Abfolge von dichter innerstädtischer Bebauung über randstädtische Industrie-, Gewerbe- und Wohngebiete bis hinein in einen fast ausschließlich land- und forstwirtschaftlich genutzten Raum. Historisch gesehen ist der gesamte Raum durch die gleichen urbanen, industriellen und ländlichen Nutzungsabfolgen seit Beginn der Industrialisierung gekennzeichnet, die auch für weite Teile des übrigen Saarlandes gelten.

Etwa drei Viertel des Gebiets entfallen auf die weitgespannten, überwiegend offenen, landwirtschaftlich genutzten Hochflächen und Schichtstufen im Muschelkalk (Höhen zwischen 250 m und 350 m). Kräftiger in Talzüge und dazwischenliegende Riedel und Kuppen zerlegt sind die sich nördlich daran anschließenden Bereiche des Buntsandsteins. Sie sind – soweit nicht durch inner- und randstädtische Bebauung Saarbrückens eingenommen – durch eine geschlossene Waldbedeckung geprägt. Das Saartal bildet die gesamte westliche und südliche Grenze des Untersuchungsgebiets. Administrativ umfaßt dieses fast ausschließlich Bereiche des Stadtverbandes Saarbrücken. Lediglich im Nordosten (im Rohrbachtal) wurde ein kleiner Teil der Nachbargemeinde St. Ingbert miteinbezogen, um solche Gefährdungen berücksichtigen zu können, die möglicherweise von diesem seit langem montanindustriell geprägten Raum auf ein wichtiges Wasserschutzgebiet Saarbrückens ausgehen können.

Insgesamt ist davon auszugehen, daß die im Untersuchungsgebiet gewonnenen methodischen Erfahrungen sich auf ähnlich strukturierte

Räume des Saarlandes und anderswo übertragen lassen und zugleich wertvolle Hinweise für flächendeckende Altlastinventuren auf der Ebene von Kreisen oder Regierungsbezirken geben.

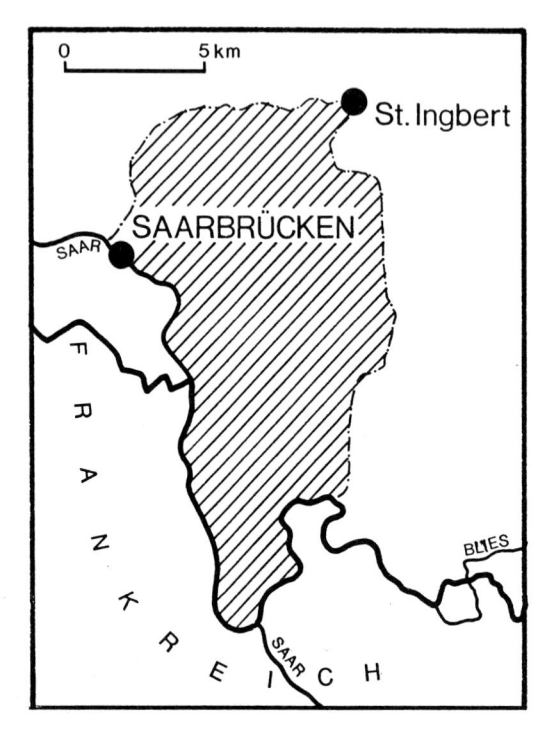

Abb. 1: Lage des Untersuchungsgebiets

2 Untersuchungsziele und -methoden

Um Ansätze und Methoden besser nachvollziehen zu können, sei die folgende Darstellung nach den zwei Hauptphasen gegliedert, in denen die Untersuchung durchgeführt worden ist.

2.1 Erste Untersuchungsphase

Die wichtigsten Ziele der ersten Teilstudie waren:

- Kontrolle der schon durch andere Quellen erfaßten Altstandorte im Untersuchungsgebiet, gegebenenfalls Präsizierung der Datenlage (die Lokalisierung dieser Verdachtsstandorte wurde vom Stadtverband parzellenscharf vorgegeben),
- Ermittlung bisher unbekannter Verdachtsstandorte.

Als Methode wurde auf Wunsch des Auftraggebers ausschließlich eine multitemporale Luftbildinterpretation sowie – in kleineren Teilbereichen – auch eine multitemporale Karteninterpretation gewählt. Vor Beginn der Interpretation wurden für die Erstellung des Interpretationsschlüssels kurze Geländekontrollen vorgeschaltet. Auf weitere vorbereitende, flankierende oder nachbereitende Quellenanalysen – wie sie bei einem integrierten Ansatz mit umfassender Zielsetzung unerläßlich sind (vgl. hierzu insbes. *Eberle & Eberle-Brach*, 1990) – wurde bewußt verzichtet, um Anteil und Typen der durch den multitemporalen Interpretationsansatz zusätzlich ermittelten Standorte genau abschätzen zu können.

Aus den folgenden Befliegungsjahren (und Maßstäben) standen Luftbildsätze zur Verfügung (panchromatische Bilder sehr unterschiedlicher Qualität):

1953	ca. 1:13 500
1961	ca. 1:10 000
1967	ca. 1:12 500
1977	ca. 1:12 000
1982	ca. 1:10 500 (nördl. Güdingen-Brebach)
1985	ca. 1:30 000 (südl. Güdingen-Brebach)

Die Auswertung der Bilder erfolgte an einem Wild Aviopret APT 1 (mit Diskussionstubus) der Fachrichtung Geographie, Universität des Saarlandes.

Für die multitemporale Kartenauswertung zweier gezielt ausgewählter Grundkartenbereiche (DGK 7448 Bübingen und 7648 Bübingen-Ost) standen Lichtpausen von Ausgaben zwischen 1913 und 1982 zur Verfügung.

Auf der Basis eines einleitend entwickelten Interpretationsschlüssels wurden die Luftbildsätze systematisch in „progressiv-fortschreibender" Form (vgl. *Dodt* u. a., 1987, S. 6), d. h. beginnend mit der ältesten Befliegung von 1953 in zeitlich aufsteigender Reihenfolge, auf Verdachtsstandorte ausgewertet. Als solche galten dabei alle Flächen, auf denen deutliche Bodenverwundungen, Ablagerungen oder Materialverlagerungen zu erkennen waren, insbesondere im Vergleich zur Situation, wie sie in der jeweils zeitlich vorhergehenden Befliegung zu erkennen war. Die folgenden Daten bzw. auf Indikatoren beruhenden Abschätzungen wurden erhoben und in entsprechend vorbereitete Karten und Karteien (Datenbank) aufgenommen:

- genaue Lage und Ausdehnung (Grundriß),
- Nutzungszeitraum,
- Nutzung der betroffenen Fläche (und damit in der zeitlichen Abfolge auch der Nutzungswandel),
- Art des abgelagerten Materials und
- mögliche Gefährdungsmomente für die Umwelt (in drei Stufen: niedrig, mittel, hoch).

Die ersten drei Punkte können von einem erfahrenen Luftbildinterpreten in der Regel mit relativ hoher Genauigkeit bearbeitet werden. Bei den letzten beiden Punkten dagegen sind erhebliche Unsicherheitsfaktoren gegeben. Die Art des ab- oder umgelagerten Materials ist zwar häufig auf der Basis von luftbildsichtbaren Indikatoren grob abzuschätzen (zum Beispiel durch typische Grauton- und Texturmerkmale). Nichts aber ist im Luftbild über eventuelle gefährliche Beimengungen zu erkennen. Vor diesem Hintergrund ist jede Aussage über eine möglicherweise von einem im Luftbild identifizierten Verdachtsstandort ausgehende Gefährdung problematisch. Um überhaupt Anhaltspunkte geben zu können, wurde ein „niedriges" Gefährdungspotential lediglich bei eindeutig identifizierbaren Ab- oder Umlagerungen von Erdmassen angenommen. Bei Bauschutt wurde wegen der häufig anzutreffenden Beimengungen an Müll grundsätzlich von einem „mittleren", bei allen eindeutig als Haus-, Gewerbe- oder Industriemüllablagerungen identifizierten Standorten von einem „hohen" Gefährdungspotential ausgegangen. Diese Zuordnung wurde schließlich auch bei allen völlig überbauten oder zugewachsenen Standorten oder in der Nähe sensibler Flächennutzungen gewählt (vor allem Talauen, Wasserschutzgebiete u. a.).

Alle erfaßten Flächen wurden so lagetreu wie möglich auf Mutterpausen der entsprechenden Grundkarten eingetragen (d. h. nach Augenmaß, da kein hochwertiges Übertragungsgerät, wie z. B. ein analytischer Plotter, zur Verfügung stand). Hauptprodukt dieser ersten Arbeitsphase ist ein Kartenwerk von 42 Grundkarten, aus denen Lage und zeitlicher Wandel der Verdachtsflächen ersichtlich ist. Die zu den Flächen gehörenden übrigen Informationen sind in Form von verschiedenen Tabellen im Textteil der Untersuchung enthalten.

Wichtigstes und in dieser Form völlig unerwartetes Ergebnis dieser ersten Untersuchungsphase war die hohe Zahl von neu erfaßten Verdachtsstandorten: die Bestandsaufnahme in dem 150 km^2 großen Untersuchungsgebiet führte zur Lokalisierung und Abgrenzung von insgesamt 386 bis dahin unbekannten Standorten, (zugrundegelegen haben insgesamt 594 Einzelflächen, die teilweise aufgrund ihrer sehr engen räumlichen Nachbarschaft zusammengefaßt wurden). Zusätzlich mußte die räumliche Abgrenzung von 28 schon bekannten Standorten erweitert werden. Damit besteht zunächst überhaupt kein Zweifel daran, daß mit dem verwendeten Ansatz eine erhebliche Menge an sonst schwierig zu erfassenden Zusatzinformationen gewonnen werden kann.

Dieses an sich positive Ergebnis hat jedoch gleichzeitig aus methodischer und praktischer Sicht eine Reihe wichtiger Fragen aufgeworfen, die dann umgehend zur zweiten Untersuchungsphase führten. Das Kernproblem sei hier sofort angesprochen.

Man kann wahrscheinlich davon ausgehen, daß von vielen der zusätzlich ermittelten Standorte keine Gefährdung ausgeht (z. B. von den meisten der Erdmassen- und/oder Bauschuttablagerungen). Es bleibt das Problem, daß die Richtigkeit einer solchen Vermutung durch Luftbildauswertung allein nicht ohne weiteres nachweisbar ist, eine systematische Untersuchung aller Standorte im Gelände jedoch auch nicht praktikabel erscheint. Letzteres wäre noch weniger der Fall, wenn auch andere Teile des Saarlandes eine ähnliche Dichte an Verdachtsstandorten aufweisen sollten.

Diese Probleme könnten dazu führen, daß der hier vorgestellte Ansatz nicht mehr angewendet wird, obwohl es aus sachlicher Sicht sicher fahrlässig wäre, auf die so zu gewinnenden Zusatzinformationen zu verzichten. Um einer solchen Entwicklung vorzubeugen, muß das wichtigste Ziel sein, den Ansatz so weiterzuentwickeln, daß er praxisnah, aufwandsminimierend und unter wechselnden Rahmenbedingungen einzusetzen ist. Hiermit war die Aufgabenstellung für die zweite Untersuchungsphase umrissen.

2.2 Zweite Untersuchungsphase

Vor dem Hintergrund der soeben aufgeworfenen Problematik wurden die Ziele der zweiten Teilstudie wie folgt formuliert:

- Auswahl und Überprüfung luftbildrelevanter inhaltlicher Kriterien im Hinblick auf

  a) eine sachgerechte Verminderung zu berücksichtigender Verdachtsstandorte („Datenreduktion") und

  b) eine sachgerechte Verminderung zu überprüfender Untersuchungsflächen („Flächenreduktion").

- Entwicklung einer operationellen Vorgehensweise für eine mit Hilfe multitemporaler Luftbild- und Karteninterpretation durchgeführten Erfassung altlastverdächtiger Standorte und zwar in Form eines „stratifizierten" Ansatzes, d. h. mit unterschiedlichen Optionen für potentielle Auftraggeber, die Bestandsaufnahme je nach verfügbarem Zeit- und Kostenrahmen oder auch der gewünschten Aussagesicherheit anzugehen.

- Abschätzung des für unterschiedliche Optionen entstehenden Zeit-, Personal- und Kostenaufwands pro untersuchter Flächeneinheit.

Diese Ziele sollten nicht auf der Basis einer völlig neuen Studie erreicht werden. Die mit dem Auftraggeber abgesprochene Vorgehensweise bestand vielmehr darin, die Daten der ersten Teilstudie (*Ruf & Soyez* 1988) aus der Sicht der genannten Ziele zu analysieren und entsprechende Vorschläge zu unterbreiten. Es wurde somit davon ausgegangen, daß der in der Pilotstudie bearbeitete Raum und die in ihm feststellbaren Prinzipien der Ablagerungstätigkeit seit Beginn der 1950er Jahre für das Saarland repräsentativ und für Generalisierungen geeignet sind.

Es muß hier noch einmal ausdrücklich betont werden, daß die Aussagekraft auch einer weiterführenden Analyse überall dort begrenzt ist, wo auch die in der Pilotstudie erfolgte Ersterfassung aus methodischen Gründen nicht überwindbare Schwächen aufweist. Dies gilt vor allem für die Ansprache der im Luftbild sichtbaren Materialien. So sind etwa Erdmassen an typischen Schüttungsstrukturen erkennbar, Müll vielfach an der unregelmäßigeren Oberflächenbeschaffenheit, verbunden mit einer Vielfalt von Grautonabstufungen ohne deutliches Muster. Die Auflösung selbst großmaßstäblicher Bilder setzt aber deutliche Grenzen etwa für die Einzelansprache von Inhaltsstoffen oder Gegenständen. Gänzlich unbemerkt müssen natürlich in jeder luftbildbasierten Bestandsaufnahme alle Stoffe bleiben, die in einer solchen Ablagerung versteckt liegen können.

Wenn somit in den beiden hier vorgestellten Studien von „Erdmassen" (EM), „Bauschutt" (BS) oder „Hausmüll" (HM) die Rede ist, so ist diese Charakterisierung das Ergebnis einer Interpretation von (nicht eindeutigen) Indikatoren. Nach den Erfahrungen der Pilotstudie ist damit eine Tendenz, nicht jedoch eine sichere Erkenntnis verbunden. Diese Unsicherheiten sind bedauerlich, aber methodenimmanent.

Grundlage für den hier trotz dieser Begrenzungen versuchten weiterführenden Analyseansatz ist die Überlegung, daß aus Beziehungen zwischen den in der ersten Teilstudie erfaßten Parametern solche Informationen zu gewinnen sein könnten, die eine gezielte und sachgerechte Aufwands- und/oder Datenreduktion bei multitemporalen Bestandsaufnahmen erlauben.

Die wichtigste Frage ist, ob spezifische zeitliche oder räumliche Ablagerungsmuster auftreten und diese eventuell auch noch mit spezifischen Vor- oder Nachfolgenutzungen auftreten. Einige solcher Ausgangshypothesen seien hier angeführt:
– Man kann annehmen, daß in der Regel von Ablagerungen mit Hausmüllanteilen eine höhere potentielle Gefährdung ausgeht als von reinen Erdmassen-/Bauschuttdeponien. Bezüglich dieser Typen wäre es dann z. B. denkbar, daß vor Inkrafttreten des Abfallbeseitigungsgesetzes – AbfG – (in der Fassung vom 9. Juni 1972) vermehrt Hausmüll oder Hausmüllkombinationen (also zum

Beispiel Hausmüll/Erdmassen oder Hausmüll/Bauschutt), nachher jedoch überwiegend Materialien ohne Beimengung von Hausmüll festzustellen sind;

- reine Erdmassen wiederum müßten eigentlich dort vermehrt festzustellen sein, wo zu einem späteren Zeitpunkt wieder eine landwirtschaftliche Nutzung einsetzt (während dies auf Hausmüll- oder groben Bauschuttdeponien kaum anzunehmen ist) (dies gilt nur unter der Voraussetzung, daß hier keine spezifischen Rekultivierungsmaßnahmen, etwa in Form von Überdeckung mit Muttererde, getroffen worden sind);
- aufgrund der geologischen Verhältnisse ist in manchen Teilen des Saarlandes (vor allem in Buntsandstein- und Muschelkalk-Regionen) eine umfassende frühere Steinbruchtätigkeit typisch. Es liegt nahe, in diesen Bereichen eine vermehrte Ablagerung anzunehmen; eine zweite Frage bezüglich solcher Abgrabungsstandorte wäre dann, ob sie für einen bestimmten Materialtyp (oder während eines bestimmten Zeitraums) häufiger genutzt werden als andere Ablagerungsstätten.

Sollten sich derartige Vermutungen belegen lassen, so würden diese Erkenntnisse es z. B. ermöglichen, die Aufmerksamkeit bei Nachuntersuchungen auf reduzierte Straten (Teile) des Gesamtdatensatzes zu konzentrieren. Bei neuen Erhebungen könnte man dann sogar die Erfassung selbst selektiv durchführen.

Vor diesem Hintergrund wurden auf der Basis der Daten der ersten Teilstudie zwei Lösungsansätze getestet.

Der Lösungsansatz I beruht auf der Überlegung, daß zwischen den unterschiedlichen erfaßten Kategorien und deren Merkmalsausprägungen spezifische Beziehungen bestehen könnten, die eine sachgerechte und gezielte Aufwands- und/oder Datenreduktion ermöglichen. So wäre z. B. denkbar, daß die Ablagerung von problematischen Materialien (etwa Haus- und Gewerbemüll) sich in bestimmten Zeitphasen häuft, in anderen dagegen nur selten vorkommt. In einem solchen Fall könnte man bei einer multitemporalen Luftbildinterpretation auf die Bearbeitung bestimmter Befliegungen verzichten und dadurch den notwendigen Zeitaufwand deutlich reduzieren. Für diesen Lösungsansatz wurde die Grundgesamtheit aller Daten von „Material", „Zeitraum", „Nutzung" (jeweils vor und nach Auftreten der verdächtigen Akkumulation) sowie deren unterschiedlichen Ausprägungen ausgewertet.

Dem Lösungsansatz II dagegen liegt die Hypothese zugrunde, daß das „Ablagerungsverhalten" von spezifisch räumlichen Kategorien beeinflußt wird, also z. B. von der Zugänglichkeit oder bestimmten Flächennutzungsmustern. Hier wurden zusätzlich zu den beim ersten Ansatz verwendeten Kategorien noch analysiert: „Größe", „Lage/Orientierung", „Verkehrsnetz", „Industrie- und Gewerbebetrieb", „altlastverdächtige Gegenstände" und „Erscheinungsbild" (zu den Details muß hier auf die Originalarbeiten verwiesen werden). Die Fülle der zugrundeliegenden Merkmalsausprägungen ließ es hier zweckmäßig erscheinen, nicht die Gesamtheit der Daten zugrundezulegen, sondern die Analyse innerhalb des von der Pilotstudie abgedeckten Gebiets auf die Verdachtsstandorte einiger weniger Grundkartenblätter mit repräsentativen Nutzungsmustern zu beschränken (hierfür wurden ausgewählt die nicht zusammenhängenden Blätter: 7642 Rilchingen-Hanweiler, 7652 Fechingen-Nord, 7654 Bischmisheim, 7846 Bliesransbach-Süd, 7848 Bliesransbach, 7856 Scheidt-Ost und 8052 Ensheim).

3 Untersuchungsergebnisse

Wie schon im vorangegangenen Abschnitt unterstrichen wurde, hat die multitemporale Inventur auf Luftbild- und Kartenbasis in einem Raum von ca. 150 km^2 eine Fülle neuer Verdachtsstandorte ergeben. Zu den 67 dem SVS vor Beginn der Pilotstudie bekannten Flächen sind 368 neue hinzugekommen, bei 28 der schon früher erfaßten Standorte konnten zusätzliche Informationen gewonnen werden. Die meisten der hinzugekommenen Standorte weisen jedoch nur eine Fläche von < 0,25 ha auf.

Die zusätzliche Auswertung aller vorliegenden Ausgaben der Grundkarten 7448 Bübingen und 7648 Bübingen-Ost (= multitemporale Karteninterpretation) erbrachte weitere Erkenntnisfortschritte. Das Abgrabungs- und Ablagerungsgeschehen konnte hier auch zwischen zwei Befliegungsdaten nachvollzogen werden. In einem Fall erfolgten so im Abstand von nur acht Jahren erhebliche Ablagerungen, die im Luftbild nicht mehr erkannt wurden, da der Bereich zwischenzeitlich überbaut worden war. Hieraus läßt sich ableiten, daß bei einer reinen Luftbildinventur die Befliegungsintervalle möglichst 3-5 Jahre nicht überschreiten sollten.

Die Ablagerungstätigkeit insgesamt und auch die relativen Anteile der deponierten Materialtypen ist im Untersuchungszeitraum erheblichen Schwankungen unterworfen (vgl. Abb. 2, die sich auf alle Ablagerungen bezieht, die in ehemaligen Abgrabungen erfaßt wurden). So ist die Tendenz eines starken Anstiegs der in Anspruch genommenen Standorte in den 1960er, teilweise auch noch in den 1970er Jahren, auffällig. Danach sinkt die Ablagerungstätigkeit insgesamt deutlich ab (außer bei Erdmassen/Hausmüll-Kombinationen). Dies könnte mit der in den 1970er Jahren in Kraft getretenen Abfallgesetzgebung zusammenhängen. Es mag aber auch eine Rolle gespielt haben, daß die leicht verfügbaren Hohlformen bis zu diesem Zeitpunkt weitestgehend verfüllt worden waren.

Auf der Basis der in der ersten Teilstudie erhobenen Grundgesamtheit aller Verdachtsflächen wurden dann gemäß dem vorgehend skizzierten Lösungsansatz I die verschiedensten Merkmalsausprägungen miteinander verknüpft, um gegebenenfalls eine gezieltere Vorgehensweise bei der Ermittlung und Bewertung von Verdachtsstandorten entwickeln zu können (also z. B. „Material und Ablagerungszeitraum", „Betriebszeit und Verfüllung", „Material und Nutzungsfolgen" u. a. m.). Es stellte sich aber heraus, daß bei kaum einer der getesteten Merkmalsverknüpfungen deutlichere Muster oder Trends sichtbar wurden, die es im Sinne eines „reduktionistischen" Untersuchungsansatzes erlaubt hätten, spezifische Zeiträume, Materialien oder Nutzungen unberücksichtigt zu lassen (Tabellen, Details und Teilergebnisse sind dennoch in *Ruf & Soyez*, 1989, dargestellt, weil nicht ausgeschlossen werden kann, daß sich zu einem späteren Zeitpunkt Fragestellungen oder Hypothesen ergeben könnten, für die auch solche Tabellen aussagekräftig werden, die zum augenblicklichen Zeitpunkt weder von Interesse noch interpretierbar erscheinen). Damit ist der Versuch gescheitert, aus einer vertiefenden Interpretation des hier zur Verfügung stehenden Materials einen „daten-" und damit „aufwandsreduzierenden" Inventuransatz für die multitemporale Luftbildinterpretation zu entwickeln.

Positiv ist allerdings zu bewerten, daß sich erste Hinweise auf möglicherweise bestehende räumliche Muster vielfach dann ergaben, wenn

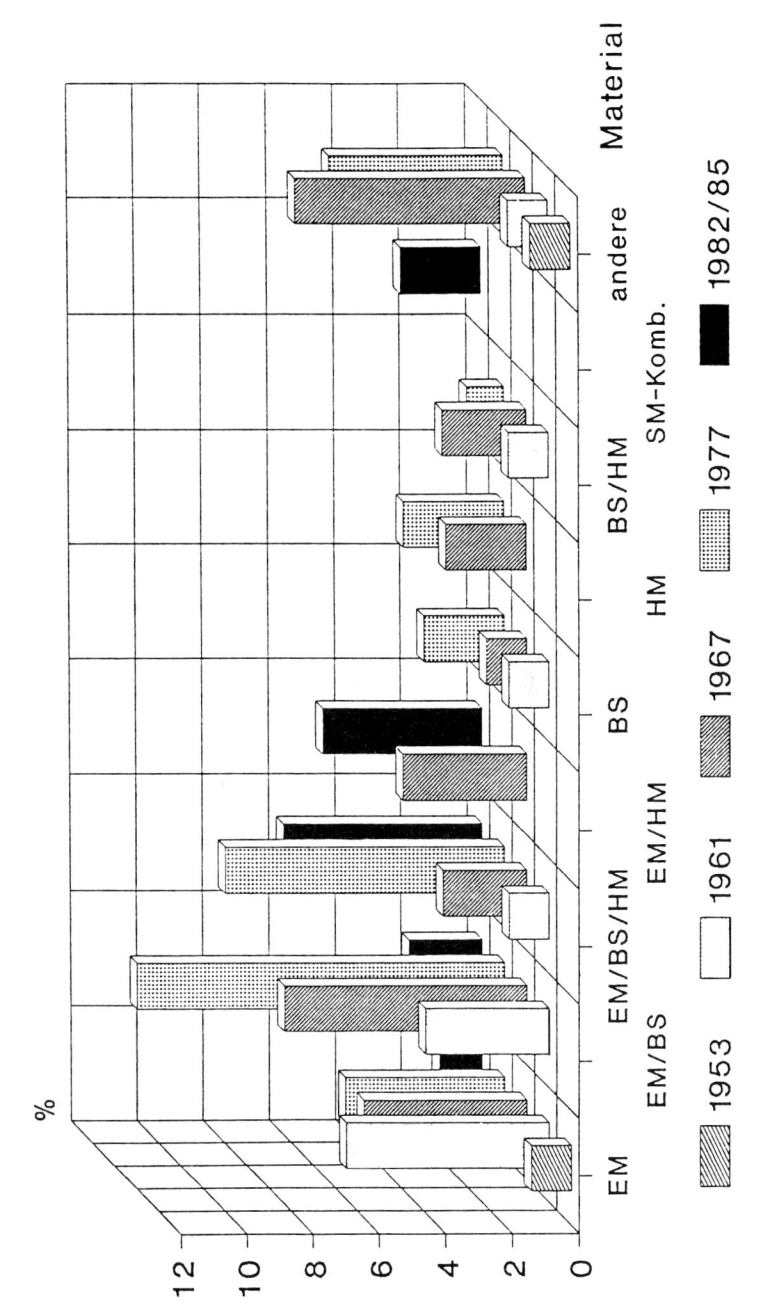

Abb. 2: Ablagerungszeitraum und Material der kontaminationsverdächtigen Standorte ehemaliger Abgrabungen (zu den Abkürzungen vgl. S. 81 f)

Merkmalsausprägungen mit räumlichem Bezug Bestandteil der Verknüpfungen waren, also z. B. „Hohlform" (Abgrabung) oder „Waldrand". Genau dies ist deswegen die Grundüberlegung für den Lösungsansatz II.

Wie einleitend erläutert, wurde hier davon ausgegangen, daß es eindeutige Beziehungen zwischen bestimmten Merkmalen und ihrer räumlichen Verteilung geben könnte.

Diese Ausgangsüberlegung hat sich bei den speziell durchgeführten Merkmalsverknüpfungen auf deutliche Weise bestätigt. Die wichtigsten der bei diesem Ansatz benutzten Ausprägungen, entweder aus der Pilotstudie entnommen oder auf der Basis des zur Verfügung stehenden Karten- und Luftbildmaterials neu erhoben, waren:

– Größe des erfaßten Verdachts-Standorts (in sieben Größenklassen),

– Lage/Orientierung: erfaßt sind Bezüge zu konkreten räumlichen Merkmalen von Geländegestaltung (z. B. Talsohle) und Nutzungsstruktur (Waldrand) oder aber zu nicht sichtbaren Merkmalen, die dennoch eine starke räumliche Relevanz aufweisen (z. B. administrative Grenzen); neu eingeführt wurde das Merkmal der „morphologischen Vorzugslage", also ein Standort im Gelände, der sich besonders für Ablagerungen eignet (Hohlformen u. a. m.). Zudem wurde versucht, das kartographische Merkmal der Böschungssignaturen als eventuellen Hinweis auf erfolgte und auch naheliegende Ablagerungstätigkeit zu verstehen und in seiner Aussagefähigkeit zu überprüfen,

– Nutzung: dieses Merkmal wurde insbesondere im Bereich von Siedlung und übriger Bebauung stark differenziert, da vermutet werden kann, daß sich hier Bezüge zum Ablagerungsverhalten herstellen lassen.

Hinzu kamen die unterschiedlichen Ausprägungen von Verkehrsnetz, Material, Zeitraum und Erscheinungsbild.

Das ohne Zweifel wichtigste und in dieser Deutlichkeit nicht zu erwartende Ergebnis des Lösungsansatzes II ist, daß innerhalb der Musterblätter ein eindeutiges räumliches Muster potentiell verdächtiger Standorte festgestellt werden kann, das sich überwiegend an Kriterien der relativen Lage (Faktor „Zugänglichkeit") und spezifischen Flächennutzungen orientiert.

Eine Synopse und Rangordnung der Lagemuster ergibt das folgende Bild (Mehrfachnennungen waren bei der Zuordnung auf der Basis von Karten- und Luftbildinterpretation möglich, die genannten absoluten und relativen Zahlen beziehen sich auf die insgesamt ermittelte Zahl von 362 „Lagebeziehungen" bei 165 Verdachtsstandorten der Musterblätter):

Orientierung an	Anzahl	%	% (kum.)	Rang
Fahrweg/Straßen	127	35,1	35,1	1
Siedlungsrand	74	20,4	55,5	2
Abgrabungen	44	12,2	67,7	3
Morphol. Vorzugslagen	35	9,7	77,4	4
Siedlungen	33	9,1	86,5	5
Waldrand	22	6,1	92,6	6
Industrie u. Gewerbe	19	5,2	97,8	7
Wald	6	1,7	99,4	8
Grenze	2	0,6	100,0	9

Wichtige Schlußfolgerungen aus dieser Aufstellung sind:

1. Das räumliche Verteilungsmuster der nachkriegszeitlichen Verdachtsstandorte im Bereich der ausgewählten Musterblätter ist eindeutig an die Verkehrsinfrastruktur angelehnt; mit deutlichem Abstand folgen Siedlungsränder und ehemalige Abgrabungen als Vorzugsräume für Verdachtsstandorte. Ein großer Teil der innerhalb von Siedlungen festgestellten Ablagerungen ist im Zusammenhang mit Deponietätigkeiten an früheren Siedlungsrändern zu sehen.

2. Das hier sichtbar werdende räumliche Verteilungsmuster eines großen Teils der Verdachtsstandorte ermöglicht es, Ansätze der Bestandsaufnahme von altlastenverdächtigen Flächen zu entwickeln, mit denen ein Großteil bestehender Verdachtsstandorte erfaßt werden kann, ohne daß der zu untersuchende Raum in seiner Gesamtheit kartiert werden muß.

Bei Annahme eines ca. 20 m breiten Streifens beiderseits von Verkehrswegen und eines 50 m-Streifens an Waldrändern wurden auf der Basis der verwendeten Musterblätter die folgenden Anteile von Inventurfläche und Verdachtsflächenanteil errechnet:

Kartierung in Anlehnung an	Kartierter Flächenanteil	Erfaßte Standorte
Verkehrsnetz und Siedlungsränder	33 %	50 %
Verkehrsnetz, Siedlungsränder u. Abgrabungen	38 %	70 %
Verkehrsnetz, Siedlungsränder, Abgrabungen u. Siedlungen außerhalb vorkriegszeitlicher Kerne	40 %	80 %
Verkehrsnetz, Siedlungsränder, Abgrabungen, Siedlungen außerhalb vorkriegszeitlicher Kerne u. morphologische Vorzugslagen	50 %	85 %

Aufgrund der Repräsentativität der Musterblätter nicht nur für das Gebiet der Pilotstudie im Stadtverbandsbereich, sondern auch für weite Teile des übrigen Saarlandes, ist davon auszugehen, daß sich das sich hier wiederspiegelnde Muster des Ablagerungsverhaltens – und damit auch der vorstehend erläuterte Ansatz zur Aufwands-, Daten- und Kostenreduktion – auf weitere Regionen des Bundeslandes übertragen lassen. Diese Überlegung ist die Grundlage der im folgenden skizzierten Konzepte zur sinnvollen, aufwandsminimierenden Suche von altlastverdächtigen Standorten im Saarland.

4 Konzepte zur Suche altlastverdächtiger Standorte im Saarland

4.1 Konzept A: Flächendeckende multitemporale Karten- und Luftbildinterpretation

Die wesentlichen Arbeitsschritte sind:

- Zusammenstellen aller verfügbaren Karten- und Luftbildausgaben über den Untersuchungsraum,
- Erstellen eines Interpretationsschlüssels für alle Luftbildjahrgänge (dies kann je nach den verfügbaren Bildserien in der Praxis die Entwicklung mehrerer Interpretationsschlüssel bedeuten),
- aufsteigend-fortschreibende Luftbild- und Kartenauswertung (von den ältesten zu den jüngsten Bild- und Kartenmaterialien), verbunden mit stichprobenartigen Geländekontrollen, im Idealfall Eintra-

gung von Lokalitäten und Grenzen mit Hilfe eines Luftbildumzeichners oder eines analytischen Stereoplotters,
- kartographische, textliche und tabellarische Dokumentation und Ergebnisdarstellung, wenn möglich im Rahmen eines Geographischen Informationssystems, das ein beliebiges Sortieren nach frei wählbaren Kriterien/Kriterienkombinationen sowie die Verknüpfung mit im übrigen verfügbaren Hilfsdaten ermöglicht.

Der Zeitaufwand für eine solche flächendeckende Inventur liegt nach den während der hier vorgestellten Studien gemachten Erfahrungen bei:
- einer Woche pro Grundkartenblatt (= 4 km², entspricht 400 ha) im ländlich geprägten Außenbereich,
- bis zu 10 Wochen pro Grundkartenblatt im städtischen Siedlungsbereich (vgl. hierzu näher *Albertz* et al. 1984, *Dodt* et al. 1987, *Ruf & Soyez* 1988, Umweltbundesamt 1987).

Damit liegen die Minimalkosten für die Kartierung eines Grundkartenblatts bei DM 500,– bis 800,–, wenn fachlich qualifizierte Mitarbeiter ohne akademischen Abschluß mit der Aufgabe betraut werden. Es kann leicht hochgerechnet werden, wie sich die Kosten bei höherer fachlicher Qualifikation oder bei Berücksichtigung ansonsten bestehender Overheadkosten entwickeln.

4.2 Konzept B: Gezielte multitemporale Karten- und Luftbildinterpretation in Vorzugsräumen für Verdachtsstandorte

Dieser Ansatz geht von der vorstehend belegten Erkenntnis aus, daß es für die Ablagerung kontaminationsverdächtiger Materialien Vorzugsräume gibt, die an bestimmte Muster der Flächennutzung gebunden sind.

Erstes Ziel einer solchen Vorgehensweise ist es, aus vorhandenen Unterlagen (in der Regel also den Karten des ins Auge gefaßten Untersuchungsraums) die Bereiche abzugrenzen und gesondert zu erfassen, in denen die größte Häufung von Verdachtsstandorten zu erwarten ist, d. h.
- das Verkehrswegenetz
- ehemalige und heutige Siedlungsränder

- ehemalige und heutige Abgrabungen
- morphologische Vorzugslagen
- Siedlungsbereiche und
- Waldränder.

Diese Bereiche sollten mit einer „Pufferzone" von etwa 20 m bis maximal 100 m erfaßt und auf ein transparentes Deckblatt übertragen werden. Auf der Basis der so deutlich reduzierten Fläche (im Verhältnis zum gesamten Untersuchungraum) hat dann die eigentliche multitemporale Luftbild- und Karteninterpretation zu erfolgen. Sie wird nach den gleichen Prinzipien wie in Konzept A durchgeführt. Je nach den zur Verfügung stehenden Geld- und Hilfsmitteln – und dem gewünschten Genauigkeitsgrad – kann die Eintragung der Verdachtsflächen manuell oder geräteunterstützt erfolgen (etwa mit Luftbildumzeichner, Digitalisierung und Speicherung in einem Geographischen Informationssystem).

Bei einer solchen Vorgehensweise beträgt der Zeitaufwand für ein Grundkartenblatt im Außenbereich 2-3 Tage, im städtischen Siedlungsbereich 4-5 Wochen, im Schnitt also wegen der deutlich reduzierten Untersuchungsfläche bis maximal die Hälfte des im Konzept A vorgestellten flächendeckenden multitemporalen Ansatzes. Der Kostenaufwand kann dementsprechend bis auf maximal 50 % reduziert werden. Weitere Einsparmöglichkeiten bestehen, wenn es sachlich, zeitlich oder finanziell begründet werden kann (oder muß), die oben angeführte Liste der zu durchsuchenden Vorzugslagen weiter zu reduzieren, sich also etwa nur auf das Verkehrsnetz und Abgrabungen zu beschränken.

Es erscheint hier im übrigen nicht sinnvoll, noch weitergehende Angaben über die bei verschiedenen Varianten entstehenden Kosten zu machen, da sie zu sehr je nach zu erfassenden Nutzungsstrukturen oder eingesetztem Personal schwanken. Wichtig ist es jedoch für jede realistische Kostenkalkulation, die genauen Anteile unterschiedlicher Flächennutzungen im Untersuchungsraum zu bestimmen, um dann auf dieser Basis den voraussichtlich entstehenden Zeitaufwand zu errechnen.

Im Vergleich zum umfassenden flächendeckenden Ansatz einer multitemporalen Luftbild- und Karteninterpretation ist natürlich nicht nur eine sinnvolle Reduktion in der Fläche (wie vorgehend beschrieben), sondern auch eine Reduktion in der Zeit möglich. So ist es z. B. denkbar, daß – analog zu ehemaligen gewerblichen Standorten – bestimmte gefährdende Inhaltsstoffe in illegalen Ablagerungen in der freien Landschaft aufgrund von spezifischen Produktionsvoraussetzungen nur in einer eng begrenzten Zeitperiode vorkommen. Dies wäre dann eine Situation, in der sich der skizzierte Ansatz der Suche nur in bestimmten Vorzugsräumen für Verdachtsstandorte verbinden ließe mit einer Suche nur in den Karten und Luftbildern des vorgegebenen Zeitabschnitts. Dies würde dann zu einer nochmaligen deutlichen Reduktion gegenüber dem Konzept B führen.

4.3 Konzept C: Multitemporale Karten- und Luftbildinterpretation in planerischen Funktionsräumen

Das vorstehend beschriebene Konzept einer gezielten Anwendung der Erfassungsmethode in Vorzugsräumen für Verdachtsstandorte (verbunden noch eventuell mit der Reduktion auf einen oder mehrere als wichtig erkannte Zeitabschnitte) läßt sich natürlich auch auf wie immer definierte planerische Funktionsräume anwenden, also etwa auf Wasserschutzgebiete, spezifische Biotope oder bestimmte Siedlungsflächen.

5 Zusammenfassende Wertung

Ziel der für den Stadtverband Saarbrücken und das Landesamt für Umweltschutz durchgeführten Studien war es zu prüfen, in welchem Umfang und mit welchem Aufwand durch den Ansatz einer multitemporalen Luftbild- und Karteninterpretation solche Informationen für die Ermittlung von Altlastverdachtsstandorten zu gewinnen sind, die durch das Raster sonstiger Erhebungsmethoden fallen.

Das Hauptergebnis einer ersten Teilstudie – die Ermittlung Hunderter, wenn auch meist kleinerer, zusätzlicher Verdachtsflächen in einem Untersuchungsgebiet von etwa 150 km^2 Größe – zeugt auf der einen Seite von der Effizienz des Ansatzes. Es unterstreicht aber zugleich auch sein größtes Problem, denn was als Hilfe für die planende Verwaltung gedacht ist, führt zu einer kaum zu bewältigenden Datenmenge. Die methodenimmanenten Begrenzungen der Luftbildinterpretation –

die Schwierigkeiten einer angemessenen Materialansprache in den erkannten Ablagerungen – steigern dann nämlich das ohnehin bestehende Dilemma, wie aus einer Fülle von Verdachtsstandorten nun die wirklich problematischen Fälle herausgefunden werden können.

In einem zweiten Schritt wurde deshalb versucht, den verwendeten Ansatz auf der Basis luftbildrelevanter Kriterien innerhalb des erhobenen Datensatzes möglichst aufwandsminimierend zu gestalten. Getestet wurden einmal die Möglichkeiten einer Datenreduktion (d. h. einer gezielteren Ansprache und damit Auswahl der wirklich problematischen Flächen), zum anderen die einer deutlichen Flächenreduktion (also einer Verminderung der zu durchmusternden Flächen ohne wesentlichen Genauigkeitsverlust).

Die Versuche einer angemessenen Datenreduktion führten nicht zu brauchbaren Ergebnissen. Die Verknüpfung unterschiedlicher Ausprägungen der gefundenen Verdachtsflächen mit räumlich relevanten Kriterien hingegen ergab ein in seiner Deutlichkeit überraschendes Resultat für die angestrebte Flächenreduktion: Es stellte sich heraus, daß etwa 80 % aller vorhandenen Verdachtsstandorte im engeren Umfeld von Verkehrsnetz, Siedlungsrändern und Abgrabungen zu lokalisieren sind. Diese Erkenntnis ermöglicht es zumindest in ähnlich strukturierten Landschaftsräumen im Saarland, die Suche von Verdachtsstandorten wesentlich gezielter und damit kostensenkend durchzuführen. Nach unterschiedlichen Rahmenbedingungen und Anforderungen „maßgeschneiderte" Untersuchungsansätze werden damit möglich. Es ist wünschenswert, daß auch in anderen Landschaftsräumen überprüft wird, ob sich diese im Stadtverband Saarbrücken gemachten Erfahrungen bestätigen lassen.

Insgesamt haben die Studien bestätigt, daß es durch Luftbildauswertung allein nicht möglich ist, die in Planung und Verwaltung dringend benötigten Daten in der richtigen Aussageschärfe zu liefern – die übrigen Verfahren allein sind es aber ebensowenig. Jede Bestandsaufnahme, mit der ein möglichst vollständiges Bild angestrebt wird, sollte deshalb einen Ansatz verwenden, in dem die verschiedenen zur Verfügung stehenden Methoden verwendet und die dabei ermittelten Ergebnisse miteinander abgeglichen werden. Erst auf einer solchen Basis lassen sich dann angemesse Such- und Gewichtungsraster anlegen, aus denen sich konkrete Handlungsanweisungen, etwa für gezielte

Geländekontrollen, Beprobung und schließlich Sanierung, ableiten lassen.

6 Literatur

Albertz, J. et al. (1984): Einsatzmöglichkeiten der Luftbildinterpretation bei der Altlastensuche. Kurzbericht zu dem im Auftrag des Senators für Bau- und Wohnungswesen durchgeführten Forschungsvorhaben „Untersuchung zur Interpretation von Farbinfrarot-Luftbildern im Rahmen des Altlastensuchkonzepts".- TU Berlin, FR Photogrammetrie u. Kartographie.

Dodt, J. (1986): Möglichkeiten der Luftbildinterpretation zur Erfassung und Differenzierung von Kontaminationen auf ehemaligen Betriebsgeländen. In: Umweltbundesamt (Hrsg.): Branchentypische Inventarisierung von Bodenkontaminationen – ein erster Schritt zur Gefährdungsabschätzung für ehemalige Betriebsgelände.- UBA-Texte 31, Berlin.

Dodt, J. et al. (1987): Die Verwendung von Karten und Luftbildern bei der Ermittlung von Altlasten. Ein praktischer Leitfaden.- Ministerium für Umwelt, Raumordnung und Landwirtschaft des Landes Nordrhein-Westfalen, Düsseldorf (zwei Bände).

Eberle, I. & Eberle-Brach, F. (1990): Ermittlung und historische Erkundung von Altlasten und Altlastenverdachtsstandorten in Mannheim.- In: Zeitschr. f. Wirtschaftsgeographie, 34, H. 3-4, S. 151-168.

Huber, E. & Volk, P. (1986): Deponie- und Altlastenerkundung mit Hilfe von Fernerkundungsdaten.- In: Wasser u. Boden, 39, S. 509-515.

Umweltbundesamt (Hrsg.)(1987): Luftbildgestützte Erfassung von Altablagerungen.- Wien.

Ruf, J. & D. Soyez (1988): Erfassung und Darstellung bisher nicht bekannter Altlaststandorte in einem Modellgebiet südöstlich von Saarbrücken.- Saarbrücken (= Abschlußbericht an den Stadtverband Saarbrücken, mit zahlreichen Anlagen, Tabellen und einem umfangreichen Kartenteil) (als Manuskript vervielfältigt).

Ruf, J. & D. Soyez (1989): Aufwands- und Datenreduktion bei multitemporalen Inventuransätzen für Altlaststandorte auf der Basis von Luftbild- und Kartenauswertung.- Saarbrücken (= Abschlußbericht für das Landesamt für Umweltschutz im Saarland, mit zahlreichen Abbildungen und Tabellen) (als Manuskript vervielfältigt).

Ruf, J. & Soyez, D.: Altlastsuche durch multitemporale Luftbildinterpretation – ein nach räumlichen Kriterien stratifizierter Ansatz.- In: *Soyez, D.* (Hrsg.) Luftbildauswertung als angewandte Umweltforschung, Arbeiten aus dem Geographischen Institut der Universität des Saarlandes (in Druckvorbereitung).

V Zum Beitrag des Rechts bei der Bewältigung der Altlastenproblematik unter besonderer Berücksichtigung der kommunalen Ebene

Edmund Brandt

1 Ausgangslage

Der Beitrag, den das Recht bei der Bewältigung der Altlastenproblematik leisten kann, ist erst allmählich erkannt worden und bis heute ganz überwiegend auf einige Teilbereiche beschränkt geblieben. Dazu trug nicht zuletzt bei, daß die Einsetzbarkeit des Rechts primär unter Haftungs- und deutlich weniger unter Steuerungsaspekten gesehen wurde. Aber nur, wenn – auch – die Steuerungsmöglichkeiten, die mit dem Einsatz von Recht verbunden sind, ausgelotet und wahrgenommen werden, wird ein Zuschnitt erreicht, der geeignet ist, die wirklich relevanten Facetten in den Blick zu bekommen.

Auch wenn keineswegs geleugnet werden soll, daß von Haftungsregelungen Steuerungseffekte ausgehen können – als Beispiel sei nur die Rechtsprechung des Bundesgerichtshofs zur Haftung der Gemeinden für Planungsfehler genannt, die klar erkennbare Wirkungen im Hinblick auf deren aktuelles Planungsgebaren ausgelöst hat –, so ist für eine systematische, flächendeckende Abarbeitung des Problems der Impuls, der von Haftungsregeln ausgehen kann, nicht ausreichend. Vielmehr müssen ausdrücklich rechtliche Handlungsvorgaben entwickelt werden, um auf solider Grundlage agieren zu können.

Beim Herangehen an das durch Bodenkontaminationen geprägte Handlungsfeld steht die sorgsame Erfassung und Aufbereitung der relevanten Daten am Anfang. Darauf ist deshalb zunächst einzugehen (unter 2.). Unmittelbar daran schließen sich – gerade bezogen auf die kommunale Ebene – einige planungsrechtliche Fragestellungen an. Sie werden unter 3. behandelt. Nicht außer Betracht bleiben können schließlich rechtspolitische Entwicklungen, die speziell das Umweltmedium Boden betreffen und die nicht ohne Auswirkungen auf den Umgang mit Altlasten bleiben werden (dazu unter 4.).

2 Datenbeschaffung, -aufbereitung und -verwertung

Schon wegen der räumlichen Nähe, aber auch wegen der zumindest hilfsweise gegebenen Zuständigkeit bei der Bewältigung akuter Probleme ist es für die Kommunen von eminenter Bedeutung, über den Zustand, die Eigenschaft, potentielle oder aktuelle Belastungen und natürlich auch über (noch) bestehende Nutzungsmöglichkeiten die erforderlichen Informationen zu bekommen und damit zu operieren.

Angesichts dieses Anforderungsprofils weniger wichtig ist demgegenüber der „Aggregatzustand" der betroffenen Flächen, also die Frage, ob es sich bereits um eine „Industriebrache", um noch gewerblich genutzte Flächen oder um für andere Zwecke genutzten Grund und Boden handelt. Insoweit bedeutet die in den alten Bundesländern geläufige Beschränkung auf ehemalige Betriebsstandort (und ehemalige Ablagerungen) eine Limitierung, die den von der Sache her bestehenden Anforderungen kaum gerecht wird. Bei den rechtlichen Überlegungen ist auf die Unterscheidung allerdings gelegentlich zu achten, weil das weitere Vorgehen ganz unterschiedlich aussehen kann.

2.1 Handlungsspektrum

In einem ersten Schritt geht es um die Schaffung einer bodenkundlichen Datengrundlage, die einerseits den Profilaufbau sowie die chemischen, physikalischen und biologischen Bodenparameter umfaßt und die andererseits die bisher eingetretenen Bodenbelastungen und -schädigungen durch stoffliche Kontamination und mechanische Einwirkungen als Bodengrundinventur enthält. Benötigt werden hierfür behördliche Befugnisse, Grundstücke zu betreten, auf ihnen ggf. Bodenuntersuchungen vorzunehmen, die z. T. nach Art und Umfang erhebliche Eingriffe darstellen, sowie die behördliche Befugnis, Informationen insbesondere über die Nutzungsgeschichte von Flächen von derzeitigen und möglichst auch von früheren Nutzern zu erhalten. Neben diesen Befugnissen zu einmaligen Untersuchungen ist die Einrichtung von Bodendauerbeobachtungsflächen wünschenswert, auf denen Untersuchungen über einen längeren Zeitraum hinweg periodisch erneut vorgenommen werden können. Vorzugsweise sollten hierfür öffentliche Flächen benutzt werden, daneben müßten aber auch private Flächen in Anspruch genommen werden können.

Namentlich dann, wenn auf den in Betracht kommenden Flächen noch Gewerbebetriebe aktiv sind, stellen sich hier denkbarerweise zahlreiche Probleme. Zunächst wird es den Betreibern vielleicht von der Sache her nicht einleuchten, daß Daten erhoben werden. Sodann liegt es nahe, daß rechtliche Barrieren – etwa angesiedelt im Bereich der Betriebs- und Geschäftsgeheimnisse – aufgerichtet werden. Nicht zu leugnen ist in der Tat, daß Informationsbeschaffung und -verwertung zu Eingriffen in Rechtspositionen Einzelner führen können, so daß entsprechend dem Grundsatz des Vorbehalts des Gesetzes eine gesetzliche Ermächtigungsgrundlage erforderlich ist, um Rechtskonformität zu gewährleisten.

2.2 Ermächtigungsgrundlage

Für die Erhebung bodenkundlicher Grunddaten läßt sich zwar für Teilbereiche eine Ermächtigungsgrundlage insbesondere im Naturschutzrecht und im Abfallrecht finden. Die erforderliche umfassende Ermächtigungsgrundlage für eine Bodenkartierung ist nach geltendem Recht aber nicht vorhanden.[1] Für die Einrichtung von Bodendauerbeobachtungsflächen fehlt es bislang gänzlich an gesetzlichen Regelungen. Ein Rückgriff auf Untersuchungsbefugnisse nach allgemeinem Polizei- und Ordnungsrecht scheitert daran, daß diese die Überschreitung der Gefahrenschwelle als Eingriffsvoraussetzung haben und somit für eine allgemeine Bodendatenerfassung nicht tauglich sind.

Eine Zusammenfassung der bislang auf anderen Wegen erhaltenen Daten in einem umfassenden Bodenbelastungskataster ist zwar derzeit möglich, die damit zusammenhängenden Fragen sollten aber wegen der verfassungsrechtlichen Anforderungen spezialgesetzlich geregelt werden.[2]

2.3 Folgerungen

In einer Situation, in der es nicht ohne weiteres erkennbar ist, in welchem Gegenstandsbereich, mit welchem Zuschnitt und unter welchen Voraussetzungen die Gewinnung und die Verwertung von Bodendaten zulässig ist, ist die Gefahr nicht von der Hand zu weisen, daß nicht alle Handlungsmöglichkeiten ausgelotet werden und damit der Ertrag hinter dem zurückbleibt, was eigentlich erreichbar gewesen und auch sachdienlich gewesen wäre. Um so wichtiger ist, darauf hinzuweisen, daß auch schon nach geltendem Recht keine Veranlassung besteht zu resignieren. Zuzugeben ist allerdings, daß ein gewisser Aufwand nötig ist, um die im einzelnen erforderlichen Ermächtigungsgrundlagen aufzuspüren.

Erschwerend kommt die Zersplitterung bei den Zuständigkeiten hinzu; sie ist ebenfalls für eine effiziente, die Vergleichbarkeit gewährleistende Datenerhebung kaum geeignet. Diese Zersplitterung verhindert damit die erstrebte flächenhafte, umfassende und vollständige Datenerhebung, die für eine Bodengrundinventur erforderlich wäre. Es fehlt eine einheitliche Ermächtigungsgrundlage, die hier Abhilfe schaffen könnte. Außerdem fehlen Regelungen über die Zusammenführung, Verarbeitung und Weitergabe der erlangten Daten.

2.4 Informationsmöglichkeiten bei Kontaminationsverdacht und feststehenden Altlasten

Obwohl es sich in der Sache um eine Abfolge mit kaum exakt ermittelbaren Übergängen handelt, können je nach der durch das Ausmaß der Gefährdung bestimmten qualitativen Beurteilung der Situation die rechtlichen Handlungsmöglichkeiten beträchtlich divergieren. Im Extremfall – bei Bejahung einer Polizeigefahr mit unmittelbarer Bedrohung hochwertiger Schutzgüter – können dabei sogar nachhaltige Eingriffe in Individualrechtspositionen gestattet sein; dazu gehören auch Eingriffe in das Grundrecht auf informationelle Selbstbestimmung. Nur – die relativ vage gefaßte polizeirechtliche Generalklausel als ultima ratio rechtlicher Handlungsgewährung ermöglicht kaum die namentlich auf kommunaler Ebene gebotene kontinuierliche Handhabung, bei der weniger die Bewältigung einzelner spektakulärer Fälle als vielmehr der differenzierte Umgang mit einer großen Zahl von Vorgängen gefragt ist.

Soll das umwelt- und kommunalpolitisch Wünschenswerte insoweit nicht darunter leiden, daß das Recht nicht die nötige Geschmeidigkeit erhält, dann sind rechtspolitische Anstrengungen erforderlich, die namentlich dann die Länder treffen, wenn der Bund (weiterhin) im wesentlichen untätig bleibt. Ausdrücklich sei aber darauf hingewiesen, daß die Kommunen auch jetzt nicht zur Handlungsunfähigkeit verdammt sind. Die bestehenden Handlungsmöglichkeiten müssen nur genutzt werden.

3 Planungsrechtliche Aspekte im Zusammenhang mit der Bewältigung der Altlastenproblematik

Schlechthin die Domäne der Kommunen im Rahmen der zukunftsgerichteten Problembewältigung ist die räumliche Gesamtplanung, verankert in der Flächennutzungs- und in der Bebauungsplanung. Von daher liegt es nahe, das Instrument Planung auch im Zusammenhang mit Bodenkontaminationen zur Anwendung zu bringen.

3.1 Flächennutzungsplanung

Die stufenspezifische Aufgabe des Flächennutzungsplans bei der Bewältigung der Probleme kontaminierter Böden besteht vor allem in der Erfüllung der gemeindeübergreifenden Koordinierungsleistung. Das wird in der bisherigen Diskussion um die Behandlung kontaminationsverdächtiger Flächen in der Bauleitplanung meist übersehen, weil diese zu ausschließlich auf die unmittelbare Abwehr von Gefahren bezogen ist, die vom Boden für eine beabsichtigte Nutzung ausgehen, die umfassendere Aufgabe der Vermittlung des Konflikts zwischen sparsamem Bodenverbrauch, Schutz vor möglichen Bodenkontaminationen, begrenzten Mitteln für die Bodensanierung und -untersuchung sowie dem vorhandenen Flächenbedarf dagegen nicht hinreichend berücksichtigt.

Weist damit das Baugesetzbuch der Flächennutzungsplanung eine beachtliche Verantwortung für den Bodenschutz zu, so hält es gleichwohl für deren Verwirklichung kaum spezifische Instrumente bereit. Das gilt namentlich für die in § 5 BauGB vorgesehenen Darstellungen bzw. Kennzeichnungen.

Zwar ordnet § 5 Abs. 3 Nr. 3 BauGB an, daß für bauliche Nutzungen vorgesehene Flächen gekennzeichnet werden sollen, deren Böden erheblich mit umweltgefährdenden Stoffen belastet sind.

Mit dieser Möglichkeit allein ist freilich die oben skizzierte Aufgabe kaum zu bewältigen. Zum einen entfalten Kennzeichnungen grundsätzlich nicht die Wirkungen flächennutzungsplanerischer Darstellungen, d. h. sie partizipieren nicht am materiellen Inhalt des Plans,[3] es handelt sich vielmehr um Hinweise auf Einwirkungen, die aus dem Untergrund oder der Nachbarschaft des Grundstücks kommen können. Die Kennzeichnung dient ferner nur dem Schutz künftiger Nutzungen des Grundstücks.[4] Sie berücksichtigen also lediglich den Schutz der Nutzung vor dem (kontaminierten) Boden, nicht umgekehrt auch den Schutz des Bodens vor bestimmten Nutzungen und ist nicht geeignet, die komplexen Wechselbeziehungen zwischen Bodenschutz, Schutz vor Bodenkontaminationen und Befriedigung kommunalen Flächenbedarfs angemessen zu bewältigen. Die in § 5 Abs. 3 Nr. 3 BauGB vorgesehene Kennzeichnung ist schließlich auf für bauliche Nutzung vorgesehene Flächen beschränkt. Auch das macht sie zur Erfüllung der erwähnten Aufgaben ungeeignet.

Jedoch schließt die gesetzliche Regelung nicht die Möglichkeit aus, auch Regelungen in den Flächennutzungsplan mit aufzunehmen, die nicht ausdrücklich gesetzlich vorgesehen sind. Dies wird gelegentlich übersehen. Denkbar sind demnach z. B. auch Planinhalte, in denen für bestimmte kontaminationsverdächtige Flächen im Hinblick auf einen dringenden Flächenbedarf (z. B. für Wohnbebauung) ein vorrangiger Untersuchungsbedarf festgehalten wird, um die Inanspruchnahme landwirtschaftlich oder als Wald genutzter Flächen zu vermeiden.

Eine Umsetzung der Planungsvorstellungen des Flächennutzungsplans könnte von einer Gefährdungsabschätzung und einer sich daraus ergebenden erforderlichen Sanierung des Bodens abhängig gemacht werden.[5]

3.2 Bodenschutz im Bebauungsplan

Mit dem Bebauungsplan wird – mit unmittelbarer Rechtswirkung gegenüber dem Bürger – verbindlich festgeschrieben, welche Nutzung auf der jeweiligen Fläche bebauungsrechtlich zulässig ist. Unterschiedlich zum Flächennutzungsplan ist insbesondere auch der sehr viel kleinere räumliche Zuschnitt des Bebauungsplans. Daraus ergibt sich der ganz anders gelagerte stufenspezifische Betrag, den der Bebauungsplan in bezug auf Bodenbelastungen zu erfüllen hat. Er kann wegen seines räumlichen Umfangs nicht die umfassende, auf das Gemeindegebiet bezogene Koordinierungsleistung erbringen, die bei der Flächennutzungsplanung im Vordergrund steht.

Von seinem räumlichen Zuschnitt her bietet sich der Bebauungsplan jedoch dafür an, bestimmte Belastungshöchstgrenzen für den Boden für Stoffeinträge, Erosion, Versiegelung u. a. vorzusehen. Bisher war vorrangig von einer Verminderung weiterer belastender Beanspruchung des Bodens durch eine Optimierung kommunaler Flächennutzungsplanung im Hinblick auf kontaminierte Böden und gemeindliche Nutzungsbedürfnisse die Rede. Hier rückt nun die Frage in den Blick, in welcher Weise die Bauleitplanung durch die Festlegung von Belastungshöchstgrenzen u. ä. zum Bodenschutz beitragen kann. Hierfür bietet sich aufgrund seines kleineren räumlichen Zuschnitts und seiner Außenverbindlichkeit der Bebauungsplan an.

Das Baugesetzbuch stellt jedoch nur beschränkt Möglichkeiten zur Verfügung, solche bodenschützenden Festsetzungen in den Bebauungsplan aufzunehmen: Zufriedenstellende Regelungen enthält das Baugesetzbuch allein für den Schutz des Bodens vor Überbauung (d. h. „Versiegelung"). Abs. 1 Nr. 1 erlaubt Festsetzungen für das Maß der baulichen Nutzung, § 9 Abs. 1 Nr. 2 für die überbaubaren und die nicht überbaubaren Grundstücksflächen. Ergänzt werden diese Vorschriften durch die §§ 16 ff. BauNVO, in denen bestimmte Höchstgrenzen für das Maß der baulichen Nutzungen festgesetzt sind. Diese können im Bebauungsplan freilich noch unterschritten werden.

Sehr viel schwächer sind dagegen die bauplanerischen Möglichkeiten im Hinblick auf den Schutz des Bodens vor Stoffeinträgen und Erosion.

Nach § 9 Abs. 1 Nr. 20 BauGB können im Bebauungsplan Maßnahmen zum Schutz, zur Pflege und zur Entwicklung der Landschaft festgesetzt werden, soweit solche Festsetzungen nicht nach anderen Vorschriften getroffen werden können. Hier ist der Schutz, die Pflege und die Entwicklung des Umweltmediums Boden Gegenstand des Bebauungsplans.[6] Allerdings sind die Möglichkeiten von Festsetzungen nach dieser Vorschrift erheblich begrenzt. Zum ersten sind sie nach dem Wortlaut auf „Maßnahmen" beschränkt. Die Festsetzung von Belastungsgrenzen dürfte aber etwa kaum als „Maßnahme" zu bezeichnen sein. Zum zweiten tritt die Festsetzung dieser Maßnahmen gegenüber solchen nach anderen Vorschriften zurück. Da das Landschaftspflegerecht durch das Bundesnaturschutzgesetz und die Landschaftsgesetze der Länder zu einer Fachplanung ausgestaltet worden ist, hat die Gemeinde auf diesem Gebiet nur einen geringen Spielraum.

§ 9 Abs. 1 Nr. 23 BauGB erlaubt der Gemeinde ferner, Gebiete festzusetzen, in denen aus besonderen städtebaulichen Gründen oder zum Schutz vor schädlichen Umwelteinwirkungen im Sinne des Bundes-Immissionsschutzgesetzes bestimmte luftverunreinigende Stoffe nicht oder nur beschränkt verwendet werden dürfen. Auch diese Festsetzungsmöglichkeit kann unmittelbar für den Bodenschutz genutzt werden. Auch sie erlaubt jedoch nicht die Festlegung von Bodenbelastungsgrenzwerten und ist damit für die Bewältigung des Altlastenproblems nur begrenzt geeignet.

Diese ist schließlich auch nicht nach § 9 Abs. 1 Nr. 24 BauGB möglich. War nach dem Bundesbaugesetz noch umstritten, ob im Bebauungsplan bestimmte Emissions- oder Immissionsgrenzwerte festgesetzt werden können, soll dies nach der erklärten Zielsetzung des Gesetzgebers durch die Änderung von § 9 Abs. 1 Nr. 24 BauGB ausgeschlossen sein.[7] Möglich sind nach dieser Vorschrift allein die Festsetzung von Flächen für besondere Anlagen und Vorkehrungen zum Schutz vor schädlichen Umwelteinwirkungen sowie zum Schutz vor solchen Einwirkungen oder zur Vermeidung oder Minderung solcher Einwirkungen zu treffende bauliche und sonstige technische Vorkehrungen.

3.3 Folgerungen

Im Baugesetzbuch finden sich zahlreiche Bestimmungen, über deren Anwendung ein erfolgversprechender Beitrag bei der Bewältigung von Altlastenproblemen geleistet werden kann. Speziell bezogen auf die kommunale Ebene bedingt das allerdings eine extensive, im einzelnen nicht immer unproblematische Nutzung der z. T. nicht ganz klaren Vorschriften. Ob unter diesen Umständen der von der Sache her erforderliche planungsrechtliche Rückhalt erreicht werden kann, erscheint eher unwahrscheinlich. Namentlich auf der Ebene der Flächennutzungsplanung wäre eine Hilfestellung durch die Rechtspolitik deshalb unbedingt wünschenswert.

4 Anforderungen an die Umweltrechtspolitik

Anforderungen an die Umweltrechtspolitk stellen sich in horizontaler und in vertikaler Hinsicht:

In horizontaler Hinsicht geht es um die Zusammenfassung und Harmonisierung der quer durch das Gewässerschutz- und Abfall-, durch das Verwaltungsverfahrens- und das Polizeirecht verstreuten Vorschriften. In vertikaler Hinsicht steht die in bezug auf die Eingriffsintensität vielfach gestufte, differenzierte Normausstattung auf der umweltrechtspolitischen Tagesordnung.[8] Dabei erweist sich, daß es sich bei Altlasten als punktuellen Bodenkontaminationen der Sache nach um nichts anderes handelt als den Extremfall hoher Schadstoffbelastung von Flächen, bei denen die Gefahrenschwelle überschritten ist. Aus der Sicht des Bodenschutzes ist dabei die Genese der Belastung unerheblich, allein maßgeblich sind Art und Umfang der Belastung. Die bisherige gesonderte Behandlung des Altlastenkomplexes unter dem Gesichtspunkt des Polizeirechts ist deshalb systematisch nicht gerechtfertigt und lediglich durch die historische Entwicklung zu erklären. In gleichem Maße wie sich für die Medien Luft und Wasser durch die Regelungen des Bundes-Immissionsschutzgesetzes und des Wasserhaushaltsgesetzes sowie der Landeswassergesetze ein medialer Schutz ausgeprägt hat, der den medienbezogenen Schutz vor Gefahren mit einschließt, hat sich auch schon im Bodenbereich durch die altlastenspezifischen Regelungen in den Landesabfallgesetzen in Fortentwicklung des allgemeinen ein spezielles Gefahrenabwehrrecht entwickelt, dessen systematischer Standort aber das mediale Schutzgesetz, also das Bodenschutzgesetz, sein sollte. Dort sollten neben der gegenständlichen Erweiterung über Altablagerungen und Altstandorte hinaus, vor allem eine befriedigendere Regelung der Eingriffsbefugnisse zur Vorbereitung der Sanierungsmaßnahmen und die Ausdehnung der Befugnisse zu Sanierungsmaßnahmen über den Bereich der Gefahrenabwehr hinaus, angestrebt werden.[9] Inwieweit die Wiederherstellung der Multifunktionalität eines Bodens dabei als Sanierungsziel angestrebt werden kann, muß verfassungsrechtlich vor allem in Hinsicht auf das Verhältnismäßigkeitsprinzip noch geklärt werden. In dem Zusammenhang kommt auch der Kostentragungsregelung (Verursacher- oder Gemeinlastprinzip) eine wesentliche Bedeutung zu, so daß auch die Beschaffung von Finanzmitteln Regelungsgegenstand sein sollte.

Gefordert ist danach ein Bodenschutzgesetz, in dem altlastenspezifische Regelungen eine wichtige, allerdings nicht eine dominierende Stellung einnehmen.

5 Literatur/Anmerkungen

1 Vgl. hierzu ausführlich *Abel-Lorenz/Brandt*, Rechtsfragen der Bodenkartierung, 1990, 28 ff.

2 Vgl. zu diesem Komplex *Brandt*, Altlastenkataster und Datenschutz, 1990. In dieser Studie werden die sich im Zusammenhang mit dem beim Stadtverband Saarbrücken erstellten Kataster kontaminationsverdächtiger Flächen ergebenden Rechtsfragen thematisiert.

3 *Löhr*, in: Battis/Krautzberg/Löhr, BauGB, 1990, § 5 Rn. 36.

4 Ebenda.

5 *Wiegandt*, Altlasten und Stadtentwicklung, 1989, 127 f.

6 *Löhr*, a.a.O., § 9 Rn. 70.

7 Vgl. BT-Drs. 10/4630, 72, kritisch zu der Änderung: *Schmidt-Assmann*, NVwZ 1987, 265 (273).

8 Ob dabei der Bundes- oder der Landesgesetzgeber tätig wird, ist in dem Zusammenhang gar nicht einmal so entscheidend – jedenfalls nicht aus der kommunalen Perspektive.

9 In dem Sinne auch *Rid/Hamann*, UPR 1990, 281 (286).

VI Praktische Ansätze zur Bewertung kontaminationsverdächtiger Standorte

Bernd Hoffmann

1 Allgemeine Bewertungsaspekte

Wie wir in vorangegangenen Beiträgen gesehen haben, liefert die Erfassung auf kommunaler oder regionaler Ebene eine Vielzahl von kontaminationsverdächtigen (kv) Standorten. Die Erstbewertung oder Vorbewertung dient zunächst dazu, diese große Anzahl von Flächen auf eine leichter handhabbare Anzahl zu verringern. Es kann zunächst nicht von der Bestimmung des absoluten Gefahrenpotentials eines bestimmten Standortes gesprochen werden, sondern bei diesem Schritt sollen zeitliche Prioritäten für orientierende Untersuchungen aufgestellt werden. Wie diese orientierenden Untersuchungen aussehen, wird im Beitrag von *Wagner* eingehender beleuchtet.

Alle kv Standorte werden nicht einzeln, sondern relativ zueinander bewertet. Damit ergibt sich ein differenziertes Bild der möglichen Gefahrenlage einer Kommune oder, wie beim Stadtverband, einer ganzen Region. Diese Gefahrenlage unterscheidet sich nach der besonderen Ausprägung der jeweiligen Region; in einem altindustrialisierten Gebiet werden sich anders geartete Prioritäten ergeben als z. B. in einem ländlich geprägten Raum.

Der Beitrag geht zunächst auf Bewertungsansätze allgemein ein, dabei werden kurz die Datenanforderungen auf verschiedenen Stufen der Bewertung diskutiert. Daran anschließend werden die verschiedenen Phasen der Behandlung von kv Standorten aufgezeigt, bei denen der Stadtverband Bewertungen eingesetzt hat. Hier liegt das Hauptgewicht auf der Anwendung im Rahmen kommunalpolitischer Entscheidungen.

2 Modelle als Abbildungen der Realität

Mancher Leser wird sich fragen, warum wir überhaupt Modelle brauchen, um Sachverhalte beurteilen zu können. Ohne darüber nachzudenken, wenden wir im Alltag oft Modellvorstellungen an, um unser Leben bewältigen zu können. Wir bewerten eine Situation anhand von wenigen Fakten, um alternative Vorgehensweisen zu bestimmen. Auf diese Weise reduzieren wir die Komplexität der realen Vorgänge und können dann – zumindest häufig – Problemlösungen finden. Ein Modell bildet also nicht die Realität in ihrer Gesamtheit ab, sondern jeweils nur die für die gerade vorhandene Entscheidungssituation notwendigen Faktoren.

Dabei kommt es noch nicht einmal darauf an, daß diese Modelle genau mit der Realität korrespondieren. Wenn die wichtigsten Eigenschaften einigermaßen getroffen sind, lassen sich recht gute Ergebnisse erzielen. So waren die Keplerschen Berechnungen der Planetenbahnen zwar nicht genau und beruhten auf falschen Grundannahmen, aber trotzdem stellten sie z. B. für Kalenderberechnungen oder die Navigation nach den Sternen praktisch handhabbare Grundlagen dar.

Werden Modelle zur Vorbereitung politischer Entscheidungen eingesetzt, so muß eine Reihe von wichtigen Bedingungen erfüllt sein. Die Bewertung von kv Flächen wird letztendlich von kommunalen Gremien vorgenommen. Bei den dort vertretenen politischen Entscheidungsträgern handelt es sich meist nicht um Fachleute. Deshalb sollten die Grundlagen der Bewertung zumindest nachvollziehbar und plausibel sein. Es ist nicht notwendig, daß alle Einzelheiten eines Bewertungsmodells verstanden werden, dafür sind die Fachleute in der Verwaltung zuständig, aber Grundaussagen müssen argumentativ belegbar sein. Bei den häufig angewandten mathematischen Modellen tritt die argumentative Komponente gegenüber mathematischen Formalismen in den Hintergrund. Vielleicht staunen viele Politikern über die „Genauigkeit" der Aussagen (die am höchsten bewertete Fläche hat 187,47 Punkte ...), aber ein Verständnis der Zusammenhänge wird sich kaum einstellen.

Gerade die Beschreibung der Zusammenhänge ist für Fachleute, die solche Modelle anwenden wollen, der entscheidende Punkt. Nicht die Anwendung irgendwelcher mathematischer Formalismen mit quasiexakten Ergebnissen liefert einen Beitrag zur Lösung der Probleme, sondern nur das grundlegende Verständnis über das Zusammenspiel der verwendeten Parameter. Dafür liefert die Konstruktion von Modellen die besten Ansätze, denn dabei muß der Konstrukteur seine Überlegungen zu den zugrundeliegenden Einflußgrößen deutlich machen.

Wird ein Modell dann aber ohne Kenntnis dieser Überlegungen lediglich „angewandt", so wird es nur sehr schwer oder überhaupt nicht mehr nachvollziehbar sein. Dies ist bei einigen auf dem Markt befindlichen Modellen der Fall; der Anwender muß dann darauf vertrauen, daß die „Black Box" funktionieren wird. Die Art und die Bedeutung der im folgenden aufgezeigten politischen Entscheidungen verlangt jedoch auf jeden Fall eine weitgehende Transparenz der Entscheidungsgrundlagen.

Oft wird die Formalisierbarkeit von Modellen und der damit mögliche Einsatz auf Computern als Grund für die Verwendung mathematischer Verfahren angegeben. Diese Argumentation greift wesentlich zu kurz. Algorithmen zur Auswahl und Kombination von Parametern, Operationen auf Datenbanken haben mit dem üblichen Verständnis von Berechnungen wenig gemein. Solche Verfahren eignen sich genauso gut wie „Berechnungen" für die Formalisierung.

3 Bewertungsgrundsätze

Die Bewertung dient grundsätzlich dazu, politische Entscheidungen auf kommunaler Ebene über die Prioritäten für weitere Aktivitäten – seien es nun weitere Untersuchungen oder gar eine Sanierung – an den Standorten herbeizuführen. Jede dieser Aktivitäten ist mit nicht unerheblichen Kosten verbunden. Da die Altlasten bei weitem nicht als einziges Umweltproblem in einer Kommune politische Aufmerksamkeit und finanzielle Aufwendungen verlangen, gilt es, den Bewertungsvorgang nachvollziehbar zu machen und die Zahl der Fälle mit höchster Priorität auch als abarbeitbar darzustellen. Dies bedeutet eine starke Einengung der Standorte in der höchsten Priorität, sowohl von der Anzahl der Standorte her wie auch von den dort vertretenen Schutzgütern bzw. Wertungsbereichen.

Die auf die höchste folgenden Prioritätsklassen sind unter Umständen nur unwesentlich weniger betroffen. Da eine Kommune jedoch pro Jahr nur eine bestimmte Zahl von Standorten praktisch bearbeiten kann, ist die mögliche Kritik an dieser Vorgehensweise von eher akademischer Bedeutung. Im übrigen werden natürlich nur solche Standorte, welche nachgewiesenermaßen ungefährlich, d. h. durch zumindestens eine orientierende Untersuchung beprobt sind, aus dem Kataster entlassen;

sollten neue Kriterien bekannt werden, die eine zuvor eher als gering verdächtig angesehene Branche mit einem höheren Potential versehen, so ist jederzeit eine neue Bewertung und eine Änderung in den Prioritäten möglich. Das gleiche gilt für den umgekehrten Fall.

4 Einordnung der verwandten Bewertungsmodelle

Der Stadtverband hat sich auf der Ebene der Vorbewertung für qualitative Bewertungsmodelle entschieden. Dies entspricht unserer Meinung nach eher der Qualität der vorliegenden Daten. In anderen Ansätzen wird oft versucht, schon bei der Erstbewertung quantitative Bewertungsmodelle einzusetzen. Da auf dieser Bearbeitungsstufe zumeist jedoch wenig quantitative Daten – wie z. B. Meßergebnisse – vorliegen, werden dann bestimmten Sachverhalten „Punkte" oder allgemeiner Zahlen zugeordnet. Mit den Zahlen können recht beeindruckende Formeln beschickt werden, die dann bis auf eine beliebige Kommastelle „genaue" Ergebnisse liefern.

Schon bei der Zuordnung der Punkte zu den Sachverhalten kann „wissenschaftlich" vorgegangen werden. Beliebt sind nicht lineare Transformationen bei der Punktezuordnung oder die Diskussion, ob und welche der Parameter nun additiv oder multiplikativ verknüpft werden sollten. Die diesen Entscheidungen zugrundeliegenden Eintrittswahrscheinlichkeiten von einander abhängigen oder unabhängigen Ereignissen stehen zu diesem Zeitpunkt allerdings meist nicht mehr zur Diskussion.

Nachdem auf diese Weise die Problematik der kv Flächen auf die Ebene der mathematischen Abstraktion „transformiert" wurden, können in den kommunalen politischen Gremien die Prioritäten kaum vertiefend diskutiert und hinterfragt werden.

Die etwas pointierte Darstellung der mathematischen Modelle bedeutet nicht, daß solche Modelle im allgemeinen abgelehnt werden. Liegen jedoch keine oder kaum quantitative Daten vor, ergeben sich mit der Übertragung solcher eher „weicher" Daten in ein quantitatives Modell zusätzliche Probleme, die methodischer Natur sind und die nichts mit den inhaltlichen Problemen zu tun haben. Ist ein Einzelstandort hingegen sehr gut untersucht – z. B. im Rahmen von Sanierungsuntersuchungen –, ist gegen den Einsatz auch komplexer Modelle nichts einzuwenden.

Wie wir schon festgestellt haben, beinhaltet ein Modell immer eine Reduktion der realen Komplexität. Auf der anderen Seite muß jedoch ein Modell auf diese Komplexität angemessen reagieren. Je weniger über die tatsächliche Komplexität eines Problems bekannt ist, umso schwieriger wird die modellhafte Abbildung sein und umso ungenauer werden die Aussagen ausfallen. Dies spielt in der Grundlagenforschung keine bedeutende Rolle, da die Anwendung solcher Modelle dazu dient, z. B. die Versuchsanordnungen zu verfeinern. Sollen dagegen politische Entscheidungen mit weitreichenden Folgen vorbereitet werden, so ist die Verwendung solch komplexer Modelle bedenklich.

Im Bereich Altlasten sind auf vielen Gebieten die grundlegenden Probleme noch wenig erforscht. Daher hat sich der Stadtverband entschlossen, seine Prioritätsentscheidungen leicht nachvollziehbar darzustellen. Damit können auch die Mitglieder kommunaler Gremien, in denen normalerweise nur wenige wissenschaftliche Experten zum Gebiet der Bewertung sitzen, die von der Verwaltung getroffenen Einstufungen verstehen und damit kritisieren. Nur so können sie fundiert entscheiden.

5 Datenerhebung

Die Überlegungen zur Bewertung fangen schon bei der Festlegung der auf der jeweiligen Bearbeitungsstufe aufzunehmenden Daten an. Geht man von einer Vielzahl von kv Flächen aus, so ist es unmittelbar einzusehen, daß schon aus Gründen der Arbeitsbewältigung möglichst wenige Daten zu den einzelnen Standorten erhoben werden können. Viel wichtiger ist jedoch, daß die Daten, die zur Erstbewertung eingesetzt werden, zu jeder Fläche vollständig und auf vergleichbarem inhaltlichen Niveau vorliegen müssen. Damit das unter Einsatz geringer Mittel möglich ist, müssen sie leicht zugänglich sein. Das damit angesprochene Kriterium der Konsistenz ist für die Bewertung besonders wichtig, da nur Parameter, die für alle Flächen vorliegen, auch in die Bewertung eingehen können.

Über die Quellen, aus denen der Stadtverband die Daten erhob, wurde zuvor schon kurz berichtet. Ausführliche Informationen findet der Interessierte in der Veröffentlichung „Methodik der Erfassung von kv Standorten" (*Gerdts, D. & Selke, W.*, 1988, s. a. Literatur 7) im Beitrag *Selke*), diese Schrift liegt auch in Hypertextform vor. Erläuterungen dazu und zu anderen Softwareprodukten, die aus der Projektarbeit hervorgegangen sind, finden sich im Beitrag *Groh/Hoffmann*.

Die Erfassungsmethodik war Grundlage zu einem Programm, das auch den relativ unerfahrenen Anwender in kommunalen Behörden bei der Auswertung von Quellen berät und automatisch die Erfassung dokumentiert. Damit kann er sich auf die inhaltlichen Arbeiten konzentrieren und muß sich nicht um die lästigen, aber trotzdem wichtigen Aspekte der Dokumentation kümmern. Über diese Arbeiten wird ebenfalls im Beitrag *Groh/Hoffmann* ausführlicher berichtet.

Neben den Parametern zur eindeutigen Identifizierung der Flächen müssen im wesentlichen die wichtigsten Kriterien erfaßt werden, um das Gefahrenpotential bewerten zu können.

Es kann nicht oft genug betont werden, daß nicht von übertriebenen Vorstellungen über die „Vollständigkeit" der Daten ausgegangen werden sollte. Es gibt Ersterhebungs„kataloge", die Dutzende von Seiten und Hunderte von Kriterien enthalten. Dabei sind meistens keine Mindestinformationsanforderungen definiert, die eine Hilfe darstellen könnten. Allein um die Konsistenz zu prüfen, muß ein hoher Aufwand betrieben werden. Oft können daher die solcherart erfaßten Daten nicht oder nur unter großen Schwierigkeiten bearbeitet werden. Wir sehen keine Datenbank vor uns, sondern einen Datenfriedhof. Nach der Erstbewertung verbleiben demgegenüber erheblich weniger kv Flächen zur näheren Untersuchung. Für diese können dann mit dem entsprechend kleineren Aufwand wesentlich mehr Daten gesammelt werden.

Viele Erfassungen sehen zum Beispiel die Erhebung von Eigentümern bzw. Nutzern und Parzellennummern der kv Standorte vor. Dies ist mit einem immensen Aufwand verbunden, da größere Standorte oft aus weit über hundert Parzellen mit verschiedenen Eigentümern bestehen können. Die Daten sind nur über die Katasterämter verfügbar und dort nur über mehrere zeitaufwendige Schritte zusammenzustellen. Denkt man an die Schwierigkeiten in den neuen Bundesländern, so stellt die

Eigentümerermittlung hier nur eine Ablenkung von den eigentlichen Problemen dar. Normalerweise geht es jedoch lediglich um die eindeutige Idendifizierung eines Grundstücks. Dafür reichen die aus der Grundkarte M 1 : 5000 abgelesenen Gauss-Krüger-Koordinaten in der Regel aus. Sie haben darüberhinaus den Vorteil, eine direkte Verbindung zu geografischen Informationssystemen herstellen zu können, die die Grundlage für grafische Repräsentation der Standortabgrenzungen auf dem Computer bilden.

Da nach der Phase der beprobungslosen relativen Vorbewertungen noch ungefähr 15 % bis 25 % der Fälle einer näheren Betrachtung unterzogen werden müssen, steht der eingegangene Aufwand für die nicht weiter verfolgten Flächen in keinem günstigen Verhältnis zum Ergebnis.

6 Bezug der Daten zum Gefährdungspotential

Eine mögliche Gefährdung ergibt sich aus dem Zusammentreffen eines gefährlichen Stoffes (Emission) mit einem Schutzgut bzw. einer beeinträchtigten Nutzung (Immission) und einem Weg (Transmission), der zwischen Gefahr und Schutzgut verläuft.

Die Emissionen wurden im Forschungsvorhaben des Stadtverbandes über eine relativ differenzierte Branchenaufteilung erfaßt, die betroffenen Schutzgüter über die reale Nutzung am Standort, die Planaussagen des Flächennutzungsplanes und spezielle Schutzgebietsausweisungen. Einen Auszug aus der Branchenliste (s. Abb. 1) sowie einen Auszug aus der Datei zu den Stoffen (s. Abb. 2), die den einzelnen Branchen zugeordnet sind, findet sich in den folgenden Listen. Ausführlicher sind die beiden Listen in der o. a. Veröffentlichung zur Erfassung dargestellt; dort finden sich auch die Literaturfundstellen.

Die Transmissionswege sind am schwierigsten zu erfassen und zu beurteilen, daher wurden sie bei der Erstbewertung nicht systematisch berücksichtigt, sondern die grundsätzliche Möglichkeit zur Transmission wurde als gegeben angenommen. In der folgenden Übersicht (Abb. 3) wird der Erhebungsbogen gruppiert nach den verschiedenen Parametern zur Lage, Emission, Immission, Transmission vorgestellt. Die Erfassung des Stadtverbandes enthält zwar auch eine Reihe von

SVS-Nutzkennz	Branche	Bereich
...	...	
064	Maschinen-/Apparatebau	
065	Herst. v. Büromasch. u. ähnl.	Metallverarbeitung
066	Herst. v. Kraftwagen u. deren Teilen	Maschinenbau
067	Schiffbau	
068	Stahlbauerzeugnisse	
069	Elektrotechnik	
070	Herst. v. Batterien, Akkumulatoren	
071	Feinmechnanik, Optik	Elektro, Optik,
072	Herst. v. Eisen-, Blech- u. Metallwaren/Draht	Eisen, Metallwaren
073	Herst. v. Musikinstr., Spielwaren u.ä.	
074	Holzbearbeitung; Verarb. v. Rohholz	
075	Holzimprägnierwerke	Holzbe- und -verarbeitung
...	...	

Abb. 1: Auszug aus der Liste der im SVS erfaßten kontaminationsverdächtigen Branchen

Daten zur Transmission, diese wurden jedoch nicht in die Erstbewertung einbezogen, da sie zum größten Teil unsicher waren und teilweise schon Bewertungen darstellten. Bei einer späteren genaueren Betrachtung der Bewertungsergebnisse, um z. B. die höchsten Prioritäten weiter zu differenzieren, können sie zusätzliche Hinweise liefern.

Auch bei einer starken Beschränkung auf die wesentlichen Parameter fallen bei der Bestandsaufnahme immer große Datenmengen an. Daher ist es notwendig, diese in einer Datenbank auf einem Computer zu speichern. Dazu setzt der Stadtverband einfache Personal Computer ein; diese stellen schon auf diesem relativ niedrigen Kostenniveau eine große Hilfe dar. Auch bei der Entwicklung der EDV-Werkzeuge wird berücksichtigt, daß sie auf einfacher Hardware lauffähig sind. Damit sind auch kleinere Kommunen in der Lage, die entwickelten DV-Werkzeuge einzusetzen. Ein glücklicher Umstand ist es, daß bei sinkenden Gerätepreisen die angebotenen Leistungen ständig steigen.

Nr.	Stoffgruppe	Stoffe
01	Mineralöl-, Benzin-Teerverarbeitung	Mineralöl
02	Aromate	Benzol, Kresol
03	polycyclische aromat. Kohlenstoffverbindungen	n.b.
04	Organohalogenverbindungen	PCB/PCT, PCDD/PCDF, Perchlorethylen, Trichlorethan, Trichlorethylen
05	org. Nitroverbindungen und sonst. N-verbindungen	n.b.
06	sonst. org. Verbindungen sonst. Kohlenwasserstoffverb.	Oxalsäure
07	Pflanzenbehandlungsmittel	n.b.
08	Schwermetalle	Cadmium, Chrom, Kupfer, Nickel, Quecksilber
09	Cyanide, Cyanate	Calcium-, Kalium-, Natriumcyanat
10	anorg. Phosphor-, Schwefel,-Stickst.- u. sonst. Verbind.	Schwefelsäure

Abb. 2: In den Branchen eingesetzte Stoffe.
Bsp.: 064. Maschinen- u. Apparatebau.

Selbst die einfachen statistischen Auswertungen, wie sie z. B. im vorangegangenen Beitrag von *Selke* gezeigt wurden, wären ohne diese Möglichkeit kaum zu erstellen gewesen. Sind umfangreichere Auswertungsprogramme einmal aufgestellt worden, so können bei Änderungen

TEIL A: ALLGEMEINE ANGABEN

Kennziffer |5|6|2|4|3|0|1|9|9|9|

Adresse, bzw. Lagebeschreibung des KV-Standortes

BSP. 1: VÖLKLINGEN-WEHRDEN, HUMBOLDTSTR. 355
BSP. 2: LAUTERBACH, ÖSTL. D. BAHNDAMMES U.
100 M NÖRDL. DES SILBERWEIHERS

Gauß-Krüger-Koordinaten: Rechtswert |2|5|6|6|6|1|0|
                                   Hochwert |5|4|5|8|5|0|5|

Gesamtbetriebsdauer |1928-DTO|

Gesamtfläche in m^2 | |3|5|0|0|0|

Füllhöhe [f] in m /
Aufschüttung [s] in m |s 15|

TEIL E: DATEN ZUR EMISSION

KONTAMINATIONSVERDÄCHTIGE BRANCHEN /
NUTZUNGEN AUF DEM KV-STANDORT

	Name	Branche mit Beschreibung der KV-Nutzungen	KV-Nutzungen Schlüsselnr.	Betr.-zeit
1.	FA. SCHMITZ	KARTONAGENFABRIK MIT EIGENEM FUHRPARK UND TANKSTELLE	088/201/215	1928-54
2.	FA. MÜLLER & SCHWARZ	AUTOLACKIEREREI	214	1958-69
3.	FA. ECKEL	TANKSTELLE / KFZ-REPARATUR	215/209	1969-DTO
	...	...	...	...
10.				

Gesamtbetriebsdauer |1928-DTO|

BESONDERE VORKOMMNISSE

Z. B.: SICKERWASSERAUSTRITT AN DER NORDSEITE, GERUCHSBELASTIGUNG
BOMBENANGRIFF 10/44: ZERSTÖRUNG D. PRODUKTIONSANLAGE,
UNFALL MIT WASSERGEFÄHRDENDEN OFFE

Abb. 3: Erfassungsbogen aufgeteilt nach Art der Daten

TEIL T: DATEN ZUR TRANSMISSION

NATURRÄUMLICHE GEGEBENHEITEN AM KV-STANDORT

Hauptgestein(e) am KV-Standort	BUNTSANDSTEIN
Hauptbodentyp (en) am KV-Standort	PARABRAUNERDE
Verschmutzungsempfindlichkeit des Grundwasserleiters* (hoch, mittel, gering)	HOCH
Niederschlagsmenge jährlich (hoch, mittel, gering)	HOCH

*falls entsprechende Karten vorliegen

	0 - 50 m	50 - 250 m
Lage zu Gewässern [s = stehend, f = fließend]	S	F

ANTHROPOGENE VERÄNDERUNGEN DER GELÄNDEOBERFLÄCHE

Versiegelung :   [v]   vollständig versiegelt   T
                [t]   teilweise versiegelt (z.T. Gärten/Grünanlagen)
                [n]   nicht versiegelt

TEIL I: DATEN ZUR IMMISSION

BETROFFENE NUTZUNGEN:

	direkt	direkte Nachbarschaft	100 m Umkreis
Realnutzungen *	A, B	B, C	A, D, C
geplante Nutzungen**	B	C, D	A, Z, K

* Nutzungen differenziert nach der Legende des Flächennutzungsplanes
** nur bei Deponien und Betriebsstandorten mit hohen Gasmigrations- oder Verwehungspotential (z. B. Lackfabriken, Halden)
Reihenfolge der Buchstaben entspricht Reihenfolge der flächenmäßigen Anteile

BETROFFENE SCHUTZGÜTER:

	I	II	III A	III B	IV
Wasserschutzgebiet [W] Heilquellenschutzgebiet [H]		W			

Lage zu Brunnen, Art des Brunnes	0 - 50 m	50 - 250 m	250 - 500 m
T = öffentl. Trinkwasserbr. B = Brauchwasserbr. H = Hausbr. N = Notbr. L = Brunnen f. landw. Nutzungen O = ohne Brunnen im Umkreis	H	O	2 N

Lage zur Wohnbebauung (a-e)	B
Art der Bebauung (f-h)	F

- a = Wohngebäude auf KV-Fläche errichtet
- b = ehem. KV-Branche durch Wohnfunktion ersetzt
- c = ehem. KV-Branche durch nicht kont.-verdächtige gewerbliche Nutzung ersetzt
- d = KV-Standort auf gleichem Grundstück wie Wohnnutzung, aber räumlich getrennt
- e = KV-Standort im Wohngebäude und bis heute in Betrieb

- f = Bungalows
- g = Ein- und Zweifamilienhäuser
- h = mehrgeschossige Bebauung

Abb. 3: Fortsetzung

von Parametern oder auch nur von einzelnen Daten ohne großen Aufwand diese Auswertungen in bezug auf alle Flächen wiederholt werden; die Auswirkungen auf die Einstufung von Standorten sind sofort ersichtlich.

Auch die Möglichkeiten der DV-Unterstützung mit dem später vorgestellten „Expertensystem" können heute schon auf wesentlich kleiner dimensionierten Anlagen genutzt werden. Hinzu kommt eine einfachere Bedienung und die Übernahme der „unangenehmeren" Aufgaben, wie z. B. Plausibilitätskontrollen, sowie eine nachvollziehbare und ausführliche Dokumentation. Um diese Möglichkeiten praktisch zu erproben, wird in Wittenberg das Projekt durchgeführt, von dem im Beitrag *Hartmann* berichtet wird.

7 Bewertungansätze bei der Behandlung von kv Flächen

Bis zur abschließenden Beurteilung des Gefährdungspotentials und dem Beginn von Maßnahmen zur Gefahrenabwehr geht das integrierte Verfahren des Stadtverbandes von fünf großen Abschnitten (s. Bild 4) aus, die im folgenden in einer Übersichtsgrafik dargestellt sind. Die ersten vier Phasen sind Hauptgegenstand dieser Veröffentlichung und werden daher ausführlicher behandelt. Die anspruchsvolle Aufgabe der Gefahrenabwehr, die hier mit der fünften Phase nur kurz behandelt ist, wird Gegenstand einer eigenen Veröffentlichung werden.

| 1. Regionale Erfassung aller kv-Standorte |
| 2. Einbindung in die kommunale Praxis |
| 3. beprobungslose, vergleichende Bewertung |
| 4. Gefährdungsabschätzung am Einzelstandort |
| 5. Gefahrenabwehr am Einzelstandort |

Abb. 4: Übersichtsschema zu den Phasen der kv-Standortbehandlung

8 Regionale Erfassung aller kv Standorte

Schon während oder unmittelbar nach der Erfassung kann eine einfache Bewertung der kv Flächen durchgeführt werden, um eventuelle Akutfälle schnell einer weiteren Untersuchung zuzuführen. Ein erstes Bewertungsverfahren, das den o. g. Bedürfnissen Rechnung trägt, wurde mit relativ geringem Aufwand durch den Stadtverband entwickelt. Auch dieses einfache Verfahren geht systematisch vor; dies ist notwendig, um die Entscheidung reproduzierbar und nachvollziehbar zu gestalten. Selbst bei einfachen Verfahren kann von dieser Mindestanforderung nicht abgewichen werden.

Über eine Differenzierung des Datenbestandes durch statistische Kategorisierung und Typisierung wie

- Häufigkeit der betroffenen Nutzungen
- Häufigkeit der kv Nutzungen
- Häufigkeit betroffener Schutzgebiete (Wasserschutz ...)
- Verteilung auf die einzelnen Gemeinden
- ...

war es möglich, einen ersten Überblick zur Lage der Probleme zu geben. Die Schwerpunkte der potentiellen Kontaminationen sind damit leicht zu erkennen.

Um zu einer Bewertung zu kommen, werden Listen mit empfindlichen Schutzgütern wie

- Wohnen auf kv Standorten
- Kinderspielplätze auf kv Standorten
- Sportplätze auf kv Standorten
- Freibäder
- ...

zusammengestellt.

Je differenzierter eine Nutzung aufgeschlüsselt ist, umso differenzierter können Aussagen dazu getroffen werden. Diese Differenzierung ist jedoch nur bei bestimmten als empfindlich eingestuften Nutzungen notwendig. Die mögliche Gefährdung der menschlichen Gesundheit war für den Stadtverband für diese allererste Auswahl von entscheidender

Bedeutung. So hat der Stadtverband für die Nutzung Wohnen in einer Unterdatei zusätzliche Merkmale erfaßt, wie z. B. Dichte der Bebauung, Versiegelungsgrad, Gartennutzung etc.

Die so erstellten Listen wurden weiter differenziert nach
- Art der kv Nutzung
- Größe / Bedeutung der betroffenen Nutzung
 (z. B. Wohnsiedlung – Einzelhaus)
- Intensität der Nutzung
- ...

Die Differenzierung erfolgte, ohne daß damals eine systematische Einstufung aller erfaßten Branchen bereits vorlag; das qualitative Element tritt auf dieser Stufe in den Vordergrund. Hier kann sogar mit einer Bewertung eingesetzt werden, ohne daß für alle Standorte ein vollständiger Datensatz vorliegt; entsprechend qualifiziert ist daher auch die Verläßlichkeit der Aussagen. So wurde versucht, das Gefährdungspotential auf Grund von vermuteten Auswirkungen der verwendeten Stoffgruppen und der Betriebsdauer einzuschätzen. Die Stufung bezog sich dabei lediglich auf „eher höheres Gefährdungspotential" bzw „eher niedrigeres Gefährdungspotential". Heute könnte die nach vier Klassen des Freisetzungspotentials gestufte Liste eingesetzt werden, für den angestrebten Zweck reicht jedoch die einfache Zweiteilung.

Dadurch gelang es, die Listen für die einzelnen Schutzgüter stark einzuengen. Die letzte Auswahl bleibt schließlich menschlichen „Experten" vorbehalten, nachdem bis hierhin die Arbeit im wesentlichen vom Computer unterstützt wurde. Dazu gehört auf jeden Fall eine abschließende Besichtigung der Standorte mit ausgewiesenem höheren Gefährdungspotential.

Auf diese Weise wurden zunächst rund drei Dutzend Standorte – im wesentlichen Wohnsiedlungen, Kindergärten, Spielplätze – den Städten und Gemeinden im Stadtverband mitgeteilt. Für das Landesamt für Umweltschutz wurde mit dieser Methodik eine differenzierte Bewertung aller Altablagerungen im Stadtverband vorgenommen. Dabei wurden die Bewertungsbereiche Gefahren für die menschliche Gesundheit, für Wirtschaftsgüter, für die natürlichen Lebensgrundlagen berücksichtigt.

Damit kann auf dieser frühen Bearbeitungstufe durch das daran angepaßte, einfache Bewertungsverfahren sichergestellt werden, daß die Kommune in der Flut zunächst kaum überschaubarer Informationen begründbare Handlungsprioritäten setzt.

9 Umsetzung in die kommunale Praxis

Die Umsetzungphase kann frühestens dann beginnen, wenn eine erhebliche Anzahl der kv Standorte erfaßt ist; daher ist sie auch als zweite Phase eingeordnet. Tatsächlich begleitet die Umsetzung von diesem Zeitpunkt an alle anderen Phasen und läuft somit parallel zum gesamten Prozeß der Behandlung von kv Standorten. Dies ergibt sich aus der Notwendigkeit, alle neuen Erkenntnisse möglichst ohne Zeitverzögerung für die kommunale Praxis wirksam werden zu lassen. So ist die Vermeidung von Planungsfehlern am wirksamsten zu bewältigen. Auch bei der juristischen Bewertung spielt es eine Rolle, wann der Kommune Hinweise auf Kontaminationen vorlagen und wann sie danach handelte.

Innerhalb der Phase finden kaum gesonderte Bewertungen statt, da es sich im wesentlichen um die verschiedenen Anwendungen der im vorigen Schritt und auch der darauf folgenden Schritte gefundenen Erkenntnisse handelt. Bei der vorbereitenden Bauleitplanung werden u. a. alle neuen Wohnbau- und Gewerbeflächen mit den kv Flächen abgeglichen. Je nachdem, wie nah oder fern der Realisierungszeitpunkt der Planungen und welche städtebauliche Bedeutung diesen zukommt, können hier schon orientierende Untersuchungen ausgelöst werden, die Grundsätzliches über die Möglichkeit zur Realisierung aussagen.

Bei der Aufstellung von Bebauungsplänen und der Bebauung von einzelen Grundstücken innerhalb der bebauten Ortslage wird bei einem Kontaminationsverdacht immer eine Untersuchung erfolgen müssen. Der Umfang richtet sich nach der Verdachtslage. Diese wird durch eine historische Intensivrecherche erhärtet oder widerlegt. Damit haben wir die Ebene der vergleichenden Bewertung verlassen und uns der Einzelstandortbewertung zugewandt. Zu diesem Zeitpunkt geschieht dies nicht systematisch, sondern aus den gerade geschilderten, konkreten Anlässen. In der nächsten Phase ist dies ganz anders.

10 Die beprobungslose vergleichende Bewertung

Nachdem die Erfassung abgeschlossen ist und für alle Standorte ein konsistenter Datenbestand vorliegt, kann eine systematische, vergleichende Bewertung vorgenommen werden. Wann ist die Erfassung eigentlich abgeschlossen? Bei der aufgezeigten Vorgehensweise, die eine beschränkte Zahl von Quellen auswertet und nur bestimmte Parameter erfaßt, kann eine 100%ige Erfassung nicht sichergestellt werden. Unsere Erfahrungen haben jedoch gezeigt, daß mit dem gewählten Aufwand über 95% der möglichen Standorte erfaßt werden. Für alle darüber hinausgehenden Standorte steigt der Aufwand überproportional an. Im übrigen müssen praktisch alle relevanten Entscheidungen mit einem gewissen Anteil an Unsicherheit getroffen werden. Wissenschaft kann nie absolute Gewißheit vermitteln, das kann nur die Religion – ein Thema, das wir hier nicht vertiefen können.

Alle fünf bis zehn Jahre sollte eine Überarbeitung der Erfassung stattfinden. Der Zeitraum richtet sich nach den wirtschaftlichen Aktivitäten in den vergangenen Jahren; in einem industriellen Ballungsraum ist der Zeitraum bis zur Überprüfung kürzer als in einem eher ländlich strukturierten Raum.

Wenn hier oft der Begriff „Vorbewertung" verwendet wird, so bezieht er sich im Stadtverband auf eine gestufte Vorgehensweise. So wurde vor der Einordnung der Standorte nach Prioritäten die gesamte Region einer Raumverträglichkeitsprüfung unterzogen. Diese kann u. a. dazu dienen, besonders empfindliche Räume abzugrenzen, denen dann im Hinblick auf die Art der Beeinträchtigungen eine gezieltere Aufmerksamkeit geschenkt werden kann. Als Beispiel sollen hier Trinkwassergewinnungsgebiete – repräsentiert durch die Wasserschutzzonen – erwähnt werden; darüberhinaus aber auch wasserhöfige Gebiete.

Wie die Stufen im Detail beim Stadtverband aussehen, wird in den folgenden Beiträgen *Albert, Heide/Eberhard* und *Wagner* vorgestellt. Dabei ist wichtig, daß unterschiedliche Gefährdungsbereiche betrachtet werden. Der Stadtverband geht von folgenden, getrennt zu beurteilenden Bewertungsbereichen aus

- Beeinträchtigungen der menschlichen Gesundheit durch
  - direkten Kontakt/längeren Aufenthalt im Gefahrenbereich/Aufnahme über die Nahrung
  - empfindliche Nutzungen auf Deponien (Explosionsgefahr)
- Beeinträchtigungen von Wirtschaftsgütern wie
  - Trinkwasserförderung
  - Anbau von landwirtschaftlichen Produkten
- Gefährdung der natürlichen Lebensgrundlagen wie
  - Landschafts/Naturschutzgebiete
  - Biotope
  - Oberflächengewässer, oberflächennahes Grundwasser

Dieses zweite Verfahren im Rahmen der beprobungslosen Vorbewertung ergab für die Bereiche, in denen die menschliche Gesundheit im Vordergrund steht, rund 180 Flächen mit vorrangigem Untersuchungsbedarf.

Diese Auswahl beruht auf dem geschilderten, qualitativen Bewertungsansatz, der für den DV gestützten Einsatz entsprechend formalisiert wurde. Sinnvollerweise ist dieser so ausgelegt, daß die Zuweisung zur höchsten Prioritätsklasse zunächst nicht mit einer zu starken Einengung geschieht. Daher wurden, wie schon bei dem zuvor geschilderten eigenentwickelten Verfahren, alle Flächen noch einmal eingehend überprüft. Von ursprünglich über 180 Flächen wurde auf diese Weise die Zahl der näher zu untersuchenden auf rund 100 kv-Flächen reduziert.

Die Flächen in der höchsten Prioritätsstufe der anderen Wertungsbereiche wurden aufbereitet und den Landesbehörden und sonstigen Betroffenen, wie z. B. den Wasserversorgern, zur Verfügung gestellt.

Das kommunale Interesse richtet sich vorrangig auf den Schutz der Gesundheit der Bürger. Auch andere gefährdete Bereiche sind für bestimmte kommunale Entscheidungen wichtig, aber die unmittelbaren Handlungsmöglichkeiten liegen häufig bei anderen Organisationen. So wird die Wasserversorgung meist durch eigenständige Unternehmen durchgeführt. Alle Wasserversorgungunternehmen im Stadtverband wurden gezielt angesprochen.

Für den Wassergewinnungsbereich der jeweiligen Unternehmen wurden gesonderte Auswertungen vorgenommen. Den Unternehmen wurden die Ergebnisse mitgeteilt und mögliche Konsequenzen erläutert. Mit den vorliegenden Ergebnissen kann z. B. eingeschätzt werden, von welchen kv Standorten mögliche Kontaminationen bestimmter Brunnen herführen könnten. Aufgrund der bereitgestellten Informationen kann nun gezielt nachgeforscht werden.

11 Gefährdungsabschätzung an Einzelstandorten

Das gesamte Gefährdungspotential einer Region liegt jetzt aufbereitet unter den o.a. Gesichtspunkten vor. Die Gemeinden und die betroffenen Unternehmen können entscheiden, welche Standorte vorrangig angegangen werden sollen. Obwohl das Gefährdungspotentials jedes einzelnen Standortes auch für sich bewertet werden muß, heißt das nicht, daß nicht Gruppen gleichartiger Standorte gemeinsam behandelt werden könnten. Damit sollen dann die „economies of scale" zum Tragen kommen.

Nach den orientierenden Untersuchungen liegen zum ersten Mal sogenannte harte Daten vor; aufgrund dieser Tatsache könnten quantitative Modelle eingesetzt werden. Da aber in vielen der zu modellierenden Bereiche die grundlegenden Zusammenhänge noch unzureichend bekannt sind, verzichten wir auch hier auf die Anwendung quantitativer Modelle und bleiben bei der qualitativen Vorgehensweise.

Um den Kommunen die praktische Herangehensweise an Standorte mit näherem Untersuchungsbedarf zu erleichtern, wurden im Rahmen des Forschungsvorhabens eine Reihe von Modellstandorten untersucht, die repräsentativ für die Gesamtheit der kv Standorte sein sollen. Dort wurden u. a. neue Methoden zur Aufstellung von Untersuchungsprogrammen erprobt. Außerdem wurden hier Maßstäbe entwickelt, um die Ergebnisse der Standortuntersuchungen zu beurteilen. Wie im gesamten Forschungsvorhaben geschieht dies unter der realistischen Prämisse, daß nur begrenzte Mittel verfügbar sind. Die Beiträge von *Wagner* und *Becker* gehen auf die näheren Umstände ein. Dabei ist vor allem die Aufstellung von kostengünstigen und dennoch aussagekräftigen Untersuchungsprogrammen von hohem Interesse.

Darüber hinaus wurden alle Kinderspielplätze auf kv Flächen – insgesamt 18 – gemeinsam untersucht. Der Stadtverband hat über eine Ausschreibung die inhaltlichen Arbeiten vorbereitet; der Minister für Umwelt hat die Untersuchungen finanziert. Durch die gemeinsame Vergabe konnten die Kosten auf rund 25.000 DM begrenzt werden. Zum Glück zeigten die Untersuchungen bei den Kinderspielplätzen wenige gravierende Beeinträchtigungen.

Über eine weitere große Untersuchungsreihe an einer Anzahl von bewohnten kv Standorten wird im Beitrag *Heinemeyer* ausführlich berichtet. Dabei wird dann auch auf die Beteiligung der Betroffenen vertiefend eingegangen, die bei einer solchen Untersuchung unabdingbar ist.

12 Die Gefahrenabwehr am Einzelstandort

Wurde bei den orientierenden Untersuchungen der Verdacht am Standort grundsätzlich bestätigt, so schließen sich eine Reihe von Untersuchungen an, die das genaue Außmaß der Gefahren bestimmen sollen. Daran anschließend wird versucht, die auf die jeweilige Gefahrenlage am besten abgestimmte Gefahrenabwehrstrategie auszuwählen. Die Aktivitäten werden durch ein umfangreiches Programm zur Simulation integrierter Nutzungs- und Sanierungsentscheidungen (SINUS) zusammengeführt.

Dies wird mit Hilfe eines formalisierten Bewertungsverfahrens durchgeführt. Obwohl auf dieser Stufe des Verfahrens recht umfangreiche Daten aus analytischen Untersuchungen vorliegen, bleibt auch diese Bewertung bewußt qualitativ, da vor allem bei den Sanierungstechnologien noch zuwenig Erfahrung bei der Anwendung vorliegt. Zur Bewertung der Sanierungsverfahren wurde ein Leitfaden entwickelt, der, ähnlich wie bei der Erfassung und der Austellung von Untersuchungsprogrammen, auch als DV-Werkzeug zur Verfügung stehen soll. Diese Arbeiten werden zur Zeit abgeschlossen. In den Perspektiven für die künftige Arbeit wird kurz über den gegenwärtigen Stand berichtet. Im übrigen soll auch diesem Thema ein eigener Band gewidmet werden.

13 Fazit

In jeder Phase der Behandlung von kv Standorten werden Bewertungsmodelle zur Vorbereitung von Entscheidungen eingesetzt. Diese Entscheidungen mit zum Teil erheblichen finanziellen Auswirkungen müssen von Kommunalpolitikern getroffen werden, die sich nur begrenzt in den fachlichen Hintergrund der Altlastenbehandlung einarbeiten können. Umso wichtiger ist es, daß die Entscheidungsgrundlagen nachvollziehbar sind. Mit den vorgestellten Bewertungsmodellen kann dieses Ziel zu großen Teilen realisiert werden.

VII Vorbewertung zur ersten Gefahrenabschätzung

Ergebnisse aus dem Forschungsprojekt:
Methodik eines Handlungsmodells zur Abschätzung und Abwehr der Gefahren aus den Altlasten einer Region

Gerhard Albert und Jörg Oellerich

1 Einleitung

Viele Gebietskörperschaften in der Bundesrepublik Deutschland, insbesondere in stark industrialisierten Gebieten, sehen sich mit dem Problem einer außerordentlich hohen Zahl kontaminationsverdächtiger (kv-) Flächen konfrontiert.

Angesichts dieser Vielzahl stößt der für die Altlastenproblematik zu erwartende Handlungsbedarf auf eine ganze Reihe verwaltungstechnischer, juristischer und finanzieller Restriktionen. Aus dieser Problemlage ergibt sich die Notwendigkeit, die von kv-Flächen ausgehenden potentiellen Risiken mit einfachen Methoden zu fassen und darauf aufbauend einen nach Prioritäten abgestuften Handlungsbedarf zu ermitteln.

Voraussetzung für eine derartige methodische Herangehensweise ist zunächst die einheitliche Erfassung aller kv-Flächen in einem Gebiet, wie dies vom Stadtverband Saarbrücken (SVS) durchgeführt worden ist.

Die auf dieser Grundlage ermittelten Handlungsprioritäten dienen in erster Linie dazu, für alle kv-Flächen einen in Abhängigkeit von der jeweiligen Gefahrenlage abgestuften Untersuchungsbedarf zu definieren.

Die hier vorgestellte potentielle Bewertungsmethodik dient dabei nicht nur der Sofortabwehr akuter Gefährdungen der menschlichen Gesundheit, sondern soll auch ein erster Schritt in Richtung eines mittel- und langfristigen Untersuchungskonzeptes sein.

Der Bericht erläutert die einzelnen Arbeitsschritte der Vorbewertung. Es sind dies:
- die Raumverträglichkeitsanalyse als Einstieg in die räumliche Problematik,
- das methodische Konzept der Erst- und Zweitbewertung als zentrale Bewertungsschritte
- sowie die darauf aufbauende Dringlichkeitsbewertung.

2 Räumliche Situation und kontaminationsverdächtige Flächen im Stadtverband Saarbrücken (Raumverträglichkeitsananlyse)

Insgesamt sind im Gebiet des SVS über 2.400 kv-Flächen erfaßt worden. Die Angaben zu diesen Flächen liegen in einer EDV-Datei gespeichert vor. Hier finden sich neben Angaben zur Lage einer Fläche auch Informationen zu der bzw. den jeweiligen kv-Branchen sowie zu betroffenen Flächennutzungen und zu vorhanden Flächenpotentialen (Naturschutzgebiet, Wasserschutzzone etc.).

Die häufigsten kv-Branchen / Ablagerungen im SVS sind: Autohandel, Ablagerungen, Tankstellen, Metallindustrie, Bauunternehmen und Bauhöfe.

Der Nutzungskonflikt zwischen den gezeigten Branchen und den dadurch betroffenen Flächennutzungen wird aus Tab. 1 deutlich.

Zur Vorklärung der relevanten Fragestellungen wurde für das gesamte Gebiet des Stadtverbandes eine Raumverträglichkeitsprüfung durchgeführt. Dabei geht es um die Frage, inwieweit empfindliche Landschaftsräume und Flächennutzungen durch eine räumliche Konzentration kontaminationsverdächtiger Flächen (Branchen) vorbelastet sind.

Die Ergebnisse zeigen: Als problematisch im Sinne eines flächenhaft hohen Gefahrenpotentials im Gebiet des SVS ist insbesondere die zahlenmäßig hohe Betroffenheit der empfindlichen Flächennutzung Woh-

Derzeitige Flächennutzung	kontaminationsverdächtige Branchen	
	Anzahl der Nutzungskonflikte	
	direkt auf der Fläche	in 100 m Entfernung
Wohnbaufläche	729	2883
Gewerbliche Baufläche	3310	1680
Grünflächen	104	872
Sportanlagen/Spielplätze	108	266
Park	14	89
Dauerkleingärten	7	39
Biotop	90	711
Brache	416	171
Landwirtschaft	38	552
Wald	107	624
Öffentliche Einrichtungen	194	987
Mischbauflächen	24	700
Wasserschutzzone II (direkt)		159
Wasserschutzzone II (- 250 m Entfernung)		54
Wasserschutzzone III		743
Wasserschutzzone III (- 250 m Entfernung)		290
Brunnen im Abstrom (- 50 m Entfernung)		222
Brunnen im Abstrom (50 - 250 m Entfernung)		514
Brunnen im Abstrom (250 - 500 m Entfernung)		425

Tab. 1: **Häufigkeit des Zusammentreffens einzelner Flächennutzungen mit kontaminationsverdächtigen Branchen**

nen durch die Branchengruppen Chemische Industrie, Metallindustrie, Metallverarbeitung und Ablagerungen zu werten.

Ein gleichermaßen hohes Risiko ergibt sich aus der hohen Anzahl von Ablagerungen in bzw. in unmittelbarer Nähe zu Wasserschutzzonen. Außerdem wurden relativ viele Brunnen im Abstromgebiet dieser Flächen festgestellt.

Deutlicher wird die geschilderte Gefahrenlage, wenn neben der statistischen auch eine räumliche Betrachtungsebene einbezogen wird.

Es zeigt sich, daß insbesondere die Talräume und das Stadtgebiet Saarbrücken ein erhebliches Gefahrenpotential bergen, da sich hier zum einen aufgrund der hydrogeologischen, hydrologischen und nutzungsbedingten Situation (Wohnbebauung) besonders empfindliche Landschaftsräume konzentrieren und zum anderen eine Verdichtung von kv-Flächen in diesen Bereichen festzustellen ist.

3 Methodisches Konzept der Bewertung

Aus der Kontamination der Schutzgüter Grundwasser, Oberflächenwasser, Boden und Luft ergeben sich vielfältige Gefahren für die menschliche Gesundheit bzw. für die natürlich belebte Umwelt.

Das Ausmaß dieser Gefahrenlage wird insbesondere durch die Emissionen und den zu den Schutzgütern in Beziehung stehenden Flächennutzungen bestimmt.

Das relative Gefahrenpotential der kv-Flächen ergibt sich also aus der Verknüpfung von kv-Branchen (Emission) einerseits und den durch sie betroffenen Flächennutzungen und nutzungsübergreifenden Flächenfunktionen (Immission) andererseits.

Ein wichtiges Bindeglied zwischen Emission und Immission ist die Transmission der Schadstoffe, wobei insbesondere die Frage im Mittelpunkt steht, ob sich aus den stofflichen Zusammensetzungen und Eigenschaften der Emissionen eine Betroffenheit der betrachteten Schutzgüter ergibt.

Aus den o. g. Sachverhalten läßt sich das Emission-Transmission-Immission (ETI-)-Modell zur Bewertung der kv-Flächen ableiten.

Es handelt sich hierbei um eine Wirkungsanalyse, die versucht, gleichermaßen lineare Ursachen-Wirkungs-Zusammenhänge nachzuvollziehen und zwar entsprechend dem Strukturmodell

- verursachende Branche (Emission),
- Wirkungspfade (räumlich-zeitliche Transmission) und
- betroffene Flächennutzungen (Immission).

Vom Verursacher (kv-Standort) ausgehend wird geprüft, welche Auswirkungen auf die Flächennutzungen und Flächenfunktionen vorhanden sind (Abb. 1).

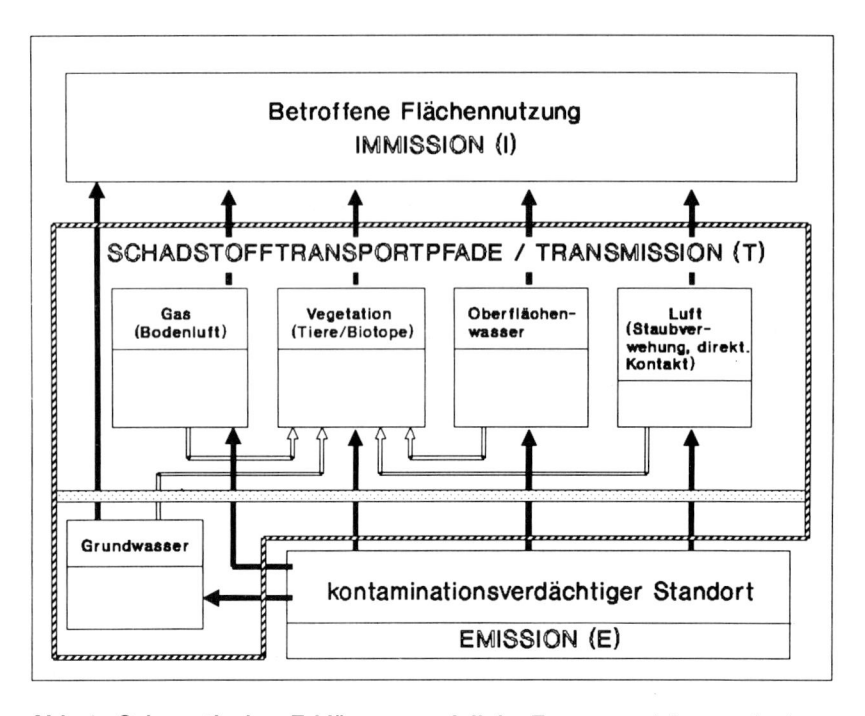

Abb. 1: Schematisches Erklärungsmodell der Zusammenhänge zwischen Emission und Immission

Abb. 2 stellt die Struktur des zur Bewertung durchgeführten Arbeitsprogrammes dar. Ausgehend von der Beschreibung der Ausgangssituation ist die Bewertung in diesen Arbeitsschritten durchgeführt worden.

Zunächst war vorgesehen, eine Erstbewertung und anschließend – auf der Basis einer vertieften Auswertung – eine weitergehende Zweitbewertung der kv-Flächen durchzuführen. Aus der kritischen Diskussion der in der Erstbewertung beschriebenen Bewertungsmethodik ist dann schließlich die Methodik der Zweitbewertung entwickelt worden. Bei dieser handelt es sich also gegenüber der Erstbewertung um einen modifizierten methodischen Ansatz und nicht – wie ursprünglich vorgesehen – um eine hinsichtlich der Aussagegenauigkeit weitergehende Bewertungsmethodik.

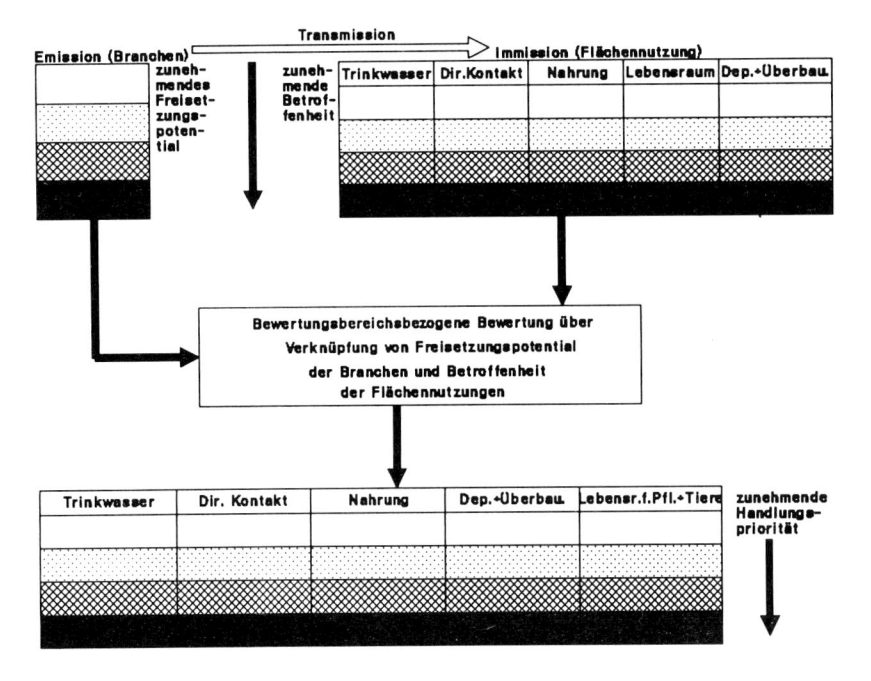

Abb. 2: Schematische Darstellung des Bewertungsvorganges

Methodik und Ergebnisse der Zweitbewertung sollen hier dargestellt werden.

Die Dringlichkeitsbewertung schließlich basiert auf den Ergebnissen der Zweitbewertung und versucht, die in diesem Arbeitsschritt als hinsichtlich des Handlungsbedarfs dringlich eingestuften kv-Flächen noch weiter zu differenzieren.

4 Vorbewertung der kontaminationsverdächtigen Flächen im Stadtverband Saarbrücken (Zweitbewertung)

Die Methodik der Bewertung basiert auf der Grundüberlegung, daß das Gefahrenpotential einer kv-Fläche durch die Verknüpfung von kv-Branchen (Emission) einerseits und den durch sie betroffenen Flächennutzungen bzw. Flächenpotentialen (Immission) andererseits gesteuert wird. Ein wichtiges Bindeglied zwischen beiden Faktoren ist die Transmission über Schadstoffpfade, wobei die Frage, ob es zwischen dem Schutzgut und der Emissionsquelle zu einem Kontakt kommen kann, im Mittelpunkt steht. Das damit beschriebene ETI-Modell bildet die Basis der Zweitbewertung. Ziel der Zweitbewertung ist, bezogen auf alle erfaßten kv-Flächen, einen nach Prioritäten abgestuften Handlungsbedarf im Sinne weiterer Untersuchungen zu ermitteln.

Grundsätzlich sind für die Zweitbewertung fünf Bewertungsbereiche zu unterscheiden, die jeweils getrennt betrachtet und nicht miteinander verknüpft werden sollen.

Sie sind durch z. T. unterschiedliche Schutzgüter, insbesondere aber durch unterschiedliche Gefahren gekennzeichnet.
1. Trinkwassernutzung (direkte Nahrungsaufnahme möglich)
   - Schutzgut: Grundwasser
   - Gefahrenlage: Gesundheitsgefährdung von Menschen durch Aufnahme kontaminierten Trinkwassers
2. Direkter Kontakt
   - Schutzgut: Boden, Luft
   - Gefahrenlage: Kontamination des Bodens bzw. der Bodenluft mit Schadstoffen und daraus folgend eine Gesundheitsgefährdung des Menschen durch Staubverwehung und Ausgasung
3. Nahrung (direkte Nahrungsaufnahme möglich)
   - Schutzgut: Boden, Luft
   - Gefahrenlage: Kontamination von Nutztieren und -pflanzen und daraus folgend eine Gesundheitsgefährdung des Menschen
4. Deponie und Überbauung
   - Schutzgut: Boden, Luft
   - Gefahrenlage: Explosionsgefahr durch Methanausgasung aus Deponiekörpern
5. Lebensraum wildlebender Pflanzen und Tiere
   - Schutzgut: Boden, Luft, Grundwasser, Oberflächengewässer
   - Gefahrenlage: Kontamination der o.g. Schutzgüter, die zu einer Beeinträchtigung bzw. Zerstörung der Lebensmöglichkeiten einzelner Organismen oder auch Lebensgemeinschaften führt.

Bei den Bewertungsbereichen 1-4 steht letztlich die menschliche Gesundheit im Mittelpunkt der Betrachtung, während dem Bewertungsbereich 5 die Qualität der natürlichen Umwelt zugrunde liegt.

Im folgenden sollen die auf die fünf genannten Bereiche aufbauenden Bewertungskriterien und deren Verknüpfung skizziert werden.

Bewertungskriterien für kv-Branchen (Emission)

Bei der Abschätzung des Gefahrenpotentials eines kv-Standortes kommt den jeweiligen Branchen eine Schlüsselfunktion zu, da über sie erste Informationen zu den Schadstoffemissionen ermöglicht werden. Ein erstes Bewertungskriterium ist daher das branchenbezogene Freisetzungspotential von Schadstoffen. Diesem Bewertungsansatz liegen weder Art noch Anzahl, sondern die potentiell freigesetzten Mengen an Schadstoffen zugrunde. In einem ersten Arbeitsschritt sind daher alle im SVS erfaßten Branchen diesbezüglich in vier Klassen (hohes, mittleres, geringes und kein Freisetzungspotential) eingeteilt worden. Diese Einteilung ist unabhängig von den fünf Bewertungsbereichen durchgeführt worden (Umweltamt des Stadtverbandes Saarbrücken 1988, 1988a, 1989).

Bewertungskriterien bezüglich der Betroffenheit unterschiedlicher Flächennutzungen durch Schadstoffemissionen (Immission)

Ein weiterer wichtiger Faktor der Gefahrenabschätzung von kv-Flächen sind die durch Emissionen betroffenen Flächennutzungen (einschl. nutzungsübergreifender Flächenfunktionen). Ihre Betroffenheit in Hinsicht auf die den fünf Bewertungsbereichen zugeordneten Gefahrenlagen ist daher ein weiteres wichtiges Bewertungskriterium. Die Empfindlichkeit (Nutzungssituation und Wahrscheinlichkeit der Gefahrenlage, vorausgesetzt es kommt zu einer Kontamination des jeweiligen Schutzgutes) hängt dabei von der jeweiligen Flächennutzung bzw. der nutzungsübergreifenden Flächenfunktion ab. Daraus ergibt sich, daß die Flächenfunktionen nicht unabhängig von den Bewertungsbereichen mit ihren unterschiedlichen Gefahrenlagen bewertet werden können.

In einem zweiten Arbeitsschritt wurden daher alle Angaben zu Flächennutzungen bzw. nutzungsübergreifenden Flächenfunktionen bezogen auf die fünf Bewertungsbereiche bis zu vier Klassen unterschiedlicher Betroffenheit zugeordnet.

Verknüpfung der Bewertungskriterien – Erstellung einer Bewertungsmatrix

Aus der Verknüpfung der Kriterien „branchenbezogenes Freisetzungspotential von Schadstoffen" einerseits und „bewertungsbereichsbezogene Betroffenheit von Flächennutzungen" andererseits ergibt sich schließlich die relative Bewertung – wiederum bezogen auf die fünf Bewertungsbereiche – aller im SVS erfaßten kv-Flächen.

Die Transmission ist über die Faktoren „Versiegelungsgrad der betroffenen Fläche" und „Entfernung von der Emissionsquelle" in die Bewertung eingegangen.

Bei der Verknüpfung ist nach einer „worst case"-Methode verfahren worden; d. h. relevant für die Bewertung einer Fläche waren jeweils die Branche mit dem höchsten Freisetzungspotential und -bezogen auf die Bewertungsbereiche – die Nutzung, die sich durch die höchste Betroffenheit durch Emissionen kennzeichnen ließ. Auch wenn dies sicher nicht immer zutrifft, so garantiert dieses methodische Prinzip, daß die Verdachtsflächen durch die Bewertung nicht verharmlost wurden, d. h. die Bewertung sich stets auf der sicheren Seite bewegt.

Bezogen auf das Bewertungsziel – erster Handlungsbedarf mit Prioritäten – läßt sich aus der dargestellten Verknüpfung eine Bewertungsmatrix, bezogen jeweils auf die Bewertungsbereiche, entwickeln. Die Basis hierfür bildet die Überlegung, daß im Sinne einer Prioritätensetzung eine Fläche, die sowohl durch eine kv-Branche mit hohem Freisetzungspotential von Schadstoffen, als auch durch eine hohe Betroffenheit der jeweiligen Flächennutzung gekennzeichnet ist, einen dringenderen weiteren Untersuchungsbedarf aufweist, als Flächen, die hinsichtlich beider Bewertungskriterien eine unproblematische Einstufung zeigen.

Das Ergebnis der Bewertung aller kv-Flächen wird daher durch eine Klassenzuordnung dargestellt, die ihrerseits den abgestuften Handlungsbedarf dokumentiert. Diese Einstufung der kv-Flächen erfolgt getrennt für jeden Bewertungsbereich.

4.1 Klassifizierung der Branchen hinsichtlich des von ihnen ausgehenden Freisetzungspotentials von Schadstoffen

Den einzelnen Branchen wurde über deren Zugehörigkeit zu einzelnen Wirtschaftszweigen ein abgestuftes Freisetzungspotential zugeordnet. Danach haben die Wirtschaftszweige „Produktion" und „Ablagerungen" ein hohes, „Verarbeitungsbetriebe" ein mittleres und „Dienstleistungsbetriebe" ein geringes Freisetzungspotential. Diese Einstufung ist grundsätzlich beibehalten worden. Sie wurde nur dann geändert, wenn die konkrete Betriebsweise der betrachteten Branche ein anderes Freisetzungspotential erkennen läßt, als dies vom angegebenen Wirtschaftszweig abzuleiten ist. Hier greift insbesondere das Kriterium offener/geschlossener Umgang während des Betriebsablaufes mit Schadstoffen bzw. schadstoffhaltigen Substanzen.

Den fast 170 im SVS erfaßten Branchen wurde jeweils eines der folgenden Freisetzungspotentiale zugeordnet:

A = kein Freisetzungspotential
B = geringes Freisetzungspotential
C = mittleres Freisetzungspotential
D = hohes Freisetzungspotential

Abb. 3 zeigt die Verteilung der Branchen auf die unterschiedlichen Freisetzungspotentiale sowie ihre Verteilung auf die Gesamtfläche des SVS.

Danach zeigen immerhin 25 % aller im Gebiet des SVS erfaßten Branchen ein hohes Freisetzungspotential von Schadstoffen und damit ein relativ hohes Gefährdungspotential.

Tab. 2 gibt einige Beispiele, die die Branchenklassifizierung hinsichtlich des Freisetzungspotentials von Schadstoffen verdeutlichen soll.

Anzahl Branchen
(bezogen auf 169 Branchennennungen)

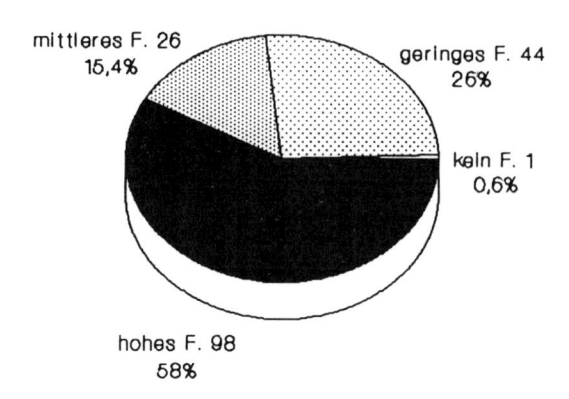

mittleres F. 26
15,4%

geringes F. 44
26%

kein F. 1
0,6%

hohes F. 98
58%

Anzahl Branchen
(bezogen auf Gesamtheit SVS)

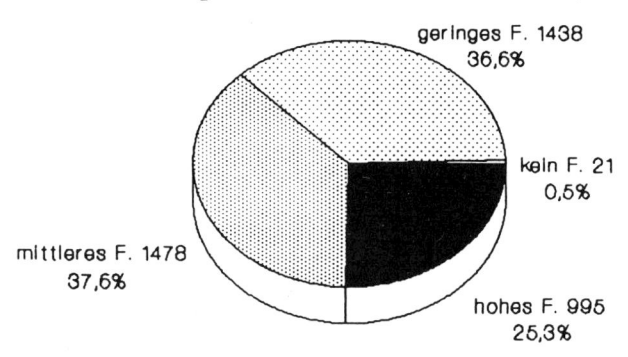

geringes F. 1438
36,6%

kein F. 21
0,5%

mittleres F. 1478
37,6%

hohes F. 995
25,3%

F. : Freisetzungspotential

Abb. 3: Verteilung der im SVS erfaßten Branchen auf die definierten Freisetzungspotentiale von Schadstoffen

	Beispiele
hohes Freisetzungspotential	Deponie Herstellung v. Schädlingsbekämpfungsmitteln Galvanisierbetriebe
mittleres Freisetzungspotential	Maschinenbau Autolackierereien chemische Reinigungen
geringes Freisetzungspotential	Bekleidungsgewerbe Autoreparaturwerkstätten Bauunternehmen
kein Freisetzungspotential	Ernährungsgewerbe

Tab. 2: Branchenbeispiele für die unterschiedlichen Freisetzungspotentiale

4.2 Klassifizierung der Flächennutzungen bzw. der nutzungsübergreifenden Flächenfunktionen im Hinblick auf unterschiedliche Betroffenheit durch Kontaminationen

In der kv-Flächen-Datei des SVS finden sich sowohl Angaben zu Flächennutzungen (Wohnen, Gewerbe etc.) als auch zu nutzungsübergreifenden Flächenfunktionen (Wasserschutzzonen, Landschaftsschutzgebiet etc.). Um die Darstellung zu vereinfachen, werden im folgenden beide Komponenten zusammenfassend als Flächennutzung betrachtet.

Neben dem Freisetzungspotential der Branchen spielen diese bei der Bewertung der kv-Flächen eine wichtige Rolle. Ein weiteres wichtiges Bewertungskriterium ergibt sich aus dem Sachverhalt, daß sich die Flächennutzungen bezüglich der in den Bewertungsbereichen dargestellten Gefahrenlagen durch unterschiedliche Betroffenheit charakterisieren lassen. So ist beispielsweise die Gefahr der Kontamination von Nahrungsmitteln (und damit mittelbar die Gefahr einer menschlichen Gesundheitsgefährdung) auf landwirtschaftlich genutzten größer als auf gewerblich genutzen Flächen.

Die in der kv-Flächen-Datei aufgeführten Angaben zu den Flächennutzungen wurden daher – differenziert nach den Bewertungsbereichen mit ihren unterschiedlichen Gefahrensituationen – in Klassen unterschiedlicher Betroffenheit eingeteilt.

Die diesbezüglichen Entscheidungskriterien beruhen dabei im wesentlichen darauf,

- welcher Zusammenhang zwischen Flächennutzung und kontaminiertem Schutzgut bezogen auf die Gefahrenlage besteht, inwieweit sich also aus dem Konfliktfeld Emission/Flächennutzung ein Risiko ergibt
- welcher räumliche Zusammenhang zwischen Emission und der Flächennutzung besteht (Entfernung).

Grundsätzlich sind für die Zweitbewertung nur die Angaben zu den aktuellen Flächennutzungen berücksichtigt worden, Planungsabsichten gingen nicht in die Bewertung mit ein. Im einzelnen werden – bezogen auf die Bewertungsbereiche – folgende Kriterien zur Einstufung der Flächennutzungen herangezogen:

1. Trinkwassernutzung

    a) Nutzung bzw. potentielle Nutzbarkeit des Grundwassers

    b) Entfernung von Emittenten (Wasserschutzzonen, Entfernung der Brunnen im Abstrom der kv-Flächen)

2. Direkter Kontakt

    a) wahrscheinliche Aufenthaltsdauer von Menschen

    b) Entfernung von Emittenten

    c) Oberflächenstruktur der Fläche (Versiegelungsgrad)

3. Nahrung

    a) Nutzungsintensität für Nahrungsmittel (auch Wildfrüchte sind einbezogen)

    b) Entfernung von Emittenten

4. Deponie und Überbauung

    Explosionsgefahr besteht bei allen überbauten Deponieflächen, d. h. alle entsprechenden Flächennutzungen zeigen eine hohe Betroffenheit

5. Lebensraum wildlebender Pflanzen und Tiere

    a) Entfaltungsmöglichkeit natürlicher Lebensgemeinschaften

    b) Schutzstatus der Fläche (Naturschutzgebiet etc.)

    c) Entfernung von Emittenten

Beispielhaft ist die Klassifizierung der Flächennutzung einmal für den Bewertungsbereich „Direkter Kontakt" in Abb. 4 dargestellt worden.

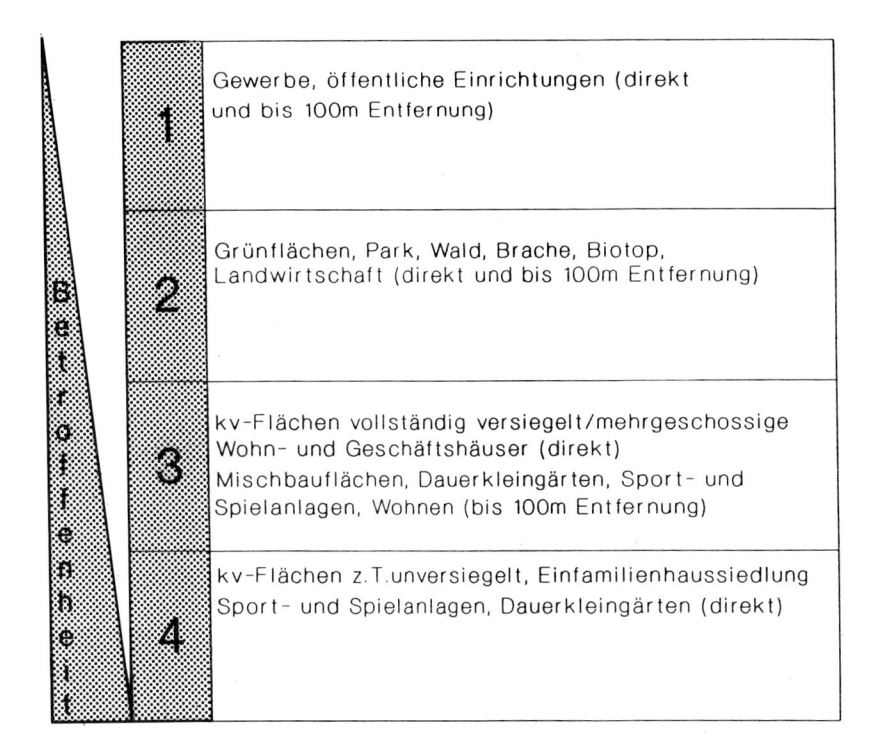

1	Gewerbe, öffentliche Einrichtungen (direkt und bis 100m Entfernung)
2	Grünflächen, Park, Wald, Brache, Biotop, Landwirtschaft (direkt und bis 100m Entfernung)
3	kv-Flächen vollständig versiegelt/mehrgeschossige Wohn- und Geschäftshäuser (direkt) Mischbauflächen, Dauerkleingärten, Sport- und Spielanlagen, Wohnen (bis 100m Entfernung)
4	kv-Flächen z.T. unversiegelt, Einfamilienhaussiedlung Sport- und Spielanlagen, Dauerkleingärten (direkt)

Abb. 4: Klassifizierung der Flächennutzungen bzw. nutzungsübergreifenden Flächenfunktionen bezogen auf den Bewertungsbereich „Direkter Kontakt"

4.3 Bewertung der kontaminationsverdächtigen Flächen anhand der festgesetzten Bewertungskriterien

Aus der Verknüpfung des Freisetzungspotentials von Schadstoffen der Branche und der Betroffenheit der Flächennutzung ergeben sich maximal 16 Kombinationsmöglichkeiten, aus denen sich wiederum die Klassen für einen abgestuften Handlungsbedarf ableiten (Abb. 5).

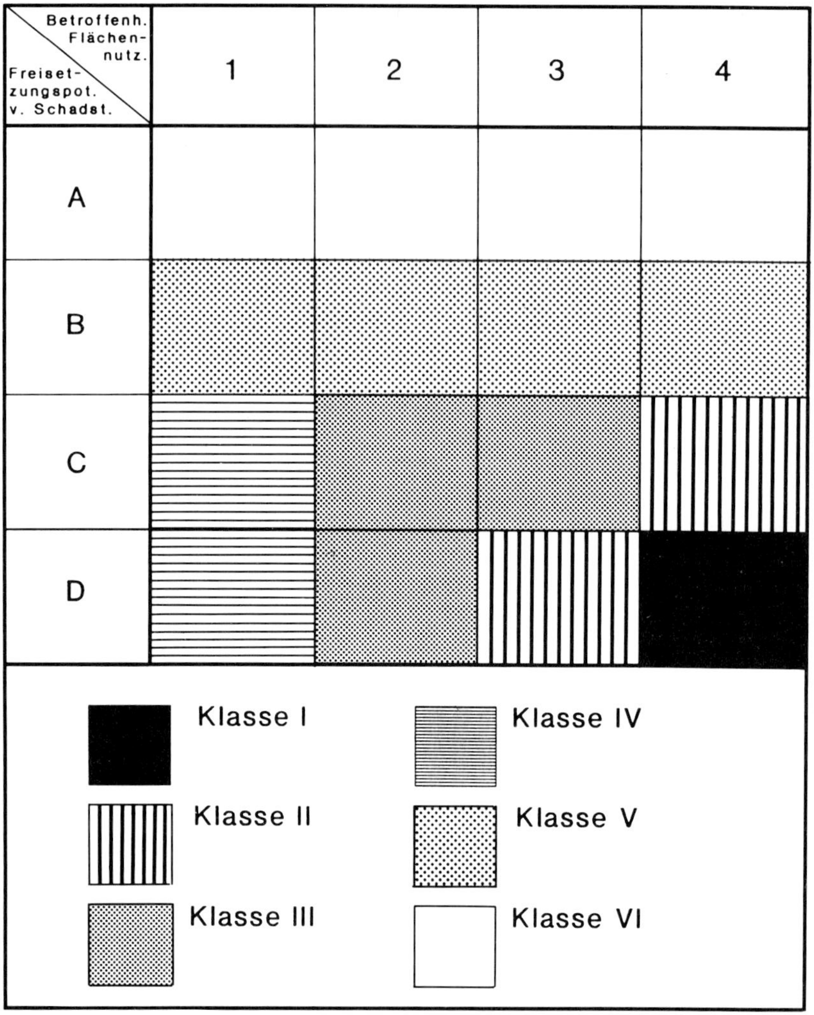

Abb. 5: Bewertungsmatrix aus Verknüpfung von Freisetzungspotential der Branchen und Betroffenheit der Flächennutzungen

4.4 Ergebnisse

Insgesamt wurden über 2.400 kv-Flächen durch das oben vorgestellte Verfahren bewertet und – bezogen jeweils auf die fünf Bewertungsbereiche – den unterschiedlichen Prioritätsstufen zugeordnet.

Ausgehend von der Prioritätsstufe I nimmt die Anzahl der kv-Flächen zunächst zu, um dann wieder stark zurück zu gehen. Auffallend sind die immer noch recht hohen Zahlen in Stufe I (kurzfristiger Handlungsbedarf). Insgesamt sind mehr als 420 Standorte in Stufe I für alle Bewertungsbereiche zusammengefaßt worden. Als Gründe für diese hohe Zahl sind zu nennen:

- unsichere und ungenaue Datenbasis, z. B. allgemeine Branchennennung
- das „worst case"-Verfahren

Die Möglichkeit, eine Fläche möglicherweise zu hoch einzustufen, wurde zunächst bewußt in Kauf genommen, um zu gewährleisten, daß kein Standort hinsichtlich des Gefahrenpotentials zu niedrig eingestuft wird.

Man steht damit vor der Schwierigkeit, daß sich einerseits diese Zahlen vor dem gegebenen Informationshintergrund aus wissenschaftlich/fachlicher Sicht nicht reduzieren lassen, andererseits sollen im Sinne einer „handlungsorientierten Bewertung" die zuständigen Körperschaften (Gemeinden) auch über eine entsprechende Anzahl von sofort zu bearbeitenden Flächen (Finanzrahmen, Organisationsrahmen) in die Lage versetzt werden, einen sachgerechten, plausiblen Einstieg in die Problematik zu finden.

Insgesamt muß jedoch festgestellt werden, daß der gewählte Ansatz geeignet ist, über ein stufenweises Informationsgewinnungs- und Bewertungssystem, die Anzahl der kontaminationsverdächtigen Standorte soweit zu reduzieren, daß er der realen Planungssituation gerecht wird.

5 Methodik der nachgeschalteten Dringlichkeitsbewertung

Aus dem im vorigen Abschnitt dargelegten Grund ist in einem weiteren Bewertungsschritt noch ein zweiter Bewertungsgang nachgeschaltet worden.

Dieser beschäftigt sich ausschließlich mit den in der Prioritätsstufe I zusammengefaßten über 400 kv-Flächen und hat zum Ziel nach plausiblen Gesichtspunkten für jede Gemeinde des SVS eine Gruppe von kv-Flächen zusammenzufassen, die als erste weiter untersucht werden sollten.

Hierbei wurde kein relatives Gefahrenpotential ermittelt, aus dem sich ein abgestufter Handlungsbedarf ableiten ließe. Die kv-Flächen wurden vielmehr einer Dringlichkeitsuntersuchung unterzogen, bei der die akute Gefährdung der menschlichen Gesundheit im Mittelpunkt steht.

Der grundsätzliche Unterschied zum vorherigen Bewertungsschritt besteht darin, daß jetzt nach Kriterien vorgegangen wird, die für eine hohe Dringlichkeitseinstufung sprechen. Der Umkehrschluß, daß die zunächst als nicht dringlich eingestuften kv-Flächen auch ungefährlicher sind ist nicht zulässig. Es handelt sich bei dieser Bearbeitungsstufe also nicht mehr um ein relatives Bewertungsverfahren.

Im Mittelpunkt der Bewertung steht eine mögliche akute Gefährdung der menschlichen Gesundheit, der Bewertungsbereich „Lebensraum wildlebender Pflanzen und Tiere" wird daher nicht mit einbezogen.

Die Bewertungsbereiche „Trinkwasser" und „Nahrung" (aus landwirtschaftlichen Flächen) können ebenfalls zurückgestellt werden, da eine kontinuierliche Qualitätskontrolle stattfindet, die eine akute Gesundheitsgefährdung unwahrscheinlich erscheinen läßt.

Drei Gefahrenlagen werden weiterhin berücksichtigt:
1. Direkter Kontakt
2. Aufnahme von in Hausgärten produzierten Nahrungsmitteln
3. mögliche Explosionsgefahr von Deponiegasen

Im folgenden sind die Bewertungskriterien der Auswahl für die besonders dringlich zu bearbeitenden kv-Flächen zusammengefaßt. Diese sind nur branchenbezogen; es wird dabei vorausgesetzt, daß eine entsprechend hohe Betroffenheit der bewertungsbereichsbezogenen Flächennutzungen vorliegt:
1. mögliche Explosionsgefahr
Gefahrenlage ist insbesondere gegeben bei Hausmülldeponien und wilden Müllkippen,
2. direkter Kontakt und Aufnahme kontaminierter, in privaten Hausgärten produzierter Nahrungsmittel
Gefahrenlage ist insbesondere gegeben bei Ablagerungen von Industrie- und Gewerbeabfällen, Schlammdeponien und wilden Müllkippen sowie Branchen mit hohem Freisetzungspotential von Schadstoffen, die nicht in Betrieb sind.

Hierbei ist zu berücksichtigen, daß es in der SVS-Datei einige Branchennennungen gibt, die so allgemein sind, daß das angenommene hohe Freisetzungspotential einer Überprüfung bedarf (Tab. 3). Flächen, die durch solche Branchen gekennzeichnet sind, wurden gesondert zusammengefaßt.

1.	Herstellung u. Verarbeitung v. Glas
2.	Stahlerzeugnisse
3.	Elektrotechnik
4.	Herstellung v. Eisen, Blech- u. Metallwaren / Draht
5.	Holzverarbeitung / Verarbeitung von Rohholz
6.	Holzweiterverarbeitung, Großschreinereien
7.	Färberei
8.	Druck
9.	Dachdeckerbetriebe / Teerpappen- und Bitumenverarbeitung

Tab. 3: Branchen, bei denen das zugeordnete hohe Freisetzungspotential einer Überprüfung und Präzisierung bedarf

Für die kv-Flächen, die durch die o.g. Branchen betroffen sind, besteht insofern ein dringender Handlungsbedarf, als daß es erforderlich ist, differenziertere Angaben zu den Branchen zu erhalten, um eine erste Gefahrenabschätzung durchführen zu können.

Entsprechend den o. g. für die Dringlichkeitsbewertung relevanten drei Gefahrenlagen bzw. Bewertungsbereichen und deren Kombinationsmöglichkeiten wurden die kv-Flächen in die folgenden Bewertungskategorien eingeteilt:

1. hohe Dringlichkeit infolge möglicher Explosionsgefahr
2. hohe Dringlichkeit infolge direkten Kontaktes und Aufnahme kontaminierter in privaten hausgärten produzierter Nahrungsmittel
3. hohe Dringlichkeit infolge Explosionsgefahr und infolge direkten Kontaktes und Aufnahme kontaminierter, in privaten Hausgärten produzierter Nahrungsmittel
4. kv-Flächen, die durch Branchen gekennzeichnet sind, bei denen das zugeordnete hohe Freisetzungspotential einer Überprüfung und Präzisierung bedarf
5. kv-Flächen, bei denen zunächst kein erhöhter Handlungsbedarf besteht.

5.1 Ergebnisse der Dringlichkeitsbewertung

Insgesamt ist über 100 kv-Flächen eine hohe Dringlichkeit bezüglich des weiteren Untersuchungsbedarfs zugeordnet worden. Die meisten dieser als besonders dringlich eingestuften Flächen im Gebiet des SVS liegen in Saarbrücken, Völklingen und Sulzbach. Auffallend ist der hohe Anteil derjenigen Flächen, die aufgrund einer möglichen Explosionsgefahr als dringliche Fälle eingestuft worden sind. So sind über 80 Flächen allein wegen einer bestehenden Explosionsgefahr und über 10 Flächen wegen einer bestehenden Explosionsgefahr in Verbindung mit anderen Gefahrenbereichen eingestuft worden. Hierin spiegelt sich noch einmal der Sachverhalt wider, daß es im Gebiet des SVS offenbar recht häufig überbaute Altablagerungen gibt, die aufgrund möglicher Gasproduktion eine erhöhte Explosionsgefahr bergen.

6 Zusammenfassung

Zusammenfassend ergibt sich hinsichtlich der Beurteilung der Untersuchungsergebnisse folgendes Bild:
1. In Verbindung mit der Dringlichkeitsbewertung liefert die Zweitbewertung über die Festsetzung eines nach Prioritäten abgestuften

Handlungsbedarfs einen ersten handhabbaren Einstieg in die Altlastenproblematik des SVS.
2. Aufgrund bestehender Informationsdefizite ist davon auszugehen, daß das von den kv-Flächen ausgehende Gefährdungspotential teilweise zu hoch bzw. zu niedrig eingestuft worden ist.
3. Vor diesem Hintergrund ist es wichtig,
   - den sich aus der Bewertung ableitenden Untersuchungsbedarf dahingehend festzulegen, zunächst die eingesetzten Bewertungskriterien durch einfache Verfahren zu überprüfen, bevor detaillierte Untersuchungen durchgeführt werden und
   - neu gewonnene Informationen in die kv-Flächen-Datei des SVS einzufügen und auf Basis aktualisierter und erweiterter Daten die Bewertung einzelner kv-Flächen zu überprüfen.
4. Trotz dieser methodischen Einschränkungen bleibt festzuhalten, daß sich das Konzept der Vorbewertung zur ersten Gefahrenabschätzung in der Praxis bewährt hat und zu einer deutlichen Reduzierung und damit handlungsorientierten und fachpolitischen Operationalisierung der regionalen Altlastenproblematik im Stadtverband Saarbrücken beigetragen hat.
5. Nicht zuletzt wurde durch diese Vorbewertung der Weg für weitere Untersuchungen und Datenauswertungen im Rahmen der Hauptuntersuchung vorbereitet. Diese zwischenzeitlich angelaufenen Arbeiten und Bewertungen haben die noch verbliebenen Kenntnislücken weitgehend geschlossen.

7 Literatur

Hessische Landesanstalt für Umwelt (1987): Handbuch Altablagerungen, Teil 2. Wiesbaden.

Institut für Umweltschutz, Universität Dortmund (1989): Branchenkatalog zur historischen Erhebung von Altstandorten. Bericht im Auftrag der Landesanstalt für Umweltschutz Baden-Württemberg.

Kinner, H.U., Kötter, L. und *M. Niclaus* (1986): Branchentypische Inventarisierung von Bodenkontaminationen – ein erster Schritt zur Gefährdungsabschätzung für ehemalige Betriebsgelände. Forschungsbericht im Auftrag des Umweltbundesamtes. Berlin.

Krischok, A. (1987): AGAPE – Abschätzung des Gefährdungspotentials altlastverdächtiger Flächen zur Prioritätenermittlung. Entwurf für die Umweltbehörde Hamburg. Hamburg.

Landesamt für Umweltschutz, Saarland: Erstbewertung Altablagerungen/Altstandorte (unveröffentlicht).

Ministerium für Ernährung, Landwirtschaft, Umwelt und Forsten Baden-Württemberg (1987): Altlastenhandbuch, Teile 1 – 4. Stuttgart.

Umweltamt des Stadtverbandes Saarbrücken (1988): Methodik und Erfahrungen bei der Bestandsaufnahme kontaminationsverdächtiger Flächen im Stadtverband Saarbrücken. Saarbrücken.

Umweltamt des Stadtverbandes Saarbrücken (1988a): Leitfaden zur Erfassung kontaminationsverdächtiger Flächen. Saarbrücken.

Umweltamt des Stadtverbandes Saarbrücken (1989): Methodik der Erfassung kontaminationsverdächtiger Flächen unter Berücksichtigung der laufenden Produktion. Saarbrücken.

VIII Kostenoptimierte Untersuchungsprogramme mit Hilfe eines Entscheidungsschlüssels

Jürgen Wagner, Hans-Peter Huppert-Nieder und Hartmut Bohrer

1 Die Forderung nach kostenoptimierten Untersuchungsprogrammen

Vermehrt kommen insbesondere kommunale Entscheidungsträger, und zwar sowohl Gremien (Gemeinderäte, Umweltausschüsse usw.) als auch Einzelpersonen (Bürgermeister, Bauamtsleiter, Sachbearbeiter u. a.) bezüglich der Handhabung der Altlastenproblematik in Rechtfertigungszwänge. Oft werden Untersuchungen kritisiert, die

- zu spät vorgenommen wurden,
- keine Aussagen im Hinblick auf die wichtigsten Fragestellungen ermöglichen,
- in einigen Fällen qualitativ zu aufwendig oder in anderen Fällen als ungenau angesprochen werden,
- zu umfangreich oder zu teuer erscheinen.

Gründe dafür liegen oft darin, daß

- der kommunale Sachbearbeiter/Entscheidungsträger aufgrund der interdisziplinären Sachverhalte überfordert ist,
- der Ausgangssituation nicht in ausreichendem Umfang Rechnung getragen wird,
- eine fehlende oder unzureichende Kontrollfunktion zu einer Eigendynamik der Untersuchungen führt,
- beauftragte Ingenieurbüros in gewissem Umfang Eigeninteressen verfolgen.

Für den kommunalen Sachbearbeiter/Entscheidungsträger, der kostengünstige und fachlich sinnvolle Untersuchungsprogramme erstellen, anfragen oder beurteilen soll bzw. Vorgaben zu formulieren hat, stellen sich im wesentlichen die Fragen nach der

- Begründbarkeit

- Dokumentierbarkeit
- Nachvollziehbarkeit

seiner Entscheidungen.

Um nicht die oben genannten Fehler zu begehen und um schnell Untersuchungsprogramme zu erstellen, benötigt er eine methodische Hilfestellung, die es ihm erlaubt, trotz der vom Umfang her im Vergleich zu wünschenswerten Programmen oftmals stark beschnittenen Minimalprogramme fachlich einwandfreie Entscheidungen zu treffen. Auch die Begründung, daß überhaupt in gewissen Fällen und insbesondere in der Phase der orientierenden Untersuchung kosten- und umfangmäßig deutlich reduzierte Untersuchungsprogramme geplant und durchgeführt werden können oder gar sollten, muß ihm geliefert werden, um im Fall von Rechtfertigungszwang seine Entscheidung nachvollziehbar zu machen.

Bisher ist es leider oft noch so, daß sehr kostenintensive Untersuchungen von kontaminationsverdächtigen Flächen deshalb entstehen, weil die Zielsetzung und Fragestellungen zum Erreichen dieser Zielsetzung nicht exakt genug formuliert oder nicht konsequent verfolgt wurden. So spielt es für die Kostengestaltung eine maßgebliche Rolle, ob die Untersuchungsverfahren, die zur Wahl stehen, in erster Linie die Forderung nach Schnelligkeit, Preisgünstigkeit oder Genauigkeit erfüllen sollen.

2 Welche Faktoren beeinflussen die Erstellung eines Untersuchungsprogramms?

Die Abb. 1 zeigt, welches die wichtigsten Einflußgrößen zur Gestaltung kostenoptimierter Untersuchungsprogramme sind.

In den drei unteren Blöcken der nachfolgenden Abbildung sind (von links nach rechts) die unter die Begriffe Emission, Transmission und Immission fallenden Eigenschaften, Kennwerte oder sonstigen Randbedingungen enthalten. Hier bestimmen sowohl die Erwartungshaltung als auch die Vorkenntnisse bezüglich der kv-Fläche die Herangehensweise an das Problem, d. h. die Auswahl der Verfahren zum Abklären eben dieser Eigenschaften, Kennwerte und Randbedingungen.

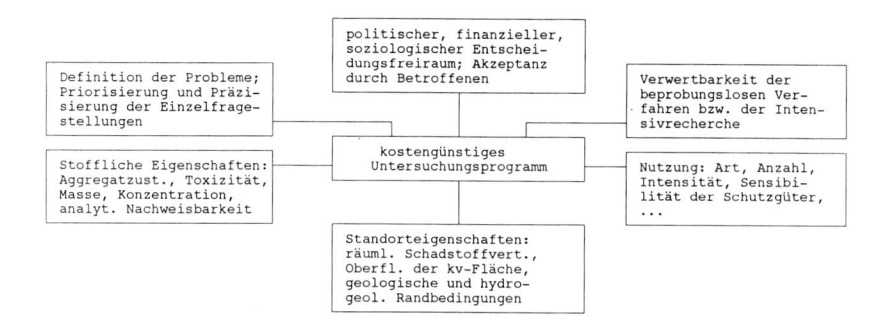

```
┌─────────────────────┐   ┌──────────────────────────┐
│ Definition der      │   │ politischer, finanzieller,│   ┌──────────────────────┐
│ Probleme;           │   │ soziologischer Entschei- │   │ Verwertbarkeit der   │
│ Priorisierung und   │───│ dungsfreiraum; Akzeptanz │───│ beprobungslosen Ver- │
│ Präzisierung der    │   │ durch Betroffenen        │   │ fahren bzw. der Inten-│
│ Einzelfragestellungen│  └──────────────────────────┘   │ sivrecherche         │
└─────────────────────┘                                   └──────────────────────┘
┌─────────────────────┐   ┌──────────────────────────┐   ┌──────────────────────┐
│ Stoffliche          │   │ kostengünstiges          │   │ Nutzung: Art, Anzahl,│
│ Eigenschaften:      │───│ Untersuchungsprogramm    │───│ Intensität, Sensibi- │
│ Aggregatzust.,      │   │                          │   │ lität der Schutzgüter,│
│ Toxizität, Masse,   │   └──────────────────────────┘   │ ...                  │
│ Konzentration,      │                                   └──────────────────────┘
│ analyt.             │   ┌──────────────────────────┐
│ Nachweisbarkeit     │   │ Standorteigenschaften:   │
└─────────────────────┘   │ räuml. Schadstoffvert.,  │
                          │ Oberfl. der kv-Fläche,   │
                          │ geologische und hydro-   │
                          │ geol. Randbedingungen    │
                          └──────────────────────────┘
```

Abb. 1: Einflußgrößen zur Gestaltung kostengünstiger Untersuchungsprogramme

Dem oberen rechten Block muß bei der Erstellung kostenoptimierter Programme zukünftig erheblich mehr Bedeutung und Gewicht zugedacht werden! In dieser Phase sind gerade hier auch alle Möglichkeiten der Übertragung nicht standortspezifischer Erkenntnisse zu nutzen, etwa dergestalt, daß aus Historie, Betriebs- oder Flächenfunktion oder Beachtung geologischer Karten bestimmte Schadstoffe und generelle Untergrundbedingungen abgeleitet werden können.

Oft nicht in der Bedeutung akzeptiert, die er in der Praxis dennoch besitzt, ist der oft nur geringe politische, finanzielle und soziologische Entscheidungsfreiraum, der auch Entscheidungszwänge vorgibt (mittlerer oberer Block). Je nach Akzeptanz durch Betroffene (Anwohner, Behörden u. a.) können bei der Realisierung und im Vorfeld dieser schon bei der Planung von Maßnahmen entweder schnelle Abläufe und Ergebnisse über „kurze Wege" erzielt werden oder müssen umständliche Verfahren einschließlich der Abklärung rechtlich unterschiedlicher Meinungen usw. angegangen werden. Verhärtete Fronten unterschiedlicher Gruppierungen, Diskussionen dieser in Form von Öffentlichkeitsveranstaltungen, über Zeitungen usw. erschweren die Arbeit in der Praxis erheblich und führen fast durchweg dazu, daß überzogene und sehr kostenintensive Untersuchungen vorgenommen werden müssen. Im Vorfeld kann durch moderate Reaktion aller Parteien und geschickte Abstimmung desjenigen, der das Untersuchungsprogramm erstellt, eine fachliche und ökonomische Kostenoptimierung erreicht werden.

Letztere ist aber am deutlichsten zu erreichen, wenn von vorneherein die Zielsetzung so spezifiziert werden kann, daß die Hauptaufgabe nicht pauschal heißt „Untersuchung des Standortes ... zur Abklärung des Gefährdungspotentials", sondern daß explizit etwa die Tiefenlage des Grundwasserspiegels untersucht wird oder die Anwesenheit bestimmter Gase in der Bodenluft oder die Existenz einer undurchlässigen Schicht in einer bestimmten Tiefe.

Das Zusammenwirken der in den oberen drei Blöcken enthaltenen Einflußgrößen und das aktive gute Abstimmen aller Erkenntnisse auf die Fragestellung führt in der Praxis idealerweise dazu, daß die Feld- und Laborarbeiten hauptsächlich zur Bestätigung oder Entkräftung der bis dahin schon relativ sicheren, beprobungslos gewonnenen Vorkenntnisse dienen sollten. Nur für einen kleinen Teil kontaminationsverdächtiger Standorte sind die Vorkenntnisse so gering, daß mit einem groß angelegten Programm und vielen aufeinander aufbauenden Untersuchungsphasen unterschiedlicher Intensität Klärung geschaffen werden muß. Die Erfahrung aus dem täglichen Umgang mit Altlasten zeigt, daß Untersuchungen mit Feld- und Laborarbeiten meist und in erster Linie zur Erhöhung der Aussagesicherheit der Untersuchungserkenntnisse dienen, die ohne solche Arbeiten erhalten wurden.

Auch bei sogenannten Altlastenfreiheits-Bescheinigungen beinhaltet die Aussage keine 100 %-ige Sicherheit, sondern stets ein gewisses Restrisiko, da der dreidimensionale Standort stets nur punktuell und lückenhaft bzw. rasterförmig beprobt wird. Mit deutlich geringerem Aufwand kann oft bereits eine ausreichend hohe Sicherheit eingehalten werden.

Selbstverständlich unterscheidet sich ein Untersuchungsprogramm, das dazu dient, eine konkrete Sanierung vorzubereiten, deutlich von einem solchen, das der orientierenden Beurteilung eines Standortes dient.

Durch exakte Bearbeitung und akribische Recherchen können aber selbst mit kostenoptimierten Untersuchungsprogrammen Ergebnisse erzielt werden, die in der Qualität weit über die Resultate hinausgehen, die bisher in der orientierenden Phase üblich waren.

Infolgedessen können solche nicht nur finanziell, sondern auch fachlich optimierten Vorgehensweisen etwa zwischen der klassischen orientierenden Phase und der sogenannten Hauptuntersuchung angesiedelt werden.

Sie müssen und werden meist aufsetzen auf den Daten, die im Zuge der Erfassung oder Erstbewertung beschafft werden. Deutlich hat sich jedoch gezeigt, daß die Philosophie, die hinter der fachlich-finanziellen Optimierung steht, auch nach dem Vorliegen erster Feld- und Laborresultate noch Gültigkeit hat und kein Automatismus zur von da an immer aufwendigeren Wahl der Verfahren sich einstellen muß.

3 Methodik und Weg zum Erstellen der Programme

Die Möglichkeit des Aufstellens geeigneter Untersuchungsprogramme durch kommunale Entscheidungsträger oder Einzelpersonen in privaten Ingenieurbüros, großen Baufirmen, Versicherungsanstalten usw. hängt wesentlich davon ab, ob Lösungsalgorithmen zur Verfügung gestellt werden können, mit denen die skizzierte Vorgehensweise verfolgt werden kann.

Um den Anspruch der Objektivität erfüllen zu können, sollte ein semi-automatischer Prozeß zur Entscheidungsfindung gewählt werden. Mit diesem kann gewährleistet werden, daß nach wie vor dem Sachbearbeiter genügend Freiraum zur Gewichtung verschiedener Einflußgrößen überlassen wird, andererseits jedoch eine notwendige Begrenzung bzw. Einengung dieses Teilentscheidungsfreiraumes vorgenommen wird: Eine bestimmte Datenlage nach der Erfassung oder der Intensivrecherche führt ab einem bestimmten Punkt zwangsweise zu bestimmten Ergebnissen. Alle Entscheidungen des Sachbearbeiters, auch die in gewissem Maß subjektiven Gewichtungen, sind dadurch nachvollziehbar.

Im folgenden wird aufgezeigt, wie in sieben Schritten ein Untersuchungsprogramm aufgebaut wird. Diese Schritte sind:

1. Intensivrecherche durchführen
2. Standort-Checkliste erstellen
3. Theoretischer Kontaminationsverdacht formulieren
4. Bearbeitung der Abfragebögen
5. Probenahme für die Analytik

6. Chemische Analytik festlegen
7. Zusammenstellung der Kosten

Die Intensivrecherche hat sich bei ihrer praktischen Anwendung als hochwirksames Instrument bei der Erstellung von Untersuchungsprogrammen erwiesen. Sie ist allerdings kosten- und zeitintensiv, so daß sie – vergleichbar mit Aufschluß-, Probenahme- und Analyseverfahren – nur gezielt einzusetzen ist. Aus diesem Grund eignet sie sich für große und fachlich schwierige Verdachtsflächen gut, für kleinere nur bedingt.

Vom Grundsatz her unterscheidet sich die Intensivrecherche nicht von einer üblichen Informationsbeschaffungsphase. Auch sie ist ein beprobungsloses Verfahren zur Datenbeschaffung. Der Unterschied liegt in der Quantität, Qualität und Intensität mit der historische, betriebliche, gutachterliche, verwaltungs- und verfahrenstechnische, planerische sowie andere Informationen für Untersuchungsprogramme erhoben und aufbereitet werden.

Da die Intensivrecherche durchaus auch selbst nicht unbeträchtliche Kosten erfordert, ist vor ihrer Inangriffnahme zu prüfen, ob die Gelder für ihre Ausführung überhaupt später wieder eingespart werden können oder das Bedürfnis bezüglich der zu erwartenden Informationsmenge und -qualität einen solchen Aufwand rechtfertigt. Ihr Einsatz ist bei großen Flächen, die eine Aufgliederung in funktionale Einheiten erlauben, ebenso sinnvoll wie bei vielen Altstandorten.

Die denkbaren Quellen für Informationen sind in der Fachliteratur ausführlich genannt und erörtert, sie müssen jedoch auf ihre länder-, kreis- und kommunenspezifische Gültigkeit, Anwendbarkeit und Wertigkeit überprüft werden.

Die Ergebnisse der Intensivrecherche fallen in vielfältigster Form und ungeordnet an. Sie bestehen aus Interviewmitschriften, Gesprächsnotizen, Besprechungsprotokollen, gesammelten Zeitungsausschnitten, Karten und Skizzen, Ordnern mit alten Betriebsunterlagen, Fotos usw. Eine Aufbereitung ist vonnöten. Diese darf sich jedoch nicht nur in der formellen Aufbereitung erschöpfen, sondern muß auch eine thematische Interpretation, Filterung, Gewichtung und Ordnung beinhalten. Zu diesem Zweck eignet sich eine tabellarische Zusammenstellung mittels der die für eine spätere Entscheidungsfindung erforderlichen Daten in standortübergreifend ähnlicher Form abgefragt werden. Sie wird „Standort-Checkliste" genannt.

Nach der Erfassung einer kv-Fläche besteht ein Verdacht auf das Vorhandensein bestimmter Kontaminationen, der sich nach Erstellung der Standort-Checkliste im Anschluß an die Intensivrecherche je nach den räumlichen, zeitlichen oder produktionsspezifischen Geschehnissen spezifizieren läßt.

Dieser theoretische Kontaminationsverdacht kann sich aus den individuellen Betriebsbedingungen ergeben (bspw. konkrete Vorfälle in Erfahrung zu bringen) oder generell aus Tabellen in der Literatur entnommen werden (bestimmte Ablagerungen, Altstandorte usw. sind meist durch bestimmte Stoffe gekennzeichnet).

Die Aussagekraft des theoretischen Kontaminationsverdachtes kann bisweilen schwerer wiegen als konkrete Analysenergebnisse und muß bei der Planung der weiteren Maßnahmen entsprechend beachtet werden (Bsp.: Mehrere Zeitzeugen bestätigen, daß kritisches Material, wie Kühlschränke, Autowracks u. a. in den Untergrund eingebracht wurden. Obwohl die Laboranalytik keine Auffälligkeit zeigt, muß dennoch von erhöhtem Gefährdungspotential ausgegangen werden).

4 Der Entscheidungsschlüssel

Methodik und Funktionsprinzip der semiautomatischen Entscheidungsfindung für die Festlegungen
- welche Umweltmedien am kv-Standort untersucht werden müssen/sollten,
- welche Untersuchungsverfahren hierfür notwendig sind:
  – Such- und Aufschlußverfahren
  – Verfahren zur Ermittlung von Probenahmestellen und
- welche analytischen Verfahren zum Nachweis bestimmter Stoffe oder Stoffgruppen angewendet werden sollten,

stützen sich auf die sogenannten Entscheidungsschlüssel. Ein Entscheidungsschlüssel ist ein Hilfsinstrument, das etwa zu vergleichen ist mit einem Bestimmungsbuch: Die Bearbeitung relativ leicht und eindeutig zu beantwortender Fragen führt zwangsweise zu eindeutigen Aussagen.

Welche Entscheidungsschlüssel welche relevanten Standortmerkmale in den Abfragebögen beinhalten, ist in folgender Tabelle 1 zu ersehen:

Entscheidungs-schlüssel	Standortmerkmale						
	Nutzung (historisch, aktuell)	Vermutl. Lage des Emittenten	Stoff-gruppen	Oberflächen- und Geländemerkmale	Untergrund, Grundwasser	Zugänglichkeit	KV-Standort-Besonderheiten
Festlegen von Untersuchungsmedien	X	X	X				
Untersuchungsverfahren Untergrund		X		X	X	X	
Beprobungsraster Untergrund	X						
Probenahmestellen Grundwasser					X		
Untersuchungsverfahren Gas/-Luft	X			X			X
Probenahmestellen Gas/Luft	X						

Tab. 1: Entscheidungsschlüssel und relevante Standortmerkmale in den Entscheidungsschlüsseln

Alle Entscheidungsschlüssel basieren auf einem oder mehreren Standortmerkmalen, die sich zum Großteil durch eine Reihe unterschiedlicher Ausprägungen näher beschreiben lassen.

Diese Merkmalsausprägungen werden in den Entscheidungsschlüsseln in Form logisch begründbarer „Wenn-Dann-Entscheidungen" miteinander verknüpft.

Daraus folgt: wenn ein kv-Standort durch bestimmte Merkmalsausprägungen gekennzeichnet wird, dann müssen ein oder mehrere Stoffe bzw. Stoffgruppen in einem oder mehreren Umweltmedien untersucht werden. In gleicher Weise wird bei der Ermittlung von Untersuchungsverfahren vorgegangen.

Einzelne in einem Entscheidungsschlüssel enthaltene Merkmale und deren Ausprägungen können sich gegenseitig ausschließen; dies beeinträchtigt jedoch nicht die Funktionstüchtigkeit der Entscheidungsfindungsmethode.

Um die generelle Anwendbarkeit zu garantieren, müssen theoretisch alle Kombinationsmöglichkeiten eines Entscheidungsschlüssels abrufbar sein. Praktisch würde jedoch die Ausformulierung aller Kombinationen ein Handbuch übermäßig aufblähen, unübersichtlich machen und die Anwendung im Arbeitsalltag beträchtlich erschweren.

Weiterhin ergeben eine Reihe von Kombinationen in verfahrenstechnischer Hinsicht keinen Sinn. Aus diesen Gründen wurde bei der Ausformulierung der Entscheidungsschlüssel folgendermaßen verfahren:

1. Alle theoretisch denkbaren, aber keinen Sinn ergebenden „Wenn-Dann-Entscheidungen" werden nicht weiter berücksichtigt.
2. Auf die verbale Ausformulierung der verbleibenden „Wenn-Dann-Entscheidungen" wird zugunsten der numerischen Umsetzung in Form von Schlüsselnummern verzichtet. Schlüsselnummern erhält man, indem den jeweils zutreffenden Standortmerkmalen bzw. deren Ausprägungen Zahlen zugeordnet werden.
    2.1 Trifft eine Ausprägung zu, erhält sie eine Zahl entsprechend der Position im Entscheidungsschlüssel.
    2.2 Trifft sie nicht zu, wird üblicherweise eine Null vergeben.

2.3 Kann trotz Intensivrecherche zu einem Merkmal keine Aussage gemacht werden, darf keine Null vergeben werden.

3. Durch Übertrag aller Zahlen in die Kästchenkombination der letzten Zeile eines jeden Entscheidungsschlüssels ergibt sich eine Schlüsselnummer.

Jede „Wenn-Dann-Entscheidung" läßt sich durch einen individuellen, unverwechselbaren Zahlencode ausdrücken. Dadurch konnte die computergesteuerte Anwendung eines jeden Entscheidungsschlüssels problemlos realisiert werden.

Für jeden Entscheidungsschlüssel wurde eine Liste mit sinnvollen, d. h. praxisrelevanten Schlüsselnummern erstellt. Teilweise können die Lösungen – also die erforderlichen Untersuchungsmedien und Untersuchungsverfahren – direkt den zugehörigen Tabellen entnommen werden.

Beispielhaft für die übrigen des aus mehreren Teilen bestehenden Entscheidungsschlüssels wird unten der Bogen wiedergegeben, der die Auswahl der geeigneten Aufschlußverfahren zum Ziel hat. Durch Beantwortung der Fragen wird zunächst eine Schlüsselnummer erstellt (Abb. 2). Danach kann anhand einer Decodierungsliste eine Zuordnung eines oder mehrerer möglicher Aufschlußverfahren vorgenommen werden.

Der Entscheidungsschlüssel stellt kein eigenständiges Erfassungs- oder Bewertungsmodell dar. Er ist vielmehr ein unverzichtbarer Arbeitsschritt, der als Vorstufe für detailliertere Bewertungsstufen im Rahmen der Gefährdungsabschätzung von kv-Standorten konzipiert wurde. Mit seiner Zielsetzung will er eine Lücke schließen, wie sie bei anderen Handlungskonzepten festgestellt werden kann.

II. ENTSCHEIDUNGSSCHLÜSSEL ZUR VERFAHRENSFINDUNG BEIM MEDIUM UNTERGRUND

MERKMAL	MERKMALSAUSPRÄGUNG	SCHLÜSSEL - NUMMER
OBERFLÄCHE		|0|0|3|						
	* Locker	1
	* Verdichtet	2
	* Versiegelt	3
UNTERGRUND DER KV-FLÄCHE		|1|0|
	* Im Untergrund liegen (möglicherweise) Fässer, Kanäle, Rohrleitungen, Tanks, Betonwannen etc.	1
	* Verfüllung mit technogenen Substraten (z.B. Metall, Stahlbeton, HO-Schlacke, Fundamente, Blockwerk) von vermutlich hoher Festigkeit und Widerständigkeit (z.B. Bergematerial, Bauschutt, Gewerbe- und Industriemüll, v.a. ältere Hausmülldeponien)	2
VERMUTL. LAGE DES EMITTENTEN		|1|2|3|0|
	* Oberflächennah bis ca. 1 m Tiefe	1
	* Bis ca. 5 m Tiefe	2
	* Bis ca. 8 m Tiefe	3
	* Tiefer als 8 m	4
ZUGÄNGLICHKEIT		0
	* Dichte Bebauung, enge Hofflächen, Stapelungen, hoher Baumbewuchs etc.	1

BITTE AUSFÜLLEN:

OBERFLÄCHE		|0|0|3|
+		
UNTERGRUND		|1|0|
+		
VERMUTL. LAGE DES EMITTENTEN		|1|2|3|0|
+		
ZUGÄNGLICHKEIT		|0|
=		
SCHLÜSSEL-NUMMER		|0|0|3| |1|0| |1|2|3|0| |0|

Abb. 2

MÖGLICHE SCHLÜSSELNUMMERN UND IHNEN ZUGEORDNETE AUF-
SCHLUSS- UND SONDIERVERFAHREN

(Auszug)

SCHLÜSSELNR.				VERFAHREN
003	00	0004	0	BO
			1	BO
003	00	0030	0	BO/R
			1	BA/R
003	00	0200	0	R
			1	R
003	00	1000	0	S/BA
			1	S/(H)
003	02	0004	0	W/BO
			1	W/BO
003	02	0030	0	W/BO
			1	W/BO
003	02	0200	0	W/BA
			1	W/BA/(R)
003	02	1000	0	M/BA
			1	M/H
003	10	0004	0	W/BO
			1	W/BO
003	10	0030	0	W/BO/(BA)
			1	W/BO/(R)
003	10	0200	0	W/BA
			1	W/R/(BA)
003	10	1000	0	M/S/(H)
			1	M/S/(H)

SCHLÜSSELNR.				VERFAHREN
003	12	0004	0	W/BO
			1	W/BO
003	12	0030	0	W/BO/(BA)
			1	W/BO/(R)
003	12	0200	0	W/BA
			1	W/R/(BA)
003	12	1000	0	M/H
			1	M/H
020	00	0004	0	BO
			1	BO
020	00	0030	0	BO
			1	BO/R
020	00	0200	0	BA/R
			1	R
020	00	1000	0	S/H
			1	S/H
020	02	0004	0	W/BO
			1	W/BO
020	02	0030	0	W/BO
			1	W/BO
020	02	0200	0	W/BA
			1	W/BA/(R)
020	02	1000	0	M/BA/H/(S)
			1	M/H/(S)

Aufschlußverfahren

H = Handschurf
S = Bohrstock-/Schlitzsondierung
BA = Baggeraufschluß
R = Rammkernbohrung
BO = Bohrung

Sondierverfahren:

W = Elektrische Widerstandssondierung
M = Metalldetektion
( ) = Eingeschränkte Verwendbarkeit

Abb. 2: (Fortsetzung)

Zu den umfassendsten Konzeptionen von Erfassungs- und Bewertungsmodellen gehören in Deutschland die Arbeiten von
- Hessen (u. a. *Lühr* 1990; *Lühr & Zipfel* 1990),
- Baden-Württemberg (Ministerium für Umwelt Baden-Württemberg 1988 a + b),
- Landesanstalt für Umweltschutz Baden-Württemberg: Branchenkatalog zur historischen Erhebung von Altstandorten (1990),
- Nordrhein-Westfalen (Landesamt für Wasser und Abfall des Landes Nordrhein-Westfalen 1989 a; *Arnold* 1989).

Bei kritischer Durchsicht dieser und anderer Modellkonzeptionen zur Durchführung von Gefährdungsabschätzungen zeigt sich, daß derzeit kein Modell mit einer vergleichbaren Zielsetzung existiert. Insofern kann auch kein Vergleich stattfinden zwischen der vorliegenden Konzeption und den oben genannten Publikationen.

Die Entscheidungshilfen zur Festlegung der chemischen Analytik und der Untersuchungskosten werden abweichend von der oben beschriebenen Form der Entscheidungsschlüssel in textlicher und tabellarischer Form gegeben.

So bieten verschiedene Tabellen wichtige Grundlagen für die Erstellung oder Bewertung von Untersuchungsprogrammen: Eine Übersicht, die auflistet, welche Leit- und Summenparameter für die verschiedenen Abfallarten charakteristisch sind; eine Übersicht, die Hinweise darauf gibt, in welchem Umweltmedium welche Stoffe oder Stoffgruppen, wenn sie vermutet werden, zu finden sind; eine Übersicht, aus der ersichtlich ist, welche analytischen Nachweisverfahren bei welchen Stoffen oder Stoffgruppen angewendet werden können.

Eine eigenständige Veröffentlichung des „Untersuchungsprogramms Entscheidungsschlüssel Altlasten" wird z. Z. vorbereitet. Sie erscheint Ende 1992 im Economica Verlag, Bonn.

Darüber hinaus wird eine Software-Version des Schlüssels vom Institut für Umweltinformatik an der Hochschule für Technik und Wirtschaft, Saarbrücken, vertrieben und kann dort nachgefragt werden.

IX Orientierende Untersuchungen von Wohngebieten auf kontaminationsverdächtigen Flächen
Ein Untersuchungsprogramm des Stadtverbandes Saarbrücken

Stefan Heinemeyer

1 Einleitung

Bereits 1990 wurden vom Stadtverband Saarbrücken der Boden von etwa 20 Kinderspielplätzen, welche sich auf kontaminationsverdächtigen Flächen (Kv-Flächen) befinden, auf mögliche Schadstoffe hin untersucht. Hierdurch konnte sichergestellt werden, daß Gesundheitsgefährdungen der dort spielenden Kinder ausgeschlossen werden können.

Sowohl das o.g. „Untersuchungsprogramm Kinderspielplätze" als auch das hier beschriebene „Untersuchungsprogramm Wohnen" waren Ergebnisse des Forschungsprojekts „Handlungsmodell Altlasten". Beide Programme wurden vom Saarländischen Umweltminister aufgegriffen und von ihm finanziert.

Nachdem eine der sensibelsten Nutzungsmöglichkeiten auf Verdachtsflächen hinreichend gesichert war, beabsichtigte der Stadtverband Saarbrücken sich einer weiteren sehr sensiblen Nutzung von Kv-Flächen anzunehmen: Wohnsiedlungen (keine Einzelhäuser) und Kleingartenanlagen. Etwa zwei Dutzend Flächen waren bekannt, bei denen Schadstoffbelastungen des Bodens nicht auszuschließen waren. Auswirkungen hiervon auf die Bewohner waren daher denkbar.

Mittels historischer Intensivrecherchen konnte der Verdacht auf 17 Siedlungen und eine Kleingartenanlage reduziert werden, welche sich heute auf ehemaligen Deponien, bzw. Ablagerungen oder Altstandorte (z. B. Zechen oder Maschinenfabrik) befinden.

Das Ziel der auf die Intensivrecherchen folgenden orientierenden Beprobungen war festzustellen, ob der Verdacht auf Bodenbelastungen sich aufgrund von Feld- und Laboruntersuchungen bestätigt, oder ob durch die ehemaligen Nutzungen keine Gesundheitsrisiken vorhanden sind.

Kurz: Es sollte mit begrenzten finanziellen Mitteln festgestellt werden, ob in den Wohngebieten/Kleingartenanlagen durch die ehemaligen emissionsverdächtigen Nutzungen heute ein Gesundheitsrisiko für die jeweilige Bevölkerung besteht. Hingegen sollte in diesem Arbeitsschritt noch nicht untersucht werden, welche Teile des Gebietes wie stark belastet sind und welche Konsequenzen für die Anwohner/Nutzer der Gebiete gezogen werden müssen. Diese Aussagen waren für die intensiven Nachuntersuchungen in Gebieten mit nachgewiesenen Schadstoffbelastungen vorgesehen.

2 Voruntersuchungen: Standortauswahl und Intensivrecherche

Aufgrund der Erstbewertung, bei welcher alle 2.500 Flächen berücksichtigt wurden, ergaben sich ca. 100 Flächen, welche neben einem hohen Schadstoffpotential auch eine sensible Nutzung (Wohnen, Kinderspielplätze, Sportanlagen, Kleingartenanlagen) aufwiesen.

Diese Flächen wurden durch den SVS noch einmal einer eingehenden individuellen Prüfung unterzogen. Dabei wurden zusätzlich historische Luftbilder (z. B. der Alliierten) ausgewertet und eine Ortsbegehung der verbliebenen Flächen durchgeführt.

Als Auswahlkriterium galt:
- Es sollten nur größere Wohngebiete mit mehreren Wohneinheiten (also keine Einzelhäuser) und Kleingartenanlagen untersucht werden.
- Die Flächen durften nicht vollständig versiegelt sein (Ausnahme: Deponien).

Etwa zwei Dutzend von Flächen wurden anschließend von Ingenieurbüros durch intensive Recherchen bewertet:

- Gebiete mit nur geringem Gefährdungspotential sollten erkannt und ausgeschlossen werden,
- für jeden Standort sollte ein Untersuchungsprogramm und
- eine Kostenabschätzung der Untersuchung angefertigt werden.

Bei der Beschaffung von Informationen wurden im wesentlichen folgende Institutionen berücksichtigt:

- Städte, Gemeinden, Stadtverband
- Stadtplanungsämter
- Untere Bauaufsichtsbehörden
- Bauämter
- Umweltämter
- Gewerbearchiv
- IHK
- Kommunaler Abfallbeseitigungsverband
- Städt. Reinigungsamt
- Einzelpersonen (Bürgermeister, Baumeister, Heimatforscher, Anwohner)

- Landesamt für Umweltschutz
- Ortspolizeibehörde
- Handelsregister des Amtsgerichts
- Stadtbibliothek, Landeskunde
- Stadtarchive
- Landesvermessungsamt
- Katasteramt
- Gutachten
- Markscheiderei
- Bibliothek d. Saarbergwerke AG

Aufgrund der Ergebnisse der intensiven Recherche wurden von den zwei Dutzend Flächen
- sieben aus dem Untersuchungsprogramm gestrichen,
- eine Fläche wurde neu aufgenommen.

Gründe für den Ausschluß aus dem Programm waren:
- Deponien dienten nur der Ablagerung von Aushubmassen (z. B. bei Westwallbau);
- ein ehem. Betrieb verwendete keine gefährlichen Chemikalien, sondern nur pflanzliche Stoffe;

- Montanstandorte dienten nur als Wetterschächte oder es wurde nur Abteufmaterial abgelagert

Als erstes Ergebnis läßt sich festhalten, daß die Resultate aus den kostengünstigen Intensivrecherchen (im Schnitt rund 2.000 DM pro Standort) von hohem Wert sind, da Mittel für aufwendige Bodenuntersuchungen eingespart werden können.

Nach Abschluß der Intensivrecherche verblieben 18 Flächen im Untersuchungsprogramm:
6 Deponien, 4 Montanstandorte, 7 Altstandorte, auf denen sich heute Wohnsiedlungen befinden, sowie 1 Kleingartenanlage auf einer ehemaligen Deponie

3 Das Untersuchungsprogramm

3.1 Untersuchungsmedien

Das Ziel der Untersuchungen war, mögliche Gefährdungen der in den Siedlungen wohnenden Bevölkerung festzustellen. Mögliche Schadstoffe können entweder

- direkt (orale Aufnahme von Erde v.a. durch Kleinkinder, Staubaufnahme z. B. bei Gartenarbeit),
- durch angebaute Gartenpflanzen (soweit die Schadstoffe pflanzenverfügbar sind)
- oder über den Gaspfad in den menschlichen Körper gelangen.
- Zusätzlich kann Methan, welches aus einem Deponiekörper ausgast, sich in Kellerräumen ansammeln. In hohen Konzentrationen kann dies unter ungünstigen Bedingungen zu explosiven Gasgemischen führen.

Die zu untersuchenden Medien waren daher der Boden und die Bodenluft. Positive Befunde aus Bodenluftmessungen hatten Raumluftmessungen bei den Nachuntersuchungen zur Folge.

Grundwasseruntersuchungen wurden nur für die Anwohner/Eigentümer in Betracht gezogen, welche sich selbst mit einem Hausbrunnen versorgen; dies war aber nicht der Fall, alle Eigentümer/Anwohner wurden entsprechend befragt. Ansonsten besteht durch belastetes Grundwasser keine direkte Gefährdung für Anwohner.

3.2 Aufschlußverfahren

Ebenso wie bei den Untersuchungsmedien mußte auch bei den Aufschlußverfahren die besondere Situation (Untersuchungen in Wohngebieten) berücksichtigt werden. Baggeraufschlüsse waren zunächst eingeplant, konnten aber aufgrund der fehlenden Akzeptanz bei den Gartenbesitzern nicht durchgeführt werden. Gleiches gilt für Bohrungen mit Profilen von 130 oder 140 mm Durchmesser.

Als ideal haben sich daher Rammkernbohrungen erwiesen, da diese keine Schäden in den Gärten hinterlassen. Zudem besteht die Möglichkeit, die Bohrlöcher als Bodenluftpegel auszubauen.

Um in großen Wohngebieten – insbesondere auf Altstandorten – mittels Bohrsondierungen auch ein dichtes und aussagekräftiges Raster zu erhalten, wurden teilweise auch Schlitzsondierungen eingesetzt. Diese sind wesentlich kostengünstiger und erlauben daher ein dichteres Raster als Rammkernbohrungen. Von Nachteil ist, daß die Probemenge einzelner Schlitzsondierungen nicht ausreichend ist. Daher wurden aus benachbarten Sondierungen Mischproben zusammengestellt. Diese lassen zwar keine quantifzierbare Aussage zu tatsächlichen Schadstoffkonzentrationen für ein bestimmtes Grundstück zu, jedoch läßt sich feststellen, ob ein Schadstoff überhaupt vorhanden ist.

3.3 Probenahmeraster

Ein wesentliches Ziel der historischen Recherche war es, für die Altstandorte anhand von Archivmaterialien den Aufbau eines ehemaligen Betriebs festzustellen. Hierbei sollte die zunächst homogen erscheinende Fläche differenziert werden in Bereiche mit erhöhtem, geringem oder fehlendem Kontaminationsverdacht, wodurch einzelne Teilflächen gar nicht oder nur in sehr großzügigem Raster zu beproben waren. So besitzt einerseits der Bereich eines ehemaligen Verwaltungsgebäudes nur geringen Verdacht. Andererseits läßt sich der Bereich des ehemaligen Heizöllagers speziell hinsichtlich „seines" Schadstoffpotentials untersuchen. Entsprechend der jeweiligen Verdachtsmomente ließ sich neben den speziellen Schadstoffparametern ein auf die jeweilige Situation abgestimmtes Probenahmeraster anfertigen.

Gegenüber den Altstandorten lassen sich bei Deponien i. allg. keine Bereiche besonders erhöhter bzw. geringere Gefährdungspotentiale ausweisen. Die meisten Unterscheidungen in Einzeltypen (Hausmüll, Industrieablagerungen, Erdmassen, Bauschutt etc.) beruhen i. d. R. auf sehr unsicherer Informationsgrundlage, was dazu führt, daß immer wieder Schadstoffe in „eigentlich" ungefährlichen Erdmassendeponien gefunden werden.

Es empfiehlt sich für Deponien ein gleichmäßiges Raster mit einer Rasterweite zwischen 50 und 100 m (für sehr große Aufschüttungsflächen). Sinnvoll ist es, das Raster in Bereichen sensibler Nutzungen (z. B. Kinderspielplätze) zu verdichten.

3.4 Untersuchungsparameter

Für Deponien ohne speziellen Verdacht wurden die Proben hinsichtlich der Standardparameter (EOX, Schwermetalle u. a. m.) analysiert (s. auch *Wagner*). Nähere Informationen durch die Intensivrecherche führten i. d. R. zu Änderungen bei den Analyseparametern.

Ergebnisse aus der Intensivrecherche führten bei den Altstandorten zu sehr differenzierten Analyseprogrammen. Entsprechend konnten die Bodenanalysen in Produktionsbereichen auf die Stoffpalette der ehemals eingesetzten Chemikalien abgestimmt werden, wodurch in der Analytik hohe Kosten eingespart wurden.

3.5 Kostenabschätzung

Ein wichtiges Ergebnis der Intensivrecherche war die Aufstellung des Untersuchungsprogramms, welches auf jeden Standort individuell zugeschnitten war. Das endgültige Programm wurde fachlich mit dem Landesamt für Umweltschutz abgestimmt.

Als weiteres Resultat der Intensivrecherche konnte sowohl eine Leistungsbeschreibung als auch der entsprechende Kostenrahmen bestimmt werden. Beides diente im wesentlichen als Grundlage für die

Ausschreibung der Bau- und Ingenieurleistungen, aber auch bei der Haushaltsplanung der finanzierenden Stelle.

4 Ausschreibung: Leistungsverzeichnis und Auftragsvergabe

Für die Ausschreibung boten die Ergebnisse der Intensivrecherche (Untersuchungsprogramm, Kostenabschätzung) eine günstige Basis in Form weitgehend vollständiger Leistungsbeschreibungen. Etwa ein Dutzend Ingenieurbüros wurden für die Bau- und Ingenieurleistungen um ihr Angebot gebeten. Aufgrund der sehr hohen Anzahl an Sondierungsbohrungen und Analysen (z. T. wurden über 100 Proben nach gleichen Schadstoffen hin untersucht) erwarteten wir eine deutliche Preisreduzierung, quasi einen Mengenrabatt. Selbstverständlich nahmen die Büros, welche die Untersuchungsprogramme aufgestellt hatten, nicht an der Ausschreibung teil.

Die Angebote konnten mit Hilfe eines Tabellenkalkulationsprogramms in wenigen Tagen ausgewertet werden.

Der größte Teil der Angebote lag erwartungsgemäß zwischen 75 und 130 % um den vorkalkulierten Wert (ca. 160.000 DM). Zwei Angebote lagen deutlich unter 60 %. Da die Angebote inhaltlich kaum voneinander abwichen, erhielt der wirtschaftlichste Anbieter den Zuschlag.

5 Abstimmung mit den Kommunen

Es ist die Aufgabe der Kommunen, durch Erkundungen von Altlasten mögliche Gefährdungen für die Bürger frühzeitig zu erkennen um so präventiv reagieren zu können. Zum einen sind beim beim Stadtverband Saarbrücken (SVS) aufgrund des Projektes „Handlungsmodell Altlasten" die Kenntnisse vorhanden, wo sich empfindliche Nutzungen auf möglicherweise kontaminierten Flächen befinden. Zum anderen kann er auch das Know How vorweisen, wie man mit dem Gefahrenpotential umgehen kann, daher bot der SVS den Kommunen an, dieses Untersuchungsprogramm durchzuführen. Durch das gemeinsame Bearbeiten von fast zwei Dutzend Flächen – zwar in fünf verschiedenen Kommunen, aber alle in einem Untersuchungsprogramm – konnten die Kosten deutlich reduziert werden.

Um die Kooperationsvoraussetzungen zu schaffen und die öffentliche Akzeptanz für die Maßnahmen aufzubauen, wurden die Vertreter der fünf betroffenen Städte zu Abstimmungen mit folgenden Schwerpunkten eingeladen:
- methodisches Vorgehen der Untersuchungen erläutern;
- Ergebnisse der Intensivrecherche mit Erläuterungen zu jedem einzelnen Standort vorstellen;
- Aufbau und Inhalte der einzelnen Untersuchungsteilprogramme festlegen;
- Kostenschätzung mit Finanzierungsansätzen, Kostenrahmen für jede Kommune abschätzen;
- Finanzierungsvorschläge (MfU) diskutieren;
- Zeitplan erstellen;
- Ermittlung der Eigentümer, Mieter und Pächter der betroffenen Grundstücke durch die Kommunen;
- Unterstützung des durchführenden Büros bei der Feststellung von Ver- und Entsorgungsleitungen ebenfalls durch die Kommunen.

Während der Durchführung des Programms wurden die Kommunen mehrfach über den Stand der Arbeiten informiert. Trotz aller konstruktiven Bereitschaft zur Kooperation traten auch „bürokratische Hemmnisse" auf:
- Einmal war die Zustimmung des Stadtrates für die Übermittlung der Eigentümeradressen notwendig.
- Die Grundstückseigentümer konnten nicht immer termingerecht ermittelt werden, wodurch sich die Ablaufplanung der Probenahme verzögerte, da diese vom Einverständnis der Eigentümer abhängig ist.
- Eine andere Kommune sah datenschutzrechtliche Schwierigkeiten bei der Übermittlung von Adressen und übernahm selbst den Versand von Informationsschreiben. Dies wirkte sich erst im Nachhinein als nachteilig aus, da wir nicht in der Lage waren, bei Eigentümern von jenen Grundstücken, welche für die Beprobung von besonderem Interesse waren, nachzufragen.

Nach Abschluß der Untersuchungen wurden zunächst die Bürgermeister über die Ergebnisse informiert. Sie erhielten das Gutachten, einen Entwurf der Pressemitteilung und Entwürfe der Bürgerinformationsschreiben.

Das weitere Vorgehen konnte daraufhin insbesondere für die Gebiete mit Bodenkontaminationen miteinander abgestimmt werden.

6 Einbindung der Bürger

6.1 Vorinformation und Ergebnismitteilung

Das Konzept des Stadtverbandes berücksichtigte die vielfältigen negativen Erfahrungen mißglückter Öffentlichkeitsarbeit (s. *Selke*). D.h., daß hier die BürgerInnen frühzeitig über den Stand der Dinge informiert wurden. Hierdurch entstand eine Vertrauensbasis, die es ermöglichte, das Programm erfolgreich durchzuführen. Der Verdacht der „Vertuschung", dem eine Behörde sehr schnell z. B. durch zeitliche Verzögerungen ausgesetzt ist, kam durch intensive Vorbereitung des Untersuchungsprogramms und zügige Berichterstattung nicht auf.

Allen Grundstückseigentümern und Mietern bzw. Pächtern wurde frühzeitig ein Informationsschreiben (s. Anlage) zugeschickt und ihnen in dem Anschreiben im wesentlichen folgendes mitgeteilt:

1. Es besteht der Verdacht, daß aufgrund einer ehemaligen gewerblichen Nutzung des Geländes (Deponie, Altstandort) der Boden verunreinigt sein kann.
2. Es gibt bisher keinen sicheren Hinweis, daß eine Beeinträchtigung für die dort wohnende Bevölkerung gegeben ist.
3. Diese Untersuchungen sollen aufklären, ob der Boden tatsächlich verunreinigt worden ist.
4. Die Vorgehensweise wurde erläutert und die Eigentümer der Grundstücke um ihre Erlaubnis zur Probenahme gebeten.
5. Schließlich wurden Ansprechpartner benannt, welche für Rückfragen zur Verfügung stehen.

In der Information zur Verdachtsfläche wurde den Bewohnern dieser Fläche das Ergebnis der historischen Intensivrecherche erläutert und die räumliche Situation in einem Kartenausschnitt mit der eingezeichneten Verdachtsfläche dargestellt.

6.2 Reaktionen auf das erste Informationsschreiben

In den ersten beiden Wochen nach dem Versand der Informationsbriefe (an fast 800 Anwohner/Grundstückseigentümer) gab es etwa zwei Dutzend Rückrufe, wobei die meisten lediglich Einzelheiten wissen wollten. Aber auch wertvolle Zusatzinformation erhielten wir z. B. durch Beschreibungen des ehemaligen Baugrundes. Andere Eigentümer baten um zügige Aufklärung, da sie Verkaufsverhandlungen führten. Lediglich eine Anruferin war sehr besorgt, da ihr Kind seit dem Umzug in das möglicherweise belastete Wohngebiet unter Asthma und Hautausschlägen leidet.

Da häufig Eigentümer von Grundstücken, welche für unser Programm von besonderem Interesse waren, nicht reagierten, mußten wir in zahlreichen Telefongesprächen noch einmal persönlich um das Einverständnis bitten. In fast allen Fällen wurde diese dann aber auch erteilt.

In diesen Gesprächen stellte sich häufig die Frage nach dem „worst case": Was ist, wenn der Boden sehr stark verunreinigt ist? Hier waren weniger die gesundheitlichen Konsequenzen als vielmehr die möglichen Folgekosten der wichtigste Aspekt.

Doch selbst auf den Hinweis, daß im ungünstigsten Fall eine Sanierung („Bodenaustausch") durchgeführt werden muß, verweigerten nur zwei Eigentümer die Probenahme. Entgegen den Erwartungen spielte die Frage des Wertverlustes des Grundstücks bei den Gesprächen nur eine untergeordnete Rolle.

Häufigste Gründe für Desinteresse an Bodenuntersuchungen waen:

- Eigentümer hält eine Gesundheitsgefährdung für ausgeschlossen
- aktuelle Verkaufsverhandlung soll nicht beeinträchtigt werden.

Es läßt sich festhalten, daß in einem offenen Gespräch trotz des Hinweises auf einen für den Eigentümer unsicheren finanziellen Ausgang der Bodenuntersuchungen in den allermeisten Fällen keine Probenahme verweigert wurde.

Die Bereitschaft für die Bodenuntersuchungen war in den einzelnen Wohngebieten sehr unterschiedlich: zwischen 10 % und 80 % der

Grundstückseigentümer erteilten die Erlaubnis zur Probenahme direkt und ohne weitere telefonische Erläuterungen. Insgesamt beteiligten sich 50 % aller angeschriebenen Eigentümer. Von vornherein war die Zahl der angeschriebenen Eigentümer um etwa das Doppelte der erforderlichen Probenahmen überdimensioniert, da mit Ausfällen gerechnet wurde. Die Beteiligungsquote lag somit über der Erwartung.

6.3 Reaktionen in dem Zeitraum zwischen Probenahme und Ergebnismitteilung

Während der Probenahme zeigten sich die Eigentümer interessiert und hatten Verständnis dafür, daß erst die Laborergebnisse, bzw. das Gutachten Aussagen zu der Bodenbelastung und möglichen Konsequenzen zuließen. Allen Eigentümern wurde zugesichert, daß sie umgehend über die Ergebnisse informiert werden.

Schon bald nach Beginn der Probenahme erkundigten sich die ersten interessierten Bürger, insbesondere solche mit Kauf- oder Verkaufsabsichten, nach den Ergebnissen. Weitere Verzögerungen (bedingt u. a. durch unterschätzten Zeitaufwand für Probenahme, Analytik, Gutachten, Abstimmung mit der Kommune u. a. m.) fanden bei besorgten Anrufern nur dann Verständnis, wenn man offen über die Verzögerungsgründe (z. B. Stichwort „Bürokratie") redete.

6.4 Zweites Informationsschreiben: Mitteilung der Ergebnisse

Aufgrund der Untersuchungsergebnisse, welche für alle Standorte sehr unterschiedlich ausfielen, mußten mehrere Dutzend (!) verschiedener Briefe entworfen werden, um auf Einzelverhältnisse entsprechend eingehen zu können. Der Aufwand hierfür war erheblich und nahm insgesamt mehrere Wochen in Anspruch. Das zuvor geplante Vorgehen, alle Briefe in mehreren Versionen vorzubereiten und nach Vorlage der Ergebnisse möglichst umgehend den Eigentümern zuzusenden, konnte nicht verwirklicht werden: Es gab zu viele Spezialfälle, nur in Wohngebieten „ohne Befund" konnte auf die vorbereiteten Briefe zurückgegriffen werden. In diesen Fällen bekamen Eigentümer und Anwohner die gleichen Schreiben zugeschickt, worin die Ergebnisse erläutert wurden. Die Unbedenklichkeit von möglicherweise in geringen Konzentration vorkommenden Schadstoffen wurde erläutert.

Um die weiteren Vorgehensweisen mit den Kommunen abzustimmen, wurden zunächst alle Schreiben den jeweiligen Städten vorab zur Kenntnis zugeschickt.

Den Grundstückseigentümern und Nachbarn der Probenahmestellen mit nachgewiesenen Schadstoffen wurden die Sachverhalte mitgeteilt. Hierbei wurden aufgrund der Ergebnisse bestimmte Handlungsempfehlungen gegeben (z. B. Kleinkinder nicht unbeaufsichtigt im Boden spielen zu lassen, so daß eine orale Aufnahme ausgeschlossen werden kann). Gleichzeitig wurden intensive Nachuntersuchungen angekündigt, welche sowohl die Ausdehnung als auch die Konzentration des Schadstoffs feststellen sollen. Nachbarn von belasteten Grundstücken wurde eine Nachbeprobung ihres Gartenbodens angeboten, damit sie über „ihre Situation" Bescheid wissen. Es wurde allen Betroffenen Einsichtnahme und den Eigentümern Auszüge aus dem jeweiligen Gutachten angeboten.

6.5 Reaktionen auf die Ergebnismitteilung

Nur vereinzelt ließen sich Eigentümer die genauen Analyseergebnisse (Auszug aus dem Gutachten) ihres Grundstücks schriftlich mitteilen, um diese bei Preisverhandlungen dem Käufer vorlegen zu können. Einige Anwohner wollten noch einmal persönlich informiert werden, welche Auswirkungen der belastete Boden ihres Grundstücks haben kann. Relevant waren hier die persönlichen Umstände (z. B. Kleinkinder, Gartennutzung). Einige Eigentümer, deren Grundstücke bei der Nachbeprobung berücksichtigt werden sollten, sandten uns nun meistens ohne weitere Kommentare ihr Einverständnis zur Probenahme. Rückfragen gab es hier nur selten. Von dem ganz großen Teil der Eigentümer gab es auf unsere Untersuchungsergebnisse keine Reaktionen.

7 Durchführung der Untersuchungen

Die endgültige Probenahme war abhängig von dem Einverständnis der Eigentümer.

In Gebieten mit Einfamilienhäusern, welche erst in den letzten 20 Jahren gebaut wurden, erteilten uns oft fast alle Grundstückseigentümer ihre Erlaubnis zur Probenahme. Ansonsten läßt sich kein Zusammenhang zwischen den sozialen Strukturen und der Akzeptanz herstellen.

Da (abgesehen von zwei Ausnahmen) in keinem Wohngebiet eine ausreichende Anzahl von Eigentümern ihr Einverständnis rechtzeitig erteilt hatten, konnte der vorgegebene Probenahmeplan nicht sofort umgesetzt werden. In Wohngebieten auf Deponien, bei welchen die Einhaltung der Rasterweite maßgeblich war, konnte das Probenahmeraster entsprechend leicht abgeändert werden. Es wurde daraufhin in diesen Gebieten mit der Probenahme begonnen.

In den anderen Gebieten wurde versucht, den Probenahmeplan so anzupassen, daß repräsentative Erkenntnisse gewonnen werden konnten. Hierzu wurden die Eigentümer der für ein aussagekräftiges Raster wesentlichen Grundstücke noch einmal telefonisch angesprochen. Im allgemeinen war daraufhin eine sinnvolle Probenahme möglich, so daß sich die aufwendige Telefonaktion gelohnt hat.

Auf Altstandorten, bei welchen die Betriebsteile mit erhöhtem Kontaminationspotential bekannt waren, war ein Ausweichen auf „Ersatzgrundstücke" nicht möglich. Ein statistisches Raster hätte keine Aussagekraft gehabt. Hier mußten also die Eigentümer der jeweils relevanten Grundstücke zunächst erreicht und dann auch von der Bedeutung einer Beprobung ihres Bodens überzeugt werden.

Aufgrund dieser Unabwägbarkeiten konnten dem verantwortlichen Ingenieurbüro die endgültigen Probenahmeplan immer erst sehr kurzfristig übergeben werden.

Bei der Probenahme selbst bestanden dann die meisten der Eigentümer auf ihrer Anwesenheit, was eine rationelle Durchführung der Probenahme durch suboptimale Zeitpläne erschwerte.

Eine andere Schwierigkeit ergab sich bei Grundstücken, für welche nicht einzelne Personen ihr Einverständnis erteilen konnten. So verzögerte sich insbesondere bei nicht privaten Grundstücken (z. B. Deutsche Bundesbahn) oder sehr großen Firmen mit eigenen Liegenschaftsabteilungen die Erteilung der Probenahme.

Positiv hat sich ein intensiver Kontakt zwischen dem Gutachterbüro und dem Stadtverband (als Vertreter des Auftraggebers, dem MfU) ausgewirkt. Dadurch konnten mögliche Schwierigkeiten, welche sich durch die problematische Erstellung der Probenahmepläne ergaben, frühzeitig diskutiert werden.

8 Nachuntersuchungen (zur Zeit noch nicht abgeschlossen)

Aufgrund der Ergebnisse der orientierenden Untersuchungen ist es in einigen Gebieten notwendig, durch intensive Nachuntersuchungen Ausbreitung und Konzentration von Schadstoffen im Boden festzustellen.

Sie sollen eine sichere Beurteilung der Situation und somit Handlungsempfehlungen ermöglichen.

In mehreren Wohngebieten wurden nur auf jeweils einzelnen – meist nur einem – Grundstücken eine geringfügige Konzentration von Schadstoffen des Bodens festgestellt. Aufgrund des aussagekräftigen Probenahmerasters ist hier eine flächenhafte Verunreinigung auszuschließen.

Die Eigentümer sowie die unmittelbaren Nachbarn wurden entsprechend informiert. Bei der Nachuntersuchung soll anhand weiterer Rammkernsondierung die Ausbreitung und Konzentration des Schadstoffes festgestellt werden.

In einem Wohngebiet wurden in mehreren Grundstücken – jedoch relativ leicht – erhöhte Schadstoffkonzentrationen festgestellt. Hier wurden bei der orientierenden Untersuchung etwa ein Drittel aller Grundstücke untersucht. Aufgrund dieser Untersuchung ist

a) eine räumliche Abgrenzung des kontaminierten Bereich nicht sicher möglich und

b) es ist nicht auszuschließen, daß in bisher unbeprobten Grundstücken nicht doch eine Konzentration vorhanden ist, welche weitere Konsequenzen zur Folge hätte. Daher wird hier jedem Eigentümer unbeprobter Grundstücke angeboten, auch seinen Gartenboden untersuchen zu lassen.

9 Fazit

Zusammenfassend lassen sich folgende methodischen Ergebnisse festhalten:

9.1 Die technische Vorgehensweise

Zunächst wurden alle Standorte einer intensiven Recherche unterzogen. Einige Standorte konnten aus dem Programm gestrichen werden. Bereits dieser Aussschluß führte zu einer wesentlichen Kostendämpfung. Für die verbliebenen wurden konkrete Untersuchungsprogramme aufgestellt, welche stark reduziert waren, ohne daß die Aussagekraft gemindert war. Dadurch konnten hohe Probenahme- u. v. a. Analytikkosten eingespart werden. Die orientierenden Untersuchungen der 17 Standorte kosteten nur wenig über 140.000 DM. Durch Leistungsbeschreibungen wurden Ausschreibungen von Labor- und Ingenieurleistungen möglich. Die entsprechenden Angebotsspiegel konnten in kürzester Zeit erstellt werden. Die Kostenersparnis lag bei diesem Vorgehen zwischen 120 und über 300 % gegenüber dem teuersten Bieter. Dank der intensiven Vorbereitung und der weitgehend planmäßigen Abwicklung entsprach der Programmansatz den fachlichen und terminlichen Erwartungen.

9.2 Bürgernähe

Die betroffenen Bürger wurden sehr frühzeitig in die Untersuchungen eingebunden. Hierdurch wurde eine hohe Akzeptanz in der Bevölkerung für diese Bodenuntersuchungen hergestellt, welche die Probenahme überhaupt erst ermöglicht hat.

Ernste Beunruhigung ist aufgrund dieser offensiven und vertrauensfördernden Vorgehensweise zu keinem Zeitpunkt aufgetreten. Trotz erhöhtem Arbeitsaufwand und zeitlichen Verzögerungen – zusammen mit erheblichen Kosteneinsparungen – hat sich „unter dem Strich" die hier vorgestellte Vorgehensweise als vorteilhaft erwiesen.

Abschließend ist hervorzuheben, daß die Durchführung beider Untersuchungsprogramme, Kinderspielplätze und insbesondere Wohnsiedlungen, ohne die finanzielle Unterstützung des Saarländischen Umweltministers zu diesem Zeitpunkt nicht zustandegekommen wäre. Da er sich auch zur Finanzierung der Nachuntersuchungen bereit erklärt hat, ist der Abschluß des Gesamtprogramms „Aufklärung des Kontaminationsverdachts an sensiblen Nutzungen" im Gebiet des Stadtverbandes gesichert. Dafür möchten wir dem Umweltminister an dieser Stelle unseren herzlichen Dank aussprechen.

Anlage

Stadtverband Saarbrücken · Postfach 199 · 6600 Saarbrücken

Stadtverband Saarbrücken

Der Stadtverbandspräsident

An die
Anwohner im Bereich
der ehemaligen Zählerfabrik Keuth & Zenner
...straße

6600 Saarbrücken

Ihre Nachricht vom

Mein Zeichen
(Bitte bei Antwort angeben)

61 71 13-01
☎ Durchwahl-Nr. (0681)

506-400
Saarbrücken

27.08.1991

Information für Anwohner im Bereich der ehemaligen Rheinischen Armaturen- und Maschinenfabrik, vorm. Keuth & Zenner

Sehr geehrte Damen und Herren,

seit 1987 führt der Stadtverband Saarbrücken (SV) das Forschungsvorhaben 'Handlungsmodell Altlasten in enger Abstimmung mit den Gemeinden durch.

Hierbei konnten vom Umweltamt des SV verschiedene Wohngebiete festgestellt werden, welche sich auf ehemaligen Deponien bzw. ehemaligen Betriebsgeländen befinden. Bei diesen Flächen ist eine Boden- und/oder Grundwasserverschmutzung nicht auszuschließen. Um Verdachtsmomente für mögliche Verunreinigung sicher beurteilen zu können, ist der aktuelle Informationsstand noch nicht ausreichend. Bislang liegen keine konkreten Hinweise vor, daß die dort wohnende Bevölkerung beeinträchtigt ist.

Um dies auch weiterhin ausschließen bzw. beurteilen zu können, sollen diese ehemaligen Deponien und Altstandorte untersucht werden. Hierzu hat der SV im Auftrag und in enger Abstimmung mit der Stadt und dem Ministerium für Umwelt (MfU) die notwendigen Vorarbeiten veranlaßt. Mittels Bohrungen werden Bodenproben und u.U. Bodenluft- und/oder Grundwasserproben entnommen, welche dann im Labor auf mögliche Schadstoffe hin untersucht werden. Die anfallenden Kosten werden vom MfU übernommen.

Im Rahmen dieses Untersuchungsprogramms soll die ehemalige Rheinische Armaturen- und Maschinenfabrik, vorm. Keuth & Zenner, untersucht werden, in deren Bereich auch Sie wohnen. Daher werden auch möglicherweise in Ihrer Nähe Bodenuntersuchungen durchgeführt.

| Schloßplatz 6-16 und Talstraße 2-10 6600 Saarbrücken | Besuchszeiten Mo-Fr 8.30-12.00 14.00-15.30 | Fernsprecher (0681) *50 60 | Telex (04) 421398 | Konten Sparkasse Saarbrücken (BLZ 590 50101) Konto-Nr. 356 Postgiroamt Saarbrücken (BLZ 590 100 66) Konto-Nr. 34-661 |

Stadtverband Saarbrücken

Zu den geplanten Untersuchungen möchten wir Ihnen folgendes erläutern:

* Die Untersuchungen erfolgen mittels Bohrungen. Weder durch die Arbeiten, noch durch das Bohrloch selbst (es wird nur einen Durchmesser von etwa fünf Zentimetern haben) ist auf dem Grundstück mit Schäden zu rechnen.

* Die Arbeiten auf einem Grundstück werden nur wenige Stunden andauern. Es wird daher versucht, diese an einem einzigen Tag durchzuführen.

* Das beauftragte Ingenieurbüro bzw. der Stadtverband Saarbrücken stellt den ursprünglichen Zustand des Grundstücks nach Abschluß der Bohrung in jedem Fall wieder her.

Nach Abschluß der Untersuchungen werden Sie selbstverständlich über die Ergebnisse unterrichtet.

Für Fragen stehen wir Ihnen unter folgenden Telefonnummern gerne zur Verfügung:
Herr Dipl.-Ing. Selke   -258
Herr Dipl.-Ing. Hoffmann   -533
Herr Dipl.-Geogr. Heinemeyer -419.

Mit freundlichen Grüßen
In Vertretung

T r a u t m a n n
Stadtverbandsbeigeordneter

Anlagen: Informationsblatt zu der ehemaligen Rheinischen Armaturen- und Maschinenfabrik, vorm. Keuth & Zenner
Informationsbroschüre 'Boden, Bodenkontaminationen und Altlasten'

Stadtverband Saarbrücken

im August 1991

Informationsblatt zu dem ehemaligen Betriebsgelände der Firma Rheinische Armaturen- und Maschinenfabrik, vormals Keuth und Zenner, Am Kieselhumes

Das Betriebsgelände der ehemaligen Fa. Rheinische Armaturen und Maschinenfabrik befindet sich in Saarbrücken-St.Johann, Am Kieselhumes (vgl. umseitigen Kartenausschnitt), und hat eine Größe von 1.50 ha. Gegenwärtig wird das Gelände als Wohnbaufläche mit Gärten genutzt.

Im Jahre 1903 wurde Am Kieselhumes die Armaturen- und Maschinenfabrik Keuth und Zenner gegründet, die vorwiegend Armaturen und Zähler aus Grauguß herstellte. Nach mehreren Erweiterungen und Vergrößerungen der Firma wurde sie 1938 in Rheinische Armaturen- und Maschinenfabrik umbenannt. 1942 wurde der Firmensitz nach St. Ingbert-Rohrbach verlegt. Die nunmehr leerstehenden Firmengebäude nutzte anschließend die Luftwaffe bis ca. 1945 als Reparaturwerkstatt, während nach dem Krieg Teile der alten Hallen von der Firma Kraemer und Zander (Autowerkstatt) sowie der Firma Roth (Schweißtechnik) bezogen wurden. Im Zeitraum von 1955 bis 1971 erfolgte der vollständige Abriß der Fabrikgebäude. In der Folgezeit wurde das ehemalige Betriebsgelände mit Wohnhäusern bebaut.

Durch die Auswertung von Karten, Luftbildern, Betriebsplänen usw. lassen sich verunreinigte Bereiche des Betriebsgeländes nicht genau bestimmen. Produktionsbedingt sind jedoch Verunreinigungen des Geländes nicht auszuschließen. Ursache für solche Verunreinigungen können z.B. Ablagerungen von schwermetallhaltigen Ölschlämmen oder Leckagen in der Entfettungsanlage sein.

Darüber hinaus müssen die zusätzlichen Kontaminationsmöglichkeiten für das Gelände durch die Folgenutzungen (z.B. Reperaturbetrieb der Luftwaffe) berücksichtigt werden.

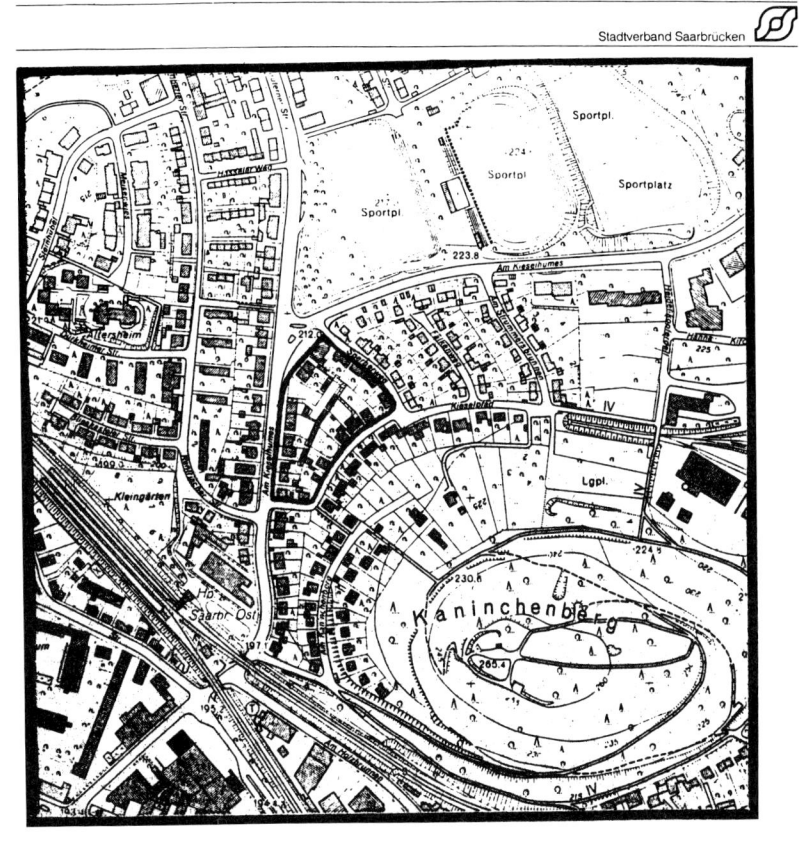

St. Johann, Am Kieselhumes; ehem. Zählerfabrik

Abgrenzung der Kv-Fläche

X Zur Richt- und Grenzwertproblematik in Zusammenhang mit orientierenden Untersuchungen und Gefährdungsabschätzungen

Martin Becker

1 Ausgangssituation und Aufgabenstellung

Die Qualität unserer Umwelt und die Erhaltung intakter Ökosysteme nimmt in der politischen und öffentlichen Diskussion einen zunehmend höheren Stellenwert ein. Neben der ubiquitären Belastung der Meere und der Atmosphäre stellen die vergleichsweise kleinräumigen Altlasten eine umweltpolitische Herausforderung auf regionaler Ebene dar.

Viele Kommunen gehen deshalb dazu über, die Verdachtsflächen in ihrem Hoheitsgebiet systematisch zu erfassen und zu bewerten. Einer Vielzahl anthropogen überprägter Flächen stehen dabei in aller Regel nur begrenzte finanzielle Mittel zur Erkundung eben dieser Flächen gegenüber.

Das vorliegende Bewertungsverfahren ist deshalb auf das Bedürfnis zugeschnitten worden, altlastenverdächtige Standorte mit Hilfe allgemeiner Flächennutzungsdaten und/oder orientierender Analyseprogramme relativ zueinander zu beurteilen und nach Prioritäten zu sortieren.

Die Notwendigkeit potentielle Altlasten rechtzeitig zu erkennen und entsprechende Konsequenzen zu ziehen, ist hinlänglich bekannt. Dabei kommt der Bewertung von verdächtigen Flächen oder besser gesagt der Abschätzung der Möglichkeit/Wahrscheinlichkeit, daß von einer Verdachtsfläche eine Gefährdung von Schutzgütern ausgeht, eine zentrale Rolle zu.

Aus Gründen der Fürsorgepflicht und der städteplanerischen Handlungsfähigkeit gehen die Kommunen dazu über, Verdachtsflächen systematisch zu erfassen und zu katalogisieren.

Anfänglich war es üblich, zunächst einmal alte Deponien oder ehemalige Großindustriestandorte zu erfassen. Es folgten weitere auffällige Branchen wie Tankstellen oder chemische Reinigungen. Inzwischen wird es als sachgerecht angesehen, auch bestimmte Firmen aus dem Dienstleistungssektor als kontaminationsverdächtig zu registrieren und vor allen Dingen auch bestehende Betriebe bei der Erfassung nicht auszuschließen.

Unter diesem erweiterten Blickwinkel können bereits auf kommunaler Ebene mehrere hundert oder tausend Standorte registriert werden.

Neben der Registrierung der kontaminationsverdächtigen Branchen werden in aller Regel in einem solchen Kataster auch Angaben zu den potentiell betroffenen Nutzungen oder Schutzgütern gesammelt. Dies können direkt betroffene Anwohner, Fauna und Flora oder die Umweltmedien Luft, Boden und Wasser sein. Mit dieser Datenbasis können die Flächen in bezug auf die Gefahrenmomente relativ zueinander bewertet und nach Prioritäten sortiert werden.

Praktische Erkundungen werden dort angestrengt, wo ein erhöhter Erkenntnisbedarf aufgrund besonderer Gefahrenmomente, städteplanerischer Nutzungsabsichten, konkreter Hinweise aus der Bevölkerung besteht.

Im Zuge des Forschungsvorhabens „Methodik eines Handlungsmodells zur Abschätzung und Abwehr der Gefahren aus den Altlasten einer Region" war es Aufgabe der Arbeitsgruppe 1.4.1, Untersuchungen an ausgewählten Modellstandorten durchzuführen und entsprechend dem erweiterten Kenntnisstand Auswertungsmodalitäten zu entwickeln. Damit wurden vorrangig folgende Ziele verfolgt:
- Entwicklung eines Bewertungsmodells für chemisch-analytische Untersuchungsergebnisse;
- Konkretisierung sonstiger Bewertungsmerkmale für beprobungslos erstellte Gefährdungsabschätzungen;
- Erprobung und Umsetzung von standardisierten Untersuchungsprogrammen.

2 Prinzipielles Vorgehen

Die abschließende Feststellung, ob von einem kontaminationsverdächtigen Standort Gefahren für das Umfeld ausgegangen oder zu erwarten sind, kann nur auf der Grundlage konkreter Untersuchungen getätigt werden. Im Idealfall müßte als Informationsgrundlage
- die Kontaminationslagerstätte intensiv beprobt,
- die Ausbreitung für Schadstoffe identifiziert und analysiert,
- die natürlichen Rahmenbedingungen erfaßt,
- die Schadstoffgehalte in den betroffenen Schutzgütern verifiziert werden.

Folglich wären auch meteorologische, pedologische, pflanzenphysiologische oder humanmedizinische Untersuchungen notwendig. Derart aufwendige Überprüfungen an jedem Einzelstandort würden jedoch die finanziellen und personellen Möglichkeiten jeder Kommune schnell übersteigen.

Um die verfügbaren Ressourcen möglichst effektiv einzusetzen, werden deshalb kostensenkende Strategien eingesetzt:
- Berücksichtigung der Empfindlichkeit der betroffenen Schutzgüter
- Aufzeigen von relativen Dringlichkeiten bei der Bearbeitung des Verdachtsflächen-Kollektivs
- sukzessive Informationsverdichtung

Schrittweise Informationsverdichtung bedeutet aber auch, bei der praktischen Erkundung zunächst einmal orientierende Untersuchungsschritte durchzuführen, um damit die Wahrscheinlichkeit von Gefahren zu prüfen.

Auf dieser Datenbasis muß dann beurteilt werden,
- ob weiterer Handlungsbedarf am Einzelstandort besteht,
- wie der Einzelstandort mit den speziellen Untersuchungsergebnissen in den kv-Flächenkatalog einzustufen ist.

Die Ergebnisse der chemischen Analyse können anhand von Richt-, Grenz- und Schwellenwerten interpretiert werden. Die auf dieser Informationsstufe verbleibenden Wissenslücken werden durch Interpretation sog. „weicher" Daten überbrückt. Beide Informationsarten sind in einem Bewertungssystem zu verknüpfen.

3 Aufbau des Bewertungssystems

Mit der Durchführung routineartiger, orientierender Untersuchungen wird beabsichtigt, die Verdachtsmomente bei einer größeren Anzahl von kontaminationsverdächtigen Flächen grundsätzlich zu überprüfen und die eigentlichen Problemstandorte herauszufiltern.

Eine – nach heutigem Wissensstand – vollständige Analyse der Auswirkungen einer Altlast wird im Zuge der Orientierungsphase nicht angestrebt. Deshalb ist zusätzlich zu hinterfragen, welche allgemein verfügbaren Informationen den Kontaminationsverdacht stützen bzw. entkräften.

Da die grundlegenden Wirkungszusammenhänge bei allen Altlasten vergleichbar sind, bietet sich für die Bewertung der Flächen auf diesem Informationsniveau ein formalisiertes Verfahren an. Die einzelnen Gutachten bleiben somit vergleichbar und lassen sich kollektiv verwalten.

Bei der Beurteilung des Gefahrenpotentials müssen insbesondere zwei Sachverhalte näher beleuchtet werden:
- das Vorkommen von Schadstoffen (Schadstoffsituation)
- die Empfindlichkeit des kv-Flächen-Umfeldes (Nutzungskontext)

Beiden Sachverhalten können verschiedene Aspekte zugeordnet werden:

Schadstoffsituation

- Toxizität
  - gegenüber Menschen
  - gegenüber Tieren
  - gegenüber Pflanzen

- Konzentration
  - im Boden
  - im Wasser
  - in der Luft

Nutzungskontext

- verdächtige Branche, Ablagerung
  - Größe des Betriebes, der Ablagerung
  - Betriebsdauer
  - Art und Menge der Verdachtsstoffe
  - Störfälle, Unfälle

- betroffene Nutzung
  - Sensibilität der Nutzung
  - Nähe zur verdächtigen Nutzung
  - Dauer/Häufigkeit der Einwirkung

- Mobilität
  - Wasserlöslichkeit
  - Dampfdruck
  - sonst. phys.-chem. Parameter
- Persistenz, Akkumulierbarkeit

- Barrieren
  - Abdichtung
  - Abdeckung
  - Absperrung

Die Liste der berücksichtigungswürdigen Aspekte könnte unbegrenzt fortgeführt bzw. verfeinert werden. Aus Sicht des Bewertenden ist ein maximaler Kenntnisstand zwar wünschenswert, im Zuge einer orientierenden bzw. vorläufigen Untersuchung aber nicht vorhanden.

Welche leicht verfügbaren und dennoch aussagekräftigen Informationen stehen aber üblicherweise zur Verfügung?

Dies sind zum einen die Analysenbefunde der Ersterkundung (Konzentrationsangaben der Schadstoffe in bestimmten Medien), zum anderen allgemeine Informationen über die Schadstoffe bezüglich Toxizität, Mobilität u. a.

Weiterhin liegen stets Angaben zu den betroffenen Schutzgütern vor (Flächennutzungsplan, Ortsbesichtigung). Zusätzlich sind mehr oder weniger detaillierte Angaben zur Schadstoff emittierenden Branche vorhanden.

Bereits mit diesen vier Faktoren

- Stoffkonzentration
- Stofftoxizität
- Kontaminationspotential
- Standortumfeld

kann bei entsprechender Aufbereitung eine aufgabenadäquate Abschätzung der Gefahren einer Verdachtsfläche vorgenommen werden.

3.1 Schadstoffsituation

Für die Bewertung der analytischen Befunde werden die Kriterien Stoffkonzentration und die Stofftoxizität herangezogen. Das Kriterium Stoffkonzentration leistet dabei den Vergleich der Analysenergebnisse mit Richt-, Grenz- oder Schwellenwerten. Das Kriterium Stofftoxizität relativiert die Gefährlichkeit der Stoffe untereinander und die Toxizität des einzelnen Stoffes in den verschiedenen Medien Luft, Boden und Wasser.

Stoffkonzentration

Die Beurteilung der Analysenergebnisse – also der Stoffkonzentration in Luft, Boden oder Wasser – kann grundsätzlich nach zwei Strategien erfolgen:

- auf der Basis des Erfahrungsschatzes/wissenschaftlichen Backgrounds des Gutachters oder
- durch den Vergleich der Meßwerte mit Richt-, Grenz- oder Schwellenwerten.

Erstgenannte Vorgehensweise führt automatisch zu stärker subjektiv geprägten Beurteilungen. Aufgrund der angestrebten Allgemeingültigkeit des Bewertungssystems wurde deshalb eine Diskussion der Grenz- und Schwellenwerte vorgesehen, mit dem Ziel, die Zahlenwerte für ein formalisiertes Verfahren verfügbar zu machen.

Die Beurteilung der Gefahrenlage alleine durch den Vergleich der Analysen mit Grenzwerten gerät häufig in Kritik, da Grenzwerte

- variable und individuelle Zusammenhänge schematisieren,
- nicht nur umwelthygienisches Wissen, sondern auch den technischen Standard widerspiegeln,
- die Akzeptanz von Umweltrisiken voraussetzen und
- dem Anwender gewisse Sicherheiten vortäuschen.

Trotz dieser berechtigten Einwände wird sich der Entscheidungsträger/Gutachter immer wieder an Richt- und Grenzwerten orientieren müssen, um sich damit die Fachkenntnis anderer Expertengremien zu eigen machen zu können. Die Nachteile bei der Anwendung von Grenzwerten sollen jedoch weitestmöglich kompensiert werden.

Zu diesem Zweck wurden die gesammelten, altlastenrelevanten Vergleichswerte einem allgemeingültigen Wirkungsgefüge zugeordnet. Dieses Wirkungsgefüge baut auf der modellhaften Vorstellung von Stoff-Emission, -Transmission und -Immission auf. Die geschlossene Kette zwischen Verunreinigung und Geschädigten wird als Wirkungspfad bezeichnet. Ausgangspunkt bzw. Ursache ist die Altlast, Endpunkt bzw. Wirkungsziel sind der Mensch, die Natur oder Sachgüter.

Abbildung 1 zeigt das Wirkungsgefüge für das Wirkungsziel „Menschliche Gesundheit", Tabelle 1 die Zuordnung von Vergleichswerten zu dem Wirkungspfad „Boden – Verschlucken – Mensch". Es ist zu erkennen, welche Schwierigkeiten bei der Interpretation dieser Abbildung auftreten können. Die Wertvorstellungen divergieren z. T. erheblich.

Für den regelmäßigen Aufenthalt von Kindern auf Freizeitgelände ist nach *Schuldt* [7] bzw. *Laga* [4] z. B. eine Konzentration von 500 mg Blei/kg Boden zulässig. Demgegenüber errechnet der Rat der Sachverständigen [8] einen tolerierbaren Wert von 35 mg/kg. Das Beispiel verdeutlicht, daß die Auswahl der heranzuziehenden Grenzwerte nicht dem einzelnen Gutachter überlassen bleiben kann, da ansonsten die Vergleichbarkeit der Schlußfolgerungen nicht gewährleistet ist. Eine bundeseinheitliche Lösung existiert nicht.

Aus diesem Grund werden aus dem gesammelten Datenmaterial Referenzlisten für bestimmte Wirkungspfade bzw. Wirkungsbereiche hergeleitet (Tabelle 2 ist auf diese Art und Weise aus Tabelle 1 hervorgegangen). Kernstück jeder Referenzliste ist das Referenzintervall. Das Referenzintervall spiegelt das Meinungsspektrum verschiedener Autoren zu einem bestimmten Sachverhalt wider.

Liegt der Untersuchungsbefund unterhalb des für die Fragestellung zuständigen Referenzintervalls, so ist eine Gefährdung mit hinreichender Sicherheit auszuschließen. Innerhalb des Referenzintervalls ist keine direkte Gefährdung zu erwarten, da die meisten Grenzwerte mit einem Sicherheitsfaktor ausgerüstet sind, wenngleich eine Auffälligkeit konstatiert werden muß. Oberhalb des Referenzintervalls steigt das Gefährdungspotential unproportional an.

Ein weiterer Mangel bei dem Versuch, Altlasten mittels Grenzwerten zu beurteilen, ist das vollständige bzw. teilweise Fehlen von Qualitätskri-

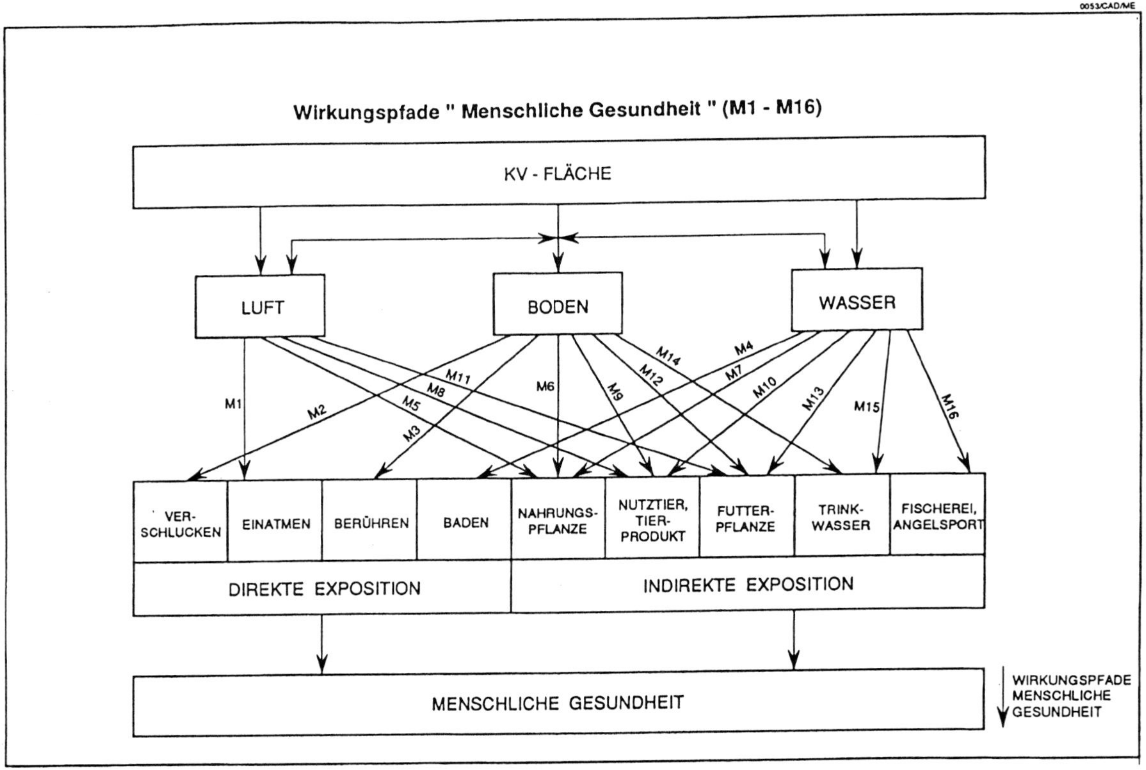
0053/CAD/ME
Wirkungspfade " Menschliche Gesundheit " (M1 - M16)
KV - FLÄCHE
LUFT
BODEN
WASSER
M1
M2
M3
M4
M5
M6
M7
M8
M9
M10
M11
M12
M13
M14
M15
M16
VER-SCHLUCKEN
EINATMEN
BERÜHREN
BADEN
NAHRUNGS-PFLANZE
NUTZTIER, TIER-PRODUKT
FUTTER-PFLANZE
TRINK-WASSER
FISCHEREI, ANGELSPORT
DIREKTE EXPOSITION
INDIREKTE EXPOSITION
MENSCHLICHE GESUNDHEIT
WIRKUNGSPFADE MENSCHLICHE GESUNDHEIT

Abb. 1

Numerische Vergleichswerte für den Wirkungspfad M 1 (Boden - Verschlucken - Mensch)

Parameter (mg/kg)	Hamburger Ansätze SCHULDT; 1990 D-Wert	Hamburger Ansätze SCHULDT; 1990 A-Wert	SRU	"Drei - Bereiche - System" IWS BW I	"Drei - Bereiche - System" IWS BW II	"Drei - Bereiche - System" IWS BW III	Standardwert	NRW - "Spielplatz-Erlaß" Richtwert I	NRW - "Spielplatz-Erlaß" Richtwert II	Berliner Liste
Arsen	100	100	20	20	20	---	10	20	50	7
Beryllium	---	---	---	1	1	---	---	---	---	---
Blei	500	3000	35	100	50	100	20	200	1000	100
Cadmium	40	40	10	1	1	2	0,5	2	10	1,5
Chrom	200	500	---	---	---	---	15	50	250	100
Kupfer	500 [1]	3000	---	---	---	---	---	---	---	100
Nickel	400	4000	---	---	---	---	---	40	200	50
Quecksilber	10	200	7	0,5	1	2	---	0,5	10	0,5
Selen	---	---	---	1	5	10	---	---	---	---
Thallium	---	---	---	---	---	---	---	0,5	10	---
Zink	2000	2000	---	---	---	---	---	---	---	300

[1] Festlegung zum Schutz der biologischen Aktivität und Vegetationsvielfalt

Tab. 1

Referenzliste Boden 1		
Parameter [mg/kg]	Referenzintervall Untergrenze	Obergrenze
Arsen	7	20
Beryllium	0,75	1,5
Blei	40	200
Cadmium	1	2
Chrom	50	100
Kupfer	100	200
Nickel	40	100
Quecksilber	0,5	2
Selen	1	5
Thallium	0,5	1,5
Zink	300	500

Tab. 2: Referenzliste Boden 1 (Spielplätze, anorganische Parameter)

terien für bestimmte Anwendungsbereiche (z. B. Böden in Naturschutzgebieten oder Oberflächenwasser für Viehtränken). Solange diese wissenschaftlichen Defizite existieren, sollte es daher erlaubt sein, die Ergebnisse artverwandter Fragestellungen oder ähnlich empfindlicher Nutzungen anhand einer Referenzliste zu interpretieren. Insbesondere bei orientierenden Untersuchungen ist diese Vorgehensweise legitim.

Als Ergebnis dieser Verschmelzungsprozesse war schließlich mit fünf Referenzlisten auszukommen. Es wurde Wert auf möglichst vollständige Bestückung der Listen mit Parametern gelegt. Diesen Referenzlisten werden mittels geeigneter Anwendungsvorschriften die unterschiedlich empfindlichen Flächennutzungsarten/Schutzgüter zugeordnet.

Stofftoxizität

Einige Referenzwerte sind nicht aufgrund von Toxizitätsuntersuchungen zustande gekommen, sondern orientieren sich an üblicherweise vorgefundenen Konzentrationen in den Umweltkomponenten oder an technisch-ökonomischen Vergaben. Von daher bietet sich neben der Stoffkonzentration die Berücksichtigung eines weiteren, stoffspezifischen Parameters an, welcher die Gefährlichkeit eines Stoffes beschreibt.

Es bestehen jedoch wissenschaftliche Defizite bei der systematischen Beurteilung der umwelthygienischen Relevanz von Altstoffen, obwohl viele Einzelergebnisse für bestimmte Situationen vorliegen. Dabei spielt auch eine Rolle, daß die Mobilität der Schadstoffe auf bestimmten Ausbreitungspfaden bzw. die Verfügbarkeit für bestimmte Organismen nur unzureichend bekannt sind.

Andererseits existieren mehrere human- bzw. ökotoxikologische Standardwerke aus anderen Anwendungsbereichen, die sich mit den Gefährlichkeiten von Stoffen auseinandersetzen. Zu nennen sind insbesondere:

- die Verordnung über gefährliche Stoffe [6]
- die Maximalen Arbeitsplatzkonzentrationswerte [1]
- der Katalog wassergefährdender Stoffe [5]

Aus den Angaben dieser Standardwerke werden durch sachgerechte Verknüpfungen fünf Klassen abgestufter Stofftoxizität abgeleitet. Mobilitätsmerkmale spielen dabei auch eine gewisse Rolle. Die resultierenden Toxizitätszahlen 0-4 – aufgeschlüsselt nach den Medien Luft, Boden, Wasser – lassen eine relative Einschätzung der Stoffgefährlichkeiten zu.

3.2 Nutzungskontext

Um die Auswirkungen einer kontaminierten Fläche auf ihr Umfeld hinreichend quantifizieren zu können, müssen die Stoffinhalte in den Medien Luft, Boden, Wasser bekannt sein. Weiterhin der Belastungsgrad der betroffenen Pflanzen, Tiere und Menschen. Eine derart umfassende Datenbasis steht aber bei einer orientierenden Altlasten-Untersuchung nicht zur Verfügung.

STOFFTOXIZITÄT			
Parameter	Luft	Boden	Wasser
Arsen	3	3	3
Blei	4	4	4
Kupfer	2	2	2
Chlorid	0	0	1
Nitrat	0	0	2
Nitrit	0	0	3
Trichlorethen	4	4	4
1,1,1 Trichlorethan	2	2	3
Benzol	4	4	4
Toluol	3	3	3
Xylol	3	3	3

Tab. 3: Stofftoxizitäten (Beispiele)

Deshalb muß flankierend zur stofflichen Bewertung die Möglichkeit abgeschätzt werden, ob weitere Verunreinigungen bestehen und inwieweit bestimmte Nutzungen bzw. Schutzgüter überhaupt tangiert sein könnten.

Kontaminationspotential

Die Art der kontaminationsverdächtigen Branche ist als ein wesentlicher Anhaltspunkt dafür verantwortlich, mit welchen unerwünschten Stoffen gerechnet werden muß.

Die Bewertung dieses Kontaminationspotentials erfolgt auf der Grundlage der allgemeinen Erfassung der Verdachtsflächen bzw. der Intensivrecherche am einzelnen Standort. Wie im Falle des Stadtverbandes Saarbrücken erweist es sich als praktisch, die Erfassung der Branchen in Anlehnung an die Systematik des Statistischen Bundesamtes vorzunehmen.

Durch Rückgriff und Interpretation bereits bestehender Literatur zu diesem Thema (z. B. [2], [3]) können die branchentypischen Kontaminationen in bezug auf die Art und Menge der zu erwartenden Stoffe abgeschätzt werden. Die Informationen wurden derart aufbereitet, daß für alle Branchen- bzw. Ablagerungstypen eine Grundeinschätzung des Verunreinigungspotentials auf einer Werteskala von gering bis sehr groß vorgenommen werden konnte (Tabelle 4).

Die Grundeinschätzung der Kontaminationsmuster von Betriebstypen ist verständlicherweise nur ein grober Orientierungswert für das Risiko am individuellen Standort. Spezielle Produktionsmethoden, der mengenmäßige Umsatz von Stoffen, die Art der angelieferten Reststoffe und vieles mehr spielen dabei eine Rolle.

Deshalb werden als Korrektoren für die Grundeinschätzung des Emissionspotentials eines individuellen Standortes Unterkriterien vorgegeben, die mit relativ geringem Aufwand bei allen Standorten zu erheben sind. Dies sind als Maß für die Betriebsgröße die Fläche des Betriebes/Ablagerung oder die Anzahl der Mitarbeiter und das Alter bzw. die Dauer des Betriebes. Je nachdem können dann besonders kleine/große oder neue/alte Standorte in ihrer Grundeinschätzung relativiert werden. Entsprechende Bemessungsrichtlinien wurden als Interpretationshilfen erstellt.

Standortumfeld

Das Kriterium Standortumfeld beleuchtet die möglichen Auswirkungen einer Schadstoffquelle auf bestehende geplante Nutzungen und Schutzgütern am bzw. in der Nähe des Standortes. Relevante Unterkriterien sind dabei die Empfindlichkeit des betroffenen Schutzgutes und seine Nähe zur Schadstoffquelle. Die Angaben, welche Nutzungen im Einzugsgebiet der kv-Fläche existieren, sind idealerweise dem kv-Flächen-Kataster der Gemeinde zu entnehmen. Ansonsten ist es not-

KONTAMINATIONSPOTENTIAL	
Grundeinschätzung der Branche	Branchen-Bezeichnung
gering	Herstellung von Konservierungsmitteln (auch für Lebensmittel) Herstellung von Waschrohstoffen
mittel	Herstellung von Steinkohlenbriketts Herstellung von Handelsdünger
hoch	Gaserzeugung (öffentl. Versorgung) Steinkohlenbergbau
sehr hoch	Kokerei Herstellung von Saaten-, Pflanzenschutz u. Schädlingsbekämpfungsmitteln

Tab. 4: Grundeinschätzung der Betriebspotentiale (Beispiele)

wendig, diese anhand von Kartenmaterial oder durch Ortsbesichtigung zu erheben. Für die Auswertung ist es zweckdienlich, die Nutzungscharakteristika am Flächennutzungsplan, den Wasserschutzzonen und sonstigen Schutzgebieten zu orientieren. Denn diese Quellen geben die raumplanerisch und ökologisch motivierte Zuordnung von Funktionen für die Fläche wieder. So haben z. B. Flora und Fauna in einem Naturschutzgebiet zwangsläufig einen höheren Stellenwert als auf einer industriellen Brache.

Die Ergebnisse einer orientierenden Untersuchungsphase werden vorwiegend dazu benötigt, die Art und das Ausmaß der von einer kv-Fläche ausgehenden Beeinträchtigungen auf die bestehenden Nutzungen und die tangierten Schutzgüter abzuschätzen. Deshalb werden die bei bestimmten Nutzungsszenarien (z. B. Nahrungsmittelproduktion oder Trinkwassergewinnung) potentiell betroffenen Nutzungen/Schutzgüter relativ zueinander gewichtet, um die unterschiedlichen Intensitäten der Betroffenheit für ein formalisiertes Verfahren verfügbar zu machen.

4 Zusammenfassung

Das vorgestellte Bewertungssystem wurde im Rahmen des F+E-Vorhabens „Methodik eines Handlungsmodells zur Abschätzung und Abwehr der Gefahren aus den Altlasten einer Region" des Stadtverbandes Saarbrücken entwickelt. Innerhalb des Forschunsvorhabens haben mehrere Arbeitsgruppen verschiedene inhaltliche Beiträge geliefert (Erfassung der Verdachtsflächen, beprobungslose Vorbewertung, Festlegung von Untersuchungsprogrammen, sozio-ökonomische Wirkungsanalyse, ökosystemare Wirkungsanalyse, integrierende Hauptbewertung). Der vorliegende Beitrag „Wirkungsanalyse auf Ökosysteme" basiert auf der orientierenden Erkundung von ausgewählten Modellstandorten. Ein Schwerpunkt der Arbeiten war folglich die Interpretation der Analyseergebnisse und deren Integration in den Bewertungsvorgang.

Zu diesem Zweck wurde zunächst eine Diskussion der verfügbaren, altlastenrelevanten Richt-, Grenz- und Schwellenwerte vorgenommen. Während für bestimmte Wirkungspfade nach wie vor Defizite in Form fehlender Grenzwerte bestehen, ist bei anderen Anwendungsbereichen die Auswahl des „richtigen" Grenzwertes aufgrund der Vielzahl der konkurrierenden Wert-Vorstellungen erschwert. Aus diesem Grunde wurden fünf Referenzlisten für artverwandte Fragestellungen und ähnlich empfindliche Nutzungsarten hergeleitet. Diese Referenztabellen zeichnen sich durch eine möglichst vollständige Parameterliste aus. Kernstück jeder Referenzliste ist das Referenzintervall, welches die Bandbreite des derzeitigen Wissensstandes zu einem bestimmten Thema widerspiegelt.

Orientierende Untersuchungsergebnisse reichen für eine abschließende Gefährdungsabschätzung auf diesem Informationsniveau nicht aus. Deshalb wurden flankierend zur Interpretation der Stoffkonzentration

```
                    ┌─────────────────────┐    ┌─────────────────────┐
                    │ Schadstoffsituation │    │   Nutzungskontext   │
                    └─────────────────────┘    └─────────────────────┘
                              ↓                          ↓
                    ┌─────────────────────┐    ┌─────────────────────┐
                    │  Stoffkonzentration │    │ Kontaminationspotential│
                    ├─────────────────────┤    ├─────────────────────┤
    Analysen-       │     + niedrig       │    │      + niedrig      │    Branche,
    ergebnisse      │         .           │    │          .          │    Ablagerung
                    │         .           │    │          .          │
                    │    + sehr hoch      │    │     + sehr groß     │
                    └─────────────────────┘    └─────────────────────┘
                              +                          +
                    ┌─────────────────────┐    ┌─────────────────────┐
                    │    Stofftoxizität   │    │   Standortumfeld    │
    umwelt-         ├─────────────────────┤    ├─────────────────────┤
    hygienische     │   + unbedenklich    │    │   + unempfindlich   │    Flächennutzung
    Daten           │         .           │    │          .          │    Ablagerung
                    │         .           │    │          .          │
                    │    + sehr giftig    │    │    + schutzwürdig   │
                    └─────────────────────┘    └─────────────────────┘
                              ↓                          ↓
                    ┌───────────────────────────────────────────────┐
                    │           Gefährdungsabschätzung              │
                    └───────────────────────────────────────────────┘
                                          ↓
                    ┌───────────────────────────────────────────────┐
                    │            Verdachtsflächen-Katalog           │
                    ├───────────────────────────────────────────────┤
                    │     + kein weiterer Untersuchunsbedarf        │
                    │                      .                        │
                    │                      .                        │
                    │        + vorrangiger Handlungsbedarf          │
                    └───────────────────────────────────────────────┘
```

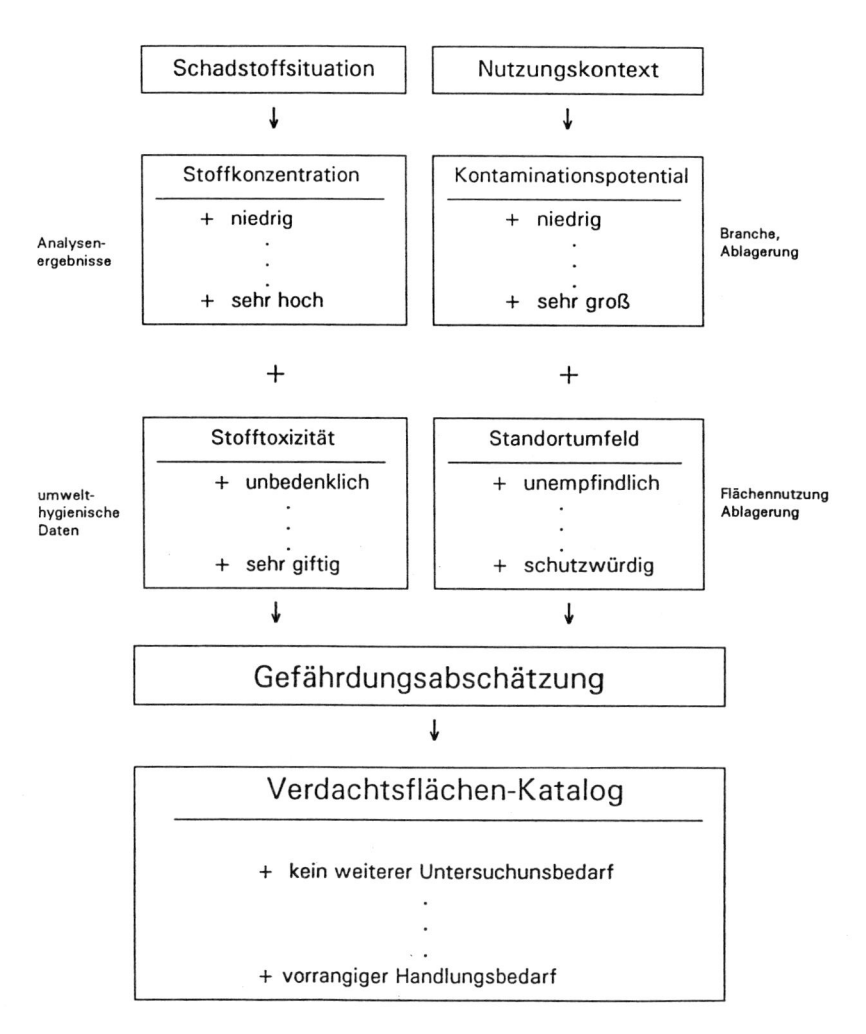

Abb. 2: **Bewertung orientierend erkundeter Altlasten-Verdachtsflächen**

weitere – auf „weichen" Daten basierende – Bewertungskriterien aufgebaut. Mit Hilfe dieser Kriterien (Stofftoxizität, Kontaminationspotential, Standortumfeld) kann abgeschätzt werden, ob zusätzliche, noch nicht erkannte Verunreinigungen zu erwarten sind und in welchem Umfang die Nutzungen/Schutzgüter tangiert sein könnten.

Wie die Verknüpfung der Bewertungskriterien aussieht und schließlich zur Einstufung einzelner Standorte in Handlungsbedarfsklassen führt, ist in Abbildung 2 schematisch dargestellt. Die Synthese aller Kriterien und Aspekte – auch derjenigen der benachbarten Arbeitsgruppen des F+E-Vorhabens wird in dem nachfolgenden Beitrag zur Hauptbewertung vollzogen.

5 Literatur

1 DFG (Deutsche Forschungsgemeinschaft): Maximale Arbeitsplatzkonzentrationen und Biologische Arbeitsstofftoleranzwerte 1990, VCH – Verlagsgesellschaft, Weinheim 1990

2 *Kinner, U., Kötter, L., Niklauß, M.*: Branchentypische Inventarisierung von Bodenkontaminationen – ein erster Schritt zur Gefährdungsabschätzung für ehemalige Betriebsgelände, UBA-Texte, Berlin 1986

3 Kommunalverband Ruhrgebiet: Erfassung möglicher Bodenverunreinigungen auf Altstandorten – Arbeitshilfe für die Erhebung und Auswertung von Informationen über produktionstypische Bodenbelastungen auf stillgelegten Industrie- und Gewerbeflächen, Essen 1989

4 LAGA (Länderarbeitsgemeinschaft Abfall): Altablagerungen und Altlasten, LAGA-Informationsschrift, 1990

5 Katalog wassergefährdender Stoffe, GMBl. 1985, S. 175; 1987, S. 294

6 Verordnung über gefährliche Stoffe (Gefahrstoffverordnung), Bundesgesetzblatt 1986, S. 1470; 1987, S. 2721

7 *Schuldt, M.*: Hamburger Ansätze zur Beurteilung von Bodenverunreinigungen, 1990 – in: *Rosenkranz, D.* et al.: Bodenschutz, Ergänzbares Handbuch der Maßnahmen und Empfehlungen für Schutz, Pflege und Sanierung von Böden, Landschaft und Grundwasser, Berlin 1988

8 SRU (Rat von Sachverständigen für Umweltfragen): Sondergutachten Altlasten, Deutscher Bundestag, Drucksache 11/6191, 1990

XI Abschätzung der wirtschaftlichen und gesellschaftlichen Folgen von kontaminationsverdächtigen Standorten im städtischen Raum

Jost Eberhard und Rudolf Heide

1 Problem und Ziele

Der Inhalt unserer Untersuchung ist nicht die naturwissenschaftlich-ökologische Abschätzung der Gefährdungen von Altlasten, sondern die Einschätzung ihrer wirtschaftlichen und gesellschaftlichen Folgen. Wir beschäftigen uns dabei nicht mit der Altlastenfläche (KV-Standort) selbst, sondern mit der näheren Umgebung der Altlast (Standortumfeld), die von ihr mittelbar beeinflußt wird.

Das Ziel dieser Untersuchung ist es, ökonomische und soziale Qualitäten im Standortumfeld zu beschreiben und zu bewerten, die vom KV-Standort beeinflußt bzw. beeinträchtigt werden können. Das Arbeitspaket, aus dem wir berichten, trägt deshalb die Bezeichnung Wirkungsanalyse sozio-ökonomische Systeme.

Diese Beschreibung der sozialen und ökonomischen Qualitäten muß unterschiedlichen Ansprüchen gerecht werden. Einerseits wollen wir das Standortumfeld anhand von sozialen und wirtschaftlichen Kriterien beschreiben. Andererseits beschreiben und bewerten wir aber nur deshalb, weil eine Beeinträchtigung oder gar Gefährdung des Umfelds von dem KV-Standort ausgehen kann. Im Vordergrund soll jedoch die sozio-ökonomische Einschätzung des Standortumfelds stehen. Die naturwissenschaftlich meßbare (ökologisch/toxikologische) Beeinträchtigung, die von dem Standort ausgehen kann (oder ausgeht), wird nur in zweiter Linie berücksichtigt, insofern sie Ursache der von uns betrachteten Probleme ist.

Die Wirkungsanalyse sozio-ökonomische Systeme verfolgt drei wesentliche Ziele. Das erste liegt im methodischen Bereich: Weil die Erfassung von sozialen und ökonomischen Qualitäten im Hinblick auf die Wirkungen von KV-Standorten weitgehend Neuland ist, müssen wir zuerst einmal ein Verfahren entwickeln, wie wir solche Qualitäten erfassen und bewerten können. Wenn wir den methodischen Weg beschrieben haben, wollen wir ihn auch beschreiten, indem wir für ausgewählte KV-Standorte im Gebiet des Stadtverbands die Analyse und Bewertung der Standortumfelder vornehmen. Die Methoden-Entwicklung steht also nicht für sich allein, vielmehr wollen wir direkt vorstellen, wie sich die Methode praktisch anwenden läßt. Das dritte Ziel schließlich liegt in der Anwendung der ermittelten Ergebnisse: Sie sollen Bestandteil für die weitere Analyse des Forschungsvorhabens werden (z. B. in der Hauptbewertung der ausgewählten Standorte), und sie sollen außerdem Rückschlüsse liefern für die Situation bei vergleichbaren Standorten, die wir nicht im Detail beschreiben und bewerten können.

Neben den bereits genannten Zielen der Untersuchung können wir über die folgenden Inhalte und Arbeitsschwerpunkte der Wirkungsanalyse sozio-ökonomische Systeme berichten:
– Klärung und Bestimmung der verwendeten Begriffe,
– Methoden-Entwicklung, d. h. Überlegungen und Ansätze, wie wir soziale und ökonomische Qualitäten messen und darstellen,
– erste praktische Anwendung und ihre Ergebnisse für ausgewählte KV-Standorte im Gebiet des Stadtverbands und zum Schluß
– einige generelle Gedanken und Einschätzungen zum Einsatz der Wirkungsanalyse.

2 Klärung von Begriffen

Standortumfeld: Die Begriffe KV-Standort und Standortumfeld haben wir bereits als „Altlast" und „nähere Umgebung" in die Alltagssprache übersetzt.

Wir müssen noch erläutern, was genau wir unter einem Standortumfeld verstehen. Das Standortumfeld ist die nähere Umgebung von KV-Standorten, aber wie läßt sie sich eingrenzen? Das Standortumfeld sollte räumlich so weit (oder so eng) sein, wie schädliche Einwirkungen von KV-Standorten reichen. Gerade dies ist aber auf dem naturwissenschaftlichen, ökosystemaren Wissensstand in den allermeisten Fällen nicht präzise bekannt, und auch qualitative, pauschale Schätzwerte sind nicht erhältlich. Dieser Ansatz führt also nicht weiter. Deshalb müssen wir uns mit einer Festsetzung helfen: Wir setzen fest, daß das Standortumfeld bei einem punktförmigen KV-Standort durch einen Kreis mit 100 m Radius um den Standort begrenzt ist, und bei einem flächigen KV-Standort durch einen Streifen von 100 m Breite um den Standort. Dazu stellen wir die folgende Plausibilitätsüberlegung an: Wenn wir das Standortumfeld wesentlich enger begrenzen, etwa mit einem 25 m-Abstand, werden wir sicherlich zu viele Wirkungen, die weiter als 25 m reichen, unberücksichtigt lassen. Wenn wir dagegen einen Abstand von 500 m setzen würden, wären wir in zu vielen Fällen außerhalb derjenigen Fläche, in der Wirkungen noch nachweisbar wären; außerdem würden wir den Erhebungsaufwand für die Standortumfelder unvertretbar erhöhen. Eine solche Festsetzung, für die eine fachliche Begründung fehlt, ist unbefriedigend. Wir sind darüber nicht glücklich. Sobald eine bessere, sachliche Begründung gefunden wird, werden wir sie verwenden.

Sozio-ökonomische Systeme: Einer weiteren Klärung bedarf insbesondere noch der Begriff sozio-ökonomischen Systeme. Darunter sollen vor allem Aspekte der Nutzung, insbesondere der Flächennutzung verstanden werden. Dazu gehören

– die Flächennutzung am KV-Standort und im Standortumfeld,
– Beeinträchtigungen oder Gefahren für diese Nutzungen,
– besondere Empfindlichkeiten, die für die Nutzungen typisch sind,
– Änderungsmöglichkeiten oder Änderungsabsichten bei Nutzungen – z. B. Planungsvorhaben oder Bauabsichten.

Unter sozio-ökonomischen Systemen verstehen wir also Nutzungen, Flächennutzungen am KV-Standort und im Standortumfeld mit ihren gegenseitigen Einflüssen, mit Beeinträchtigungen und mit ihren Möglichkeiten zur Veränderung.

Das vielfältige Beziehungs- und Wirkungsgefüge von sozio-ökonomischen Systemen können wir am besten überschauen, wenn wir die Nutzungen in einer hierarchischen Ordnung gliedern. Im Modellvorhaben unterscheiden wir drei Hierarchieebenen. Auf der obersten Hierarchieebene gibt es sechs „Systemgruppen",

- Siedlungsbereiche mit Wohnnutzung,
- Gewerbe, Handel und Industrie,
- land- und forstwirtschaftliche Nutzungen,
- Infrastruktur und öffentliche Einrichtungen,
- Schutzbereiche und Ressourceneinzugsbereiche,
- sonstige Bereiche.

Diese Gruppen gliedern wir weiter in 15 „Teilsysteme" und 51 „Untersysteme" (sozio-ökonomische Teilsysteme, Abb. 1). Diese Teilsysteme stellen die kleinsten räumlichen Einheiten und die kleinsten funktionalen Nutzungsgebilde dar, für die wir die soziale und ökonomische Qualität in den Standortumfeldern bestimmen.

3 Darstellung der Bewertungsmethode

Bei der Entwicklung der Methode erscheint es uns sinnvoll, zwei unterschiedliche Aspekte durch zwei verschiedene Bewertungskategorien zu erfassen: Einmal für die tatsächlich vorhandene Nutzung im Standortumfeld. Sie läßt sich im Hinblick auf private Nutzungsinteressen und/oder auf öffentliche Belange beschreiben. Zum anderen für zukünftig mögliche Nutzungen in Form von Planungen, Entwicklungsvorhaben, Bauabsichten usw. Die vorhandene Nutzung beschreiben und beurteilen wir mit der Bewertungskategorie der wirtschaftlichen und sozialen Bedeutung, die mögliche zukünftige Nutzung mit der Bewertungskategorie Verfügungsmöglichkeit. Diese beiden Bewertungskategorien fassen wir zum Schluß noch einmal zu einem Gesamtwert für das Standortumfeld zusammen. Das Prinzip des methodischen Vorgehens ist im Abb. 2 dargestellt.

Bewertungskategorie wirtschaftliche und soziale Bedeutung: Im oberen Teil des Bildes kann man den Entstehungsgang für die Bewertungskategorie der wirtschaftlichen und sozialen Bedeutung nachverfolgen: Ausgangsbasis sind Erhebungen, die in den Standortumfeldern gemacht werden müssen und die wir für knapp 200 ausgewählte KV-Standorte im Stadtverbandsgebiet vorgenommen haben. Als erstes wird festgestellt, welche sozio-ökonomischen Teilsysteme im Standortumfeld vorzufinden sind. Das geschieht durch den Augenschein der

Systemgruppen	Sozio-ökonomische Teilsysteme	Untersysteme	
Siedlungsbereiche mit Wohnnutzung	Wohngebiete	1.1	Wohnen mit Hausgärten
		1.2	Wohnen mit öff. Grün
		1.3	Wohnen im Mischgebiet
		1.4	Kleingärten
	Zentrumsbereiche	2.1	Städtische Zentrallagen
		2.2	Dörfliches Zentrum
	Einzellagen	3.1	Einzelgehöfte/Ausflugslokale
Gewerbe, Handel und Industrie	Gewerbe	4.1	Gewerbe im Mischgebiet
		4.2	Gewerbegebiete
		4.3	Sondergewerbe
	Handel	5.1	Handel
	Industrie	6.1	Industrie
Land- und forstwirtschaftliche Nutzungen	Landwirtschaft	7.1	Grünbrache/Weideland
		7.2	Futteranbau
		7.3	Feldfruchtanbau
		7.4	Getreideanbau
		7.5	Forstwirtschaft/Waldbau
	Intensivnutzungen	8.1	Intensivflächen
		8.2	Intensivtierhaltung
Infrastruktur und Öff. Einrichtungen	Infrastruktur	9.1	Energieinfrastruktur
		9.2	Entsorgungsinfrastruktur
		9.3	Verkehrsinfrastruktur
		9.4	Erholung/Sport und Freizeit
		9.5	Grünflächen/Parkanlagen
	Öff. Einrichtungen	10.1	ÖE mit Kindern
		10.2	ÖE mit Jugendlichen
		10.3	ÖE mit Erwachsenen
		10.4	ÖE mit Senioren
Schutzbereiche und Ressourceneinzugsbereiche	Wasser	11.1	Wasserschutz I
		11.2	Wasserschutz II
		11.3	Wasserschutz IIIa/b
		11.4	Heilquellenschutz I/II
		11.5	Heilquellenschutz III/IV
		11.6	Trinkwassertalsperren I/II
		11.7	Trinkwassertalsperren III
		11.8	Brauchwasser-Stauseen
		11.9	Brunnen bis 300 m (L/P - LW)
		11.10	Brunnen bis 2000 m (L/P - LW)
		11.11	Hausbrunnen bis 300 m
		11.12	Hausbrunnen bis 2000 m
		11.13	Brauchwassergewinnung
	Schutzgebiete	12.1	Landschafts-/Naturschutzgebiete
Sonstige Bereiche	Allg. Infrastruktur	13.1	Flugplätze
		13.2	Wasserstraßen
		13.3	Sperrgebiete
		13.4	Deponieflächen
	Sondernutzungen	14.1	Überschwemmungsbereiche
		14.2	Tagebaue/Abbauflächen
		14.3	Bergbau/Bergsenkungsgebiete
	Besondere Bausubstanz	15.1	Historische Gebäude
		15.2	Denkmalschutz

Abb. 1: Aufgliederung von Flächennutzungen in sozio-ökonomische Teilsysteme und Untersysteme

Ortbegehung, aber auch mit der Auswertung von Planunterlagen wie z. B. dem Flächennutzungsplan. Dann werden für alle Teilsysteme zwei Werte erhoben: Einmal der Bodenwert aus dem Bodenwertatlas (Stadt Saarbrücken, Stadtverband) und zweitens ein Wert, den wir sozialen Funktionswert nennen. Er wird qualitativ eingeschätzt.

Der Bodenwert dient dazu, den wirtschaftlichen Teil der Bewertungskategorie abzubilden: Die wirtschaftliche Bedeutung eines Teilsystems läßt sich durch den Indikator des Bodenwerts relativ leicht und gleichzeitig zutreffend erfassen. Neben diesem ökonomischen Wert kann es im Standortumfeld aber auch noch öffentliche oder soziale Belange geben, die wir mit dem wirtschaftlichen Kriterium nicht fassen können. Das ist z. B. der Wert einer Grünanlage oder eines Parks (unverkäuflich, d. h. es gibt keinen Bodenwert) oder eines Landschafts- oder Wasserschutzgebiets, für die sich keine Marktpreise bilden. Solche Werte wollen wir aber in Ergänzung des ökonomischen Werts als soziale Funktionswerte mit berücksichtigen. Für die Einschätzung und die Vergabe von sozialen Funktionswerten anhand der Ortsbegehung ist ein ausführlicher Katalog aufgestellt worden (Abb. 3). Mit der Verwendung dieses Katalogs wollen wir sicherstellen, daß die subjektive Komponente bei der Einschätzung von Funktionswerten möglichst gering ist.

In einem nächsten Schritt werden die Bodenwerte oder die Nutzungswerte und die sozialen Funktionswerte auf die Fläche des jeweiligen Teilsystems bezogen und noch einmal entsprechend ihrer relativen Bedeutung gewichtet. Im dritten Schritt werden die beiden (vorläufigen) Werte in Klassen eingeteilt. Das ist methodisch notwendig, um die beiden Variablen miteinander vergleichbar – und verknüpfbar – zu machen. Wir wählen eine Klasseneinteilung mit je weils fünf gleich stark besetzten Klassen. Diese Art der Einteilung ist nicht zwingend, wir ziehen sie vor, weil wir damit eine gleichmäßige Übersicht über hohe, mittlere und niedrige Werte erhalten. Das Ergebnis sind klassifizierte Nutzungs- und Funktionswerte für jedes Teilsystem (vgl. Abb. 2, erstes Drittel), die man auch grafisch anschaulich machen kann (Abb. 4).

Bewertungskategorie der Verfügungsmöglichkeit: Der methodische Weg zur Bewertungskategorie der Verfügungsmöglichkeit beginnt in Abb. 2 am unteren Bildrand. Der Bearbeiter muß feststellen – z. B.

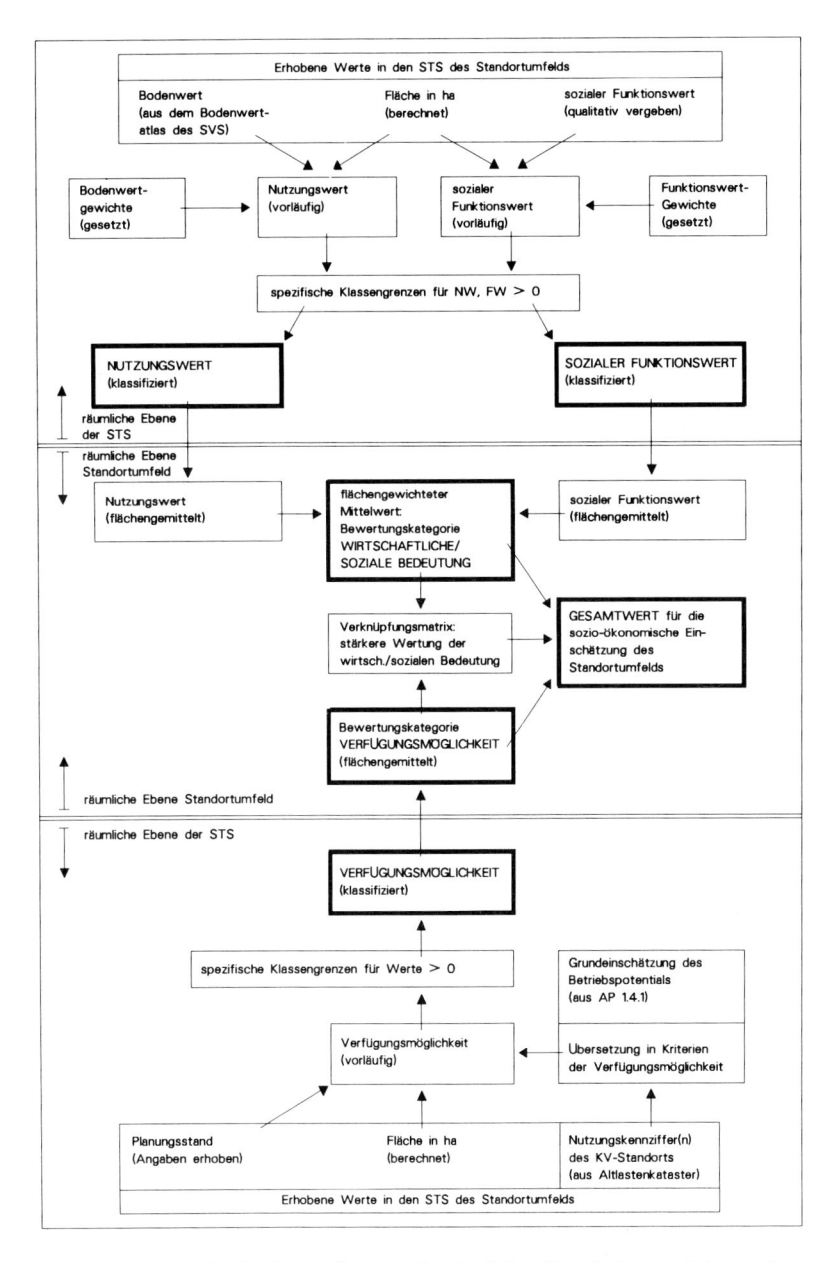

Abb. 2: Methodische Vorgehensweise bei der Ergebnisermittlung der sozio-ökonomischen Wirkungsanalyse

STS-Untersysteme	Mögliche Funktionswerte	Bedeutung der Funktionswerte (FW) (Beispiele)
1.1 Wohnen mit Hausgärten	0 - 2	0 nur Privatgrundstücke und Erschließungsflächen (Straßen, Wege) vorhanden
		1 geringe öffentliche Flächen (z.B. für Kinderspiel) vorhanden
		2 kleinere öffentliche Flächen (z.B. kleiner Kinderspielplatz, kleine Grünanlage) vorhanden
1.2 Wohnen mit öffentlichem Grün	1 - 3	1 öffentlich zugängliche Grünflächen ohne besondere Ausstattung vorhanden
		2/ öffentlich zugängliche Flächen (Grünanlagen, Park) mit geringer/guter Ausstattung (z.B. Bänke, Sandkästen, Spielgeräte usw.) und geringer/hoher Benutzungsintensität vorhanden
1.3 Wohnen im Mischgebiet	0 - 2	wie bei STS 1.1 Wohnen mit Hausgärten
1.4 Kleingärten	1 - 3	1/ in Abhängigkeit von der Größe und der 3 auf das Wohngebiet/den Stadtteil/die Stadt bezogenen Bedeutung der Anlage
2.1 Städtische Zentrallagen	3 - 5	3 City-Randgebiete
		4 Stadtzentren (außer Zentrum Saarbrücken)
		5 Stadtzentrum Saarbrücken
2.2 Dörfliches Zentrum	3	keine weitere Differenzierung

Abb. 3: **Skala möglicher Funktionswerte für die sozio-ökonomischen Teilsysteme (Ausschnitt aus dem Katalog)**

aus Planunterlagen, aus Gesprächen mit Ortsplanern – ob es im Standortumfeld bzw. für das einzelne Teilsystem Planungsabsichten gibt und wie konkret und fortgeschritten sie sind. Dann wird aus einem anderen Arbeitspaket des Forschungsvorhabens eine Aussage übernommen über die mögliche Gefährdung, die von dem KV-Standort selbst ausgehen kann („Grundeinschätzung des Betriebspotentials"). Daraus können wir bei jedem Teilsystem, in dem eine Planung bekannt ist, einen (vorläufigen) Wert für die Verfügungsmöglichkeit vergeben

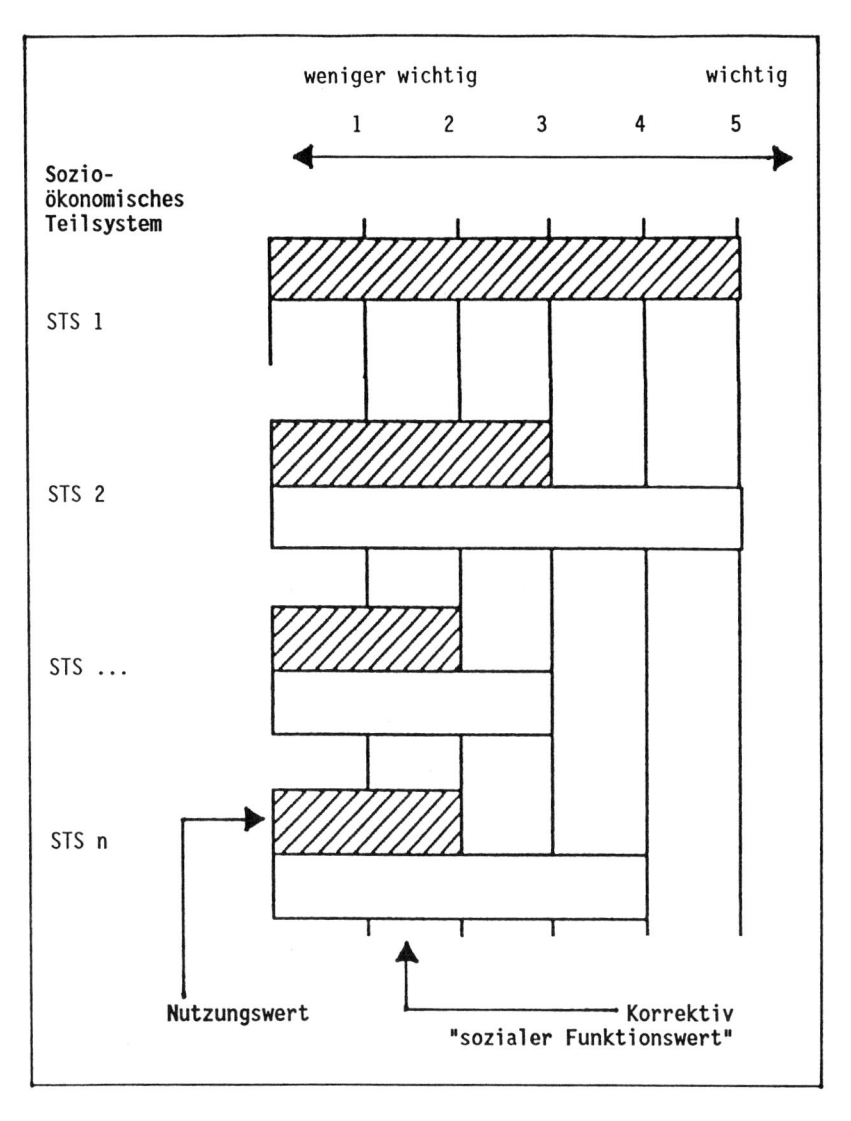

Abb. 4: Einschätzung der wirtschaftlichen und sozialen Bedeutung einzelner Teilsysteme des Nutzungswerts und des Korrektivs „sozialer Funktionswert"

(„sicher verfügbar" bis „sehr unsicher verfügbar"). Schließlich wird auch diese Variable wieder in Klassen eingeteilt, um sie später mit der anderen Bewertungskategorie verknüpfen zu können (vgl. Abb. 2, unteres Drittel).

Gesamtwert für das Standortumfeld: Bis hierhin werden die Variablen der beiden Bewertungskategorien auf der räumlichen Ebene der Teilsysteme bearbeitet. Als Ergebnis wollen wir aber für die fünf oder zehn Teilsysteme eines Standortumfelds nicht viele verschiedene Einzelwerte haben, sondern möglichst einen einzigen, griffigen, zusammenfassenden Wert. Deshalb fassen wir die Einzelwerte noch einmal zu einem Gesamtwert zusammen (vgl. Abb. 2, Mitte). Eine räumliche Zusammenfassung stellen wir her, indem wir innerhalb der beiden Bewertungskategorien Klassenwerte berechnen, die auch die Größe der jeweiligen Teilsysteme berücksichtigen. Zur besseren Unterscheidung erhält die Kategorie der wirtschaftlichen und sozialen Bedeutung die Klassenwerte 1 – 5, die der Verfügungsmöglichkeit die Werte A – E.

Damit ist die Methode der Wirkungsanalyse sozio-ökonomische Systeme am Ergebnis und damit am Ziel angekommen; man kann die beiden Bewertungskategorien aber auch sachlich noch einmal verbinden. Dazu schlagen wir die Verwendung von einer Verknüpfungsmatrix vor (Abb. 5): Für jedes Wertepaar der wirtschaftlichen und sozialen Bedeutung und der Verfügungsmöglichkeit läßt sich aus dieser Matrix ein zusammenfassender Gesamtwert ablesen. Da wir der Meinung sind, daß die wirtschaftliche und soziale Bedeutung wichtiger ist als die Verfügungsmöglichkeit, haben wir sie in der Matrix stärker gewichtet. Auch für den so ermittelten Gesamtwert weisen wir fünf Klassen aus, die wir (zur Unterscheidung) hier mit lateinischen Ziffern I bis V nennen. Im Ergebnis liefert uns die beschriebene Methode also für jedes Standortumfeld drei Werte, mit der die soziale und ökonomische Qualität gemessen und dargestellt wird, nämlich
– die wirtschaftliche und soziale Bedeutung (Klasse 1 – 5),
– die Verfügungsmöglichkeit (Klasse A – E),
– den zusammenfassenden Gesamtwert (Klasse I – V).

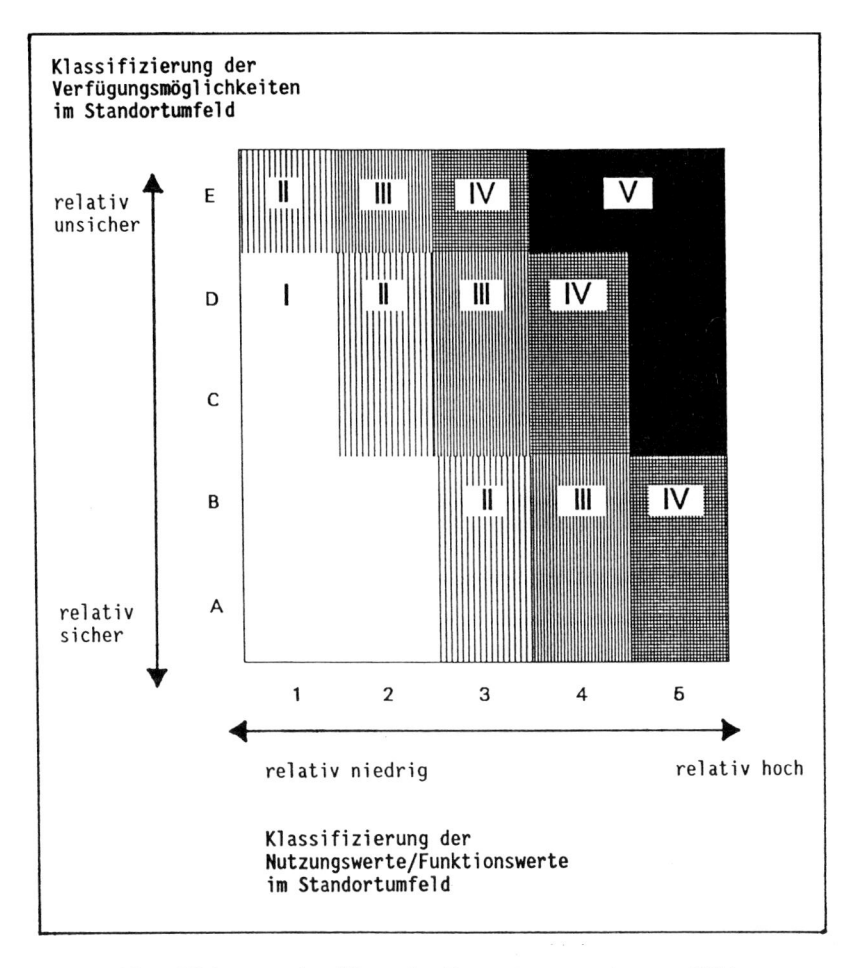

Abb. 5: Klassifizierung der Werte im Bewertungsraster zur Bildung von Gesamtwerten für das Standortumfeld aus der Sicht AP 1.4.2 (gleichzeitig Input für die Hauptbewertung im AP 1.5)

4 Praktische Anwendung der Methode und Ergebnisse

Die beschriebene Methode haben wir angewendet, einmal um sie auszutesten, vor allem aber, um für 196 ausgewählte KV-Standorte Informationen über die Standortumfelder zu erhalten. Die Anwendung beginnt mit der Datennacherhebung, d. h. mit

205

- der Abgrenzung der Standortumfelder,
- der Bestimmung der vorzufindenden STS im jeweiligen Standortumfeld und
- der Ermittlung von Bodenwerten, sozialen Funktionswerten und von Planungsangaben für die Teilsysteme.

Diese Informationen haben wir in je einem Erfassungsschema und einer Karte für alle 196 untersuchten Standorte/Standortumfelder dokumentiert, in dem auch die Analyseergebnisse für das Standortumfeld eingetragen sind (Beispiel in Abb. 6).

Die vielen Zwischen- und Einzelergebnisse, die während des Analysegangs anfallen, lassen sich bei der weiteren Bearbeitung im Forschungsvorhaben, z. B. bei der Hauptbewertung, verwenden. Wir wollen aus dem Endergebnis nur einen Blick auf diejenigen Standortumfelder werfen, denen wir beim Gesamtwert eine „V" gegeben haben. Aus der sozio-ökonomischen Wirkungsanalyse, aus der Sicht der sozialen und ökonomischen Qualität sind dies die Standortumfelder, die am höchsten zu bewerten sind: Diese Umfelder sind besonders „wertvoll" und erhalten deshalb die höchste Priorität, wenn es um die Abschätzung und Abwehr von Gefährdungen aus KV-Standorten geht. In Abb. 7 sind sowohl die bei den Bewertungskategorien als auch der Gesamtwert für 18 Standortumfelder dargestellt, die in die Klasse V eingeordnet worden sind; das sind 9 % der untersuchten 196 Umfelder.

Während wir bei der wirtschaftlichen und sozialen Bedeutung neben dem höchsten Wert „5" auch der Wert „4" finden, haben bei der Verfügungsmöglichkeit fast alle Standortumfelder den höchsten Wert „E". Er zeigt an, daß in allen Standortumfeldern größere Planungsvorhaben anliegen und daß die Einschätzung des Betriebspotentials in den KV-Standorten zu einer unsicheren Bewertung der zukünftigen Nutzung führt.

Die Kategorie der wirtschaftlichen und sozialen Bedeutung, die wir für wichtiger gehalten haben, soll uns stärker interessieren. Wenn wir uns zusätzlich auch die (hier nicht dargestellten) Zwischenergebnisse genau ansehen, können wir versuchen, die 18 Umfelder mit dem Gesamtwert V anhand von typischen Merkmalen zu gruppieren. Wir

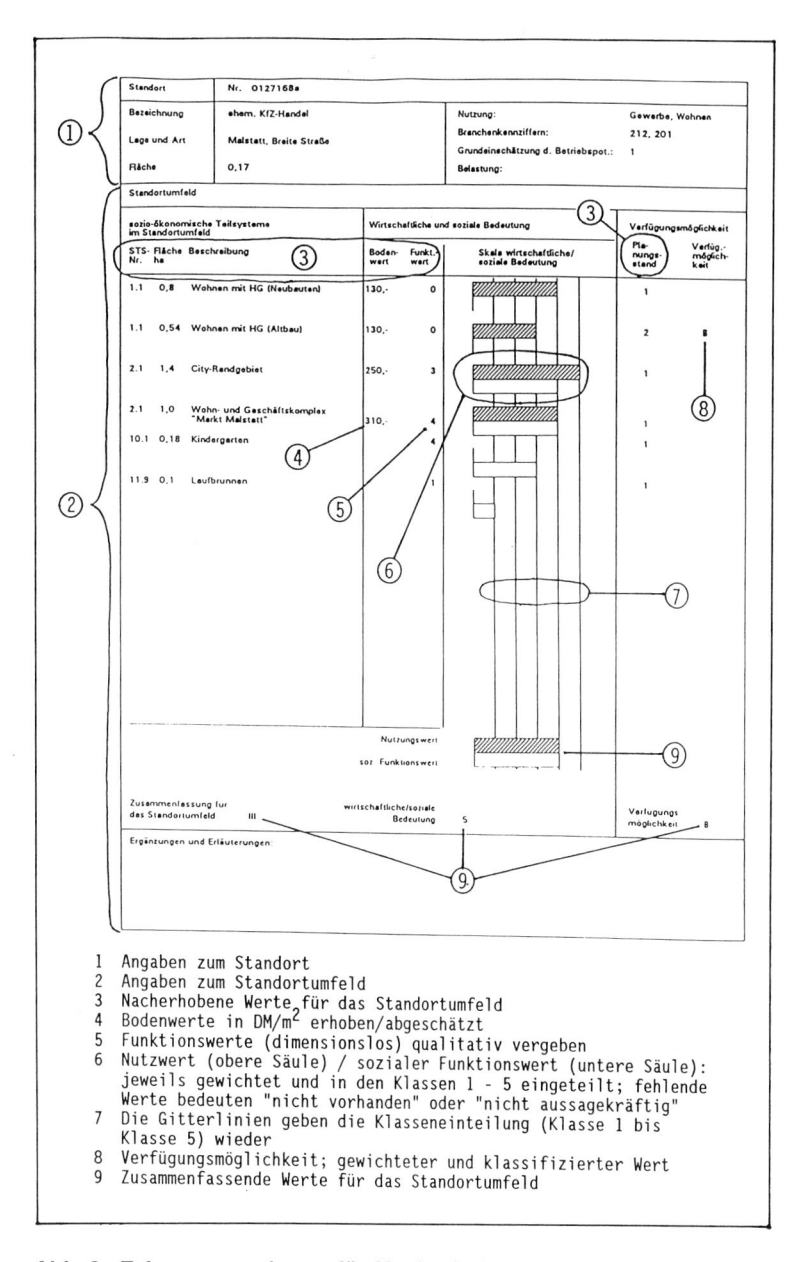

1 Angaben zum Standort
2 Angaben zum Standortumfeld
3 Nacherhobene Werte für das Standortumfeld
4 Bodenwerte in DM/m² erhoben/abgeschätzt
5 Funktionswerte (dimensionslos) qualitativ vergeben
6 Nutzwert (obere Säule) / sozialer Funktionswert (untere Säule): jeweils gewichtet und in den Klassen 1 - 5 eingeteilt; fehlende Werte bedeuten "nicht vorhanden" oder "nicht aussagekräftig"
7 Die Gitterlinien geben die Klasseneinteilung (Klasse 1 bis Klasse 5) wieder
8 Verfügungsmöglichkeit; gewichteter und klassifizierter Wert
9 Zusammenfassende Werte für das Standortumfeld

Abb. 6: Erfassungsschema für Nacherhebungen und Analyseergebnisse in den Standortumfeldern

unterscheiden vier Gruppen oder Typen, nach denen die Standortumfelder in Abb. 7 sortiert sind:

- Typ A: Zentrale, subzentrums- oder citynahe Lage; geprägt vor allem durch hohe Nutzungswerte, zusätzlich hohe Funktionswerte aufgrund zentralörtlicher Funktionen.
- Typ B: Charakterisiert von der Wohnnutzung; dabei lassen sich noch weiter unterscheiden:
    - Typ B1: Vor allem hohe Nutzungswerte für Wohnen.
    - Typ B2: Hohe Nutzungswerte für Wohnen, zusätzlich mittlere Funktionswerte für Grünanlagen, Freizeiteinrichtungen usw.
    - Typ B3: Sowohl hohe Nutzungswerte für Wohnen als auch hohe Funktionswerte für Grünanlagen, Freizeit- und andere Infrastruktureinrichtungen.
- Typ C: Geprägt durch Industrie/Gewerbe (hoher Nutzungswert) in Verbindung mit anderen Nutzungen.
- Typ D: Geringe oder keine Nutzungswerte, aber hohe Funktionswerte für Freiraumfunktionen (Grünanlagen, landwirtschaftliches Grünland, Wald).

Innerhalb der Klasse V finden sich also ganz unterschiedliche Standortumfelder von innerstädtischen Gebieten auf der einen Seite bis hin zu solchen, die in der ländlichen Randzone des Stadtverbands liegen. Das zeigt an, daß die hier entwickelte Methode in der Lage ist, die vielen unterschiedlichen sozialen und wirtschaftlichen Aspekte in der Bewertung von Standortumfeldern auch zur Geltung zu bringen.

5 Anwendung der Wirkungsanalyse: Möglichkeiten und Probleme

Abschließend wollen wir fragen: Wer kann die Wirkungsanalyse sozio-ökonomische Systeme anwenden und welche Schwierigkeiten treten dabei auf? Verwenden kann die Analyse derjenige Stadtplaner, Altlastensanierer oder Kommunalpolitiker, der neben der naturwissenschaftlich-ökologischen Beurteilung des Altlasten-Standorts selbst eine zusätzliche Information über das sozio-ökonomische Umfeld des Standorts haben will. Er kann fragen bzw. analysieren, welche Flächen

Typ	Standort Kennz.	Bezeichnung, Lage	Wert für wirtsch. u.soziale Bedeutung	Verfügungsmöglichkeit	zusammengefaßter Gesamtwert
A	0133924	Kfz-Handel, St.Johann, Schmollerstr.	5	C	V
A	0134328	ehem.Pharm.Prod., St. Johann, Kronenstr. 1	5	D	V
A	2010096	ehem.Gewerbemülldeponie, Kinderspielplatz Jägerwies	4	E	V
A	3010594	chem.Reinigung, Heusweiler, Saarbrücker Str.	4	E	V
B 1	0240805	ehem.Deponie, Burbach, Ende Grüneichstr.	5	E	V
B 1	0471525	ehem.Deponie, Güdingen	4	E	V
B 1	9052544	ehem.Glashütte, Fenne, Hüttenstr.	4	E	V
B 2	0166874	Friedhof, St. Arnual, Im Hastental	4	E	V
B 2	5010188	ehem. Viktoriaschacht, Engelfangen, südöstl. Grubenstr.	4	E	V
B 2	6010204	Malerbetrieb, Quierschied, Holzerstr.	5	E	V
B 3	0120104	Spedition, Malstatt, Jenneweg 162	5	E	V
B 3	1030177	ehem.Gewerbe, Maybach	4	E	V
B 3	8040878	ehem. Eisenbahnschachtanlage, Altenwald	4	E	V
C	0240787	ehem.Halde, Burbach, Altenkesseler Str.	4	E	V
C	0310034	ehem.Grube Hirschbach, Dudweiler	4	E	V
C	9050514	Kraftwerk Fenne, Fenne	4	E	V
D	3040185	ehem.Deponie, Kutzhof, Renkertmühle	4	E	V
D	4010554	Saar-Tonindustrie, Kleinblittersdorf, Zur Fabrik	5	E	V

Typ A: Standortumfelder in zentralen Lagen
Typ B: Standortumfelder vor allem mit Wohnen (und mit anderen Nutzungen)
Typ C: Standortumfelder vor allem mit Industrie/Gewerbe (und mit anderen Nutzungen)
Typ D: Grünflächen/Freiraum-Standortumfelder (geringe/keine Nutzungswerte)

Abb. 7: KV-Standorte mit Klassenwert V für den Gesamtwert, sortiert nach Standortumfeld-Typen A – D

in der Umgebung von Altlasten aus gesellschaftlicher und wirtschaftlicher Sicht besonders wertvoll sind. Für diese Flächen sollte die Abwehr von Gefährdungen dann vordringlich sein.

Die praktische Anwendung des hier vorgeschlagenen Bewertungsverfahrens ist sicher nicht problemlos. Das betrifft insbesondere die Datenlage und den naturwissenschaftlich-ökologischen Wissensstand, den die sozio-ökonomische Analyse als Input braucht. Exemplarisch läßt sich das an der 100 m-Abgrenzung des Standortumfelds zeigen: Die Ergebnisqualität der Wirkungsanalyse hängt entscheidend davon ab, ob ein sinnvoll abgegrenztes, für die Art des Standorts (und sein Gefährdungspotential) passendes Umfeld betrachtet wird. Die naturwissenschaftlich-ökologische Analyse kann uns für die Abgrenzung derzeit keine Informationen liefern: Exakte Daten liegen nicht vor, und qualitative Angaben mögen die exakten Wissenschaften nicht machen. Das führt dazu,

– daß sich die sozio-ökonomische Analyse entweder die Informationen selber beschaffen muß – etwa so wie hier durch die wissenschaftlich nicht abgesicherte Setzung einer 100 m-Grenze –

– oder daß wir auf die Anwendung der sozio-ökonomischen Analyse ganz verzichten müssen.

Beide Varianten sind nicht befriedigend – aber es ist (auch) ein Ziel des Forschungsvorhabens, Wissenslücken und -defizite aufzuzeigen. Wir haben die Absicht und die Hoffnung, daß wir diese Lücken in der Zukunft werden schließen können.

Trotz dieser methodisch-wissenschaftlichen Probleme, die wir nicht überspielen wollen, sehen wir keine Bedenken, die Wirkungsanalyse sozio-ökonomischer Systeme in der vorliegenden Fassung einzusetzen und anzuwenden. Unterschiedliche soziale und wirtschaftliche Gegebenheiten in den Standortumfeldern werden zutreffend erfaßt und berücksichtigt.

Für die weitere Bearbeitung des Forschungsvorhabens können wir aus der Wirkungsanalyse sozio-ökonomische Systeme differenzierte Informationen beitragen, die den Vergleich und die Bewertung der Umgebung von Altlasten aus gesellschaftlichen und wirtschaftlichen Gesichtspunkten erlauben und damit eine zusätzliche Bewertungsdimension für die Einschätzung von Altlasten zur Verfügung stellen.

6 Literatur

Albrecht, R. u. F. Bartfelder, Ökologische Bewertung von Maßnahmen der Stadtinnenentwicklung, Bonn 1988 (Schriftenreihe Forschung des BMBau, Heft 458)

Dieckmann, J., Altlasten und Bauleitplanung, in: Natur und Landschaft, Heft 4/89

Hessische Landesanstalt für Umwelt (Hrsg.), Handbuch Altablagerungen, Teil 1-4, Wiesbaden 1987

Hinzen, A. u. G. Ohligschläger, Stadtplanung und Bodenkontaminationen – Zum Umgang der Stadtplanung mit belasteten Böden, Berlin 1987 (Umweltbundesamt – Texte 23/87)

Kommunalverband Ruhrgebiet (Hrsg.), Erfassung möglicher Bodenverunreinigungen auf Altstandorten, Essen 1989

Ministerium für Ernährung, Landwirtschaft, Umwelt und Forsten Baden-Württemberg (MELUF) (Hrsg.), Altlasten-Handbuch, Teil I und II, Stuttgart 1987 (Wasserwirtschaftsverwaltung, Heft 18 und 19)

o.V. (Arbeitsgemeinschaft Altlasten – Stadtverband – Leistungspaket 1.4), Arbeitspaket 1.4.1 – Wirkungsanalyse auf Ökosysteme, 3. Zwischenbericht, Saarbrücken 1991

Schneider, U., Altlasten, Handlungsvorschläge für die Stadtplanung, Dortmund 1987

Vogels, M., Grundstücks- und Gebäudebewertung – marktgerecht, Wiesbaden und Berlin 1989

Wiegandt, C.-C. u. W. Zwafelink, Altlastensanierung und städtebauliche Erneuerung Nordhorn-Povelgelände, Bonn 1990

XII Die abschließende Bewertung des regionalen Gefährdungspotentials

Jürgen Wagner, Hans-Peter Huppert-Nieder und Hartmut Bohrer

1 Die Einbindung der Hauptbewertung in das Gesamtprojekt des Stadtverbandes Saarbrücken

Der im Stadtverband Saarbrücken (SVS) verwendete Begriff der Hauptbewertung entspricht nicht der sonst weit verbreiteten Terminologie. Der SVS versteht darunter ein Bewertungsverfahren, das am Ende der beprobungslosen, nicht standortspezifischen Vorbewertungsphase steht. Mit ihr ist die relative, vergleichende Phase der Standortbewertungen und Einengung der Zahl kritischer Standorte abgeschlossen. Analog zu dieser Auffassung wird der Begriff der Hauptbewertung im nachfolgenden Text verwendet.

Ziel der Hauptbewertung ist ein erneuter Datendurchlauf aller kv-Standorte mit erhöhter Informationsdichte und unter einem naturwissenschaftlichen Blickwinkel. Dadurch läßt sich die Gesamtzahl an kritischen Verdachtsstandorten besonders wirkungsvoll reduzieren. Zu diesem Zweck wurde ein Bewertungsverfahren entwickelt, in dem Standort-Mindestinformationen miteinander verknüpft werden. Als Ergebnis erhält man eine Rangfolge der Verdachtsstandorte, die die Dringlichkeit weiterer Untersuchungen aufzeigt. Diese Prioritätensetzung dient als Grundlage für das Aussprechen von Handlungsempfehlungen.

Bundesweit wurden bislang mehrere Bewertungsmodelle zum Zweck der Gefährdungsabschätzung von kv-Standorten auf kommunaler und Länder-Ebene sowie von anderen Institutionen entwickelt. Allerdings gelangte nicht zuletzt wegen der enormen Komplexität des Themas bisher noch kein Modell wirklich über die Erprobungsphase hinaus. Das hier erarbeitete Modell unterscheidet sich durch seine inhaltliche und methodische Geschlossenheit. Die Ursache dafür liegt in der Integration des Hauptbewertungsmodells in eine umfassende Bearbeitung der Altlastenproblematik durch das Forschungsprojekt.

Ein wesentlicher Teilaspekt des Stadtverbandsprojektes „Handlungsmodell Altlasten" ist die Erarbeitung einer möglichst praxisorientierten Bewertungsmethodik innerhalb der Gesamtgefährdungsabschätzung von kv-Standorten. Die dafür entwickelte Methodik zeichnet sich durch einen grundsätzlich zweistufigen Aufbau aus: Auf eine aus Erst- und Zweitbewertung bestehende Vorbewertung folgt die eigentliche Hauptbewertung aller kv-Standorte.

Nachfolgend werden die Beziehungen der Hauptbewertung zu grundlegenden Arbeitspaketen innerhalb der Gefährdungsabschätzung aufgezeigt.

Vorbewertung

Die Vorbewertung orientiert sich zunächst am vermuteten jeweiligen Gefährdungspotential der rund 2.500 kv-Standorte. Ziel ist die Setzung von Prioritäten. Sechs Prioritätsstufen weisen auf die zu- bzw. abnehmende Dringlichkeit von Untersuchungen hin. Entsprechend des prognostizierten Handlungsbedarfs werden zunächst die der Prioritätsstufe 1 zugeordneten Standorte der Hauptbewertung unterzogen.

Festlegung von Untersuchungsaufgaben und -verfahren

Mit der Entwicklung und erfolgreichen Anwendung von Entscheidungsschlüsseln zum Zweck der Festlegung von Untersuchungsaufgaben sowie rechtlicher und finanzieller Rahmenbedingungen wurde gleichzeitig die methodische Grundlage für das nachfolgend in seinen Grundzügen erläuterte Hauptbewertungskonzept gelegt. Ebenfalls von großem Wert für die Praxis erweist sich die Tatsache, daß wesentliche Standortkriterien („Nutzung, Stoffe, Standortverhältnisse") gleichermaßen für die Festlegung von Untersuchungsaufgaben und Untersuchungsverfahren wie auch für das Hauptbewertungskonzept verwendet werden können. Allerdings zeichnen sich die Bewertungskriterien im Rahmen der Hauptbewertung durch einen deutlich höheren Informationsgehalt aus.

Untersuchung der Modellstandorte

Im Anschluß an die Vorbewertung wurden Modellstandorte verschiedener Prioritätsstufen ausgesucht. An diesen Standorten wurde zunächst eine ausführliche Datenrecherche (Intensivrecherche) durchgeführt, auf deren Basis dann orientierende Untersuchungen vorgenommen wurden.

Der Untersuchung von Modellstandorten werden drei Bedeutungen zugesprochen:

1. Überprüfen und Eichen der entwickelten Untersuchungsmethodik
2. Bedeutung für die Region durch Bestimmung und Abklärung der tatsächlichen Gefährdung
3. Diskussionsbeitrag zur Bestimmung und Bewertung von Grenz-, Richt- und Orientierungswerten

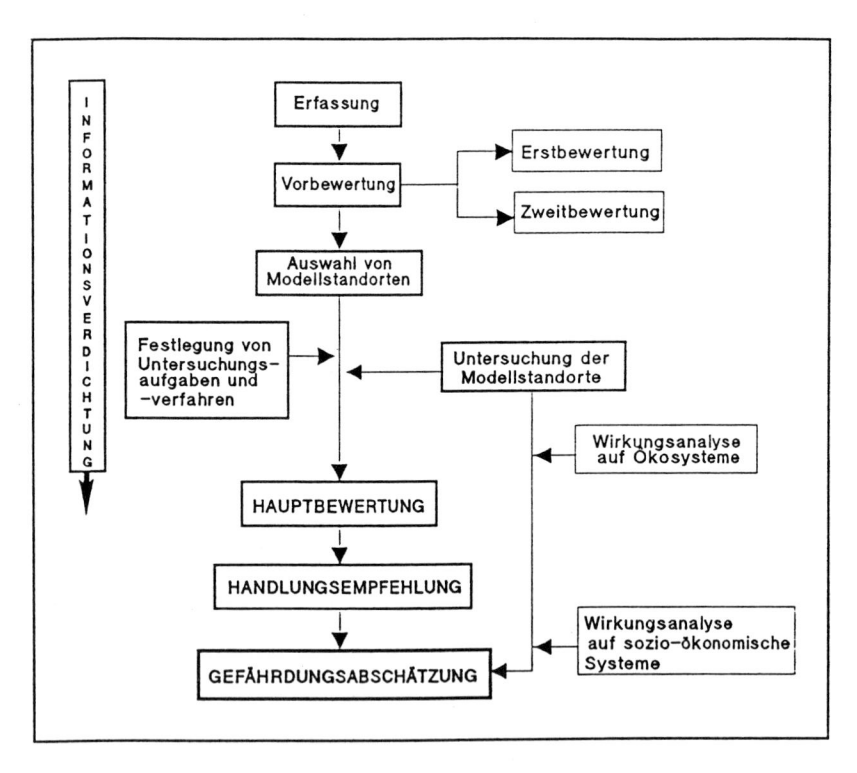

Abb. 1: Stellung der Hauptbewertung innerhalb der Gefährdungsabschätzung

2 Ziel der Hauptbewertung

Ziel des Hauptbewertungsverfahrens ist die Erarbeitung eines standardisierten Bewertungskonzeptes, das auf alle kv-Standorte innerhalb des Stadtverbandes anwendbar ist. Die Reihenfolge der Hauptbewertung von Standorten richtet sich nach der in der Vorbewertung vorgenommenen Prioritätseinstufung. Nacheinander werden die kv-Standorte von der Prioritätsstufe 1 bis zur Prioritätsstufe 6 der Hauptbewertung unterzogen.

Die gegenüber vorherigen Bewertungsschritten detailliertere Abstufung des Gefährdungspotentials führt zwangsläufig zu einer stärkeren Differenzierung innerhalb der einzelnen Prioritätsstufen und demzufolge auch zu einer Reduzierung von als besonders schwerwiegend eingeschätzten Standorten in der Prioritätsstufe 1. Eine solche Reduzierung von kv-Standorten in der höchsten Prioritätsstufe ist zwingend notwendig, da finanzielle, aber auch rein zeitliche Aspekte die zügige Untersuchung von vielleicht mehreren hundert kv-Standorten der Prioritätsstufe 1 nahezu unmöglich machen. Das unter Umständen wichtigste Ziel der Hauptbewertung ist daher das Herausfiltern der Fälle mit dem vermutlich höchsten Gefährdungspotential und dem größten Handlungsbedarf.

3 Konzeptioneller Aufbau der Bewertungsmethodik

Auch die Hauptbewertung behält das Grundprinzip von Erst- und Zweitbewertung, nämlich das ETI-Modell, bei. Emission, Transmission und Immission finden sich wieder in den folgenden drei Bewertungsbereichen:

KV-STANDORT (STOFFEMISSION)	--->	EMISSION
GEOÖKOLOGISCHE STANDORTVERHÄLTNISSE	--->	TRANSMISSION
NUTZUNG	--->	IMMISSION

Aufbau der Hauptbewertung

Der Hauptbewertung liegen drei Bewertungsbereiche zugrunde. Es handelt sich um:

- das Emissionspotential: es beinhaltet auch Hinweise auf die Stoffgefährlichkeit, drückt aber im wesentlichen die Wahrscheinlichkeit von Stoffemissionen an einem kv-Standort aus.
- das Transmissionspotential: es gibt Auskunft über die geoökologischen Standortverhältnisse und deren Eignung zum Transport von Schadstoffen.
- das Immissionspotential: es zeigt die Anfälligkeit von Nutzungen (aktuell, geplant) am Standort und seiner Umgebung gegenüber Schadstoffen an.

Verwendung von Bewertungsschlüsseln bei der Bestimmung der Teilpotentiale

Die beiden Bewertungsbereiche Emissions- und Transmissionspotential werden durch eine Bewertungsmatrix in Form von Bewertungsschlüsseln einer Beurteilung unterzogen. Die Bewertung des Immissionspotentials verzichtet auf die Anwendung eines Bewertungsschlüssels, da die Anfälligkeit konkreter Nutzungen weniger komplex und daher einer einfachen und direkten Beurteilung (in Tabellenform) zugänglich ist.

Jeder Bewertungsschlüssel setzt sich aus wichtigen emissions- und transmissionsrelevanten Merkmalen zusammen. Jedem Merkmal (z. B. Flächengröße) bzw. jeder Ausprägung eines Merkmals (z. B. 5 ha, 10 ha) wird eine Zahl zugewiesen. Diese Zahlen dienen nicht der Durchführung von Rechenoperationen, was wegen des ordinalen Skalierungsniveaus auch keine sinnvollen Ergebnisse zuließe.

Aus der Kombination dieser Zahlen resultiert eine standortspezifische Schlüsselnummer. Ändert sich im Zuge der Gesamtbewertung die Einschätzung eines Standortmerkmals, wird der betreffende Bewertungsschlüssel noch einmal angewendet. Die Schlüsselnummern des Emissions- und Transmissionspotentials werden in fünf Klassenstufen unterteilt. Acht Klassenstufen drücken die Höhe des Immissionspotentials aus. Je höher die Klassenstufe, desto höher wird das jeweilige

Potential eingeschätzt. Die numerische Umsetzung aller Standortmerkmale, die Zuordnung von Schlüsselnummern und deren Einstufung in Klassen gewährleisten den standardisierten Vergleich der Verdachtsflächen untereinander. Der Vergleich bewegt sich zunächst auf der Ebene der einzelnen Bewertungsbereiche.

Entscheidungsfindung

Die Zuweisung von Klassen zu den Schlüsselnummern beinhaltet zwar auf den ersten Blick ein gewisses Maß an Subjektivität, steht aber in engem Zusammenhang mit praktischen Erfahrungen und ist gestützt durch die Bearbeitung von zahlreichen Einzelfällen. Die Klasseneinteilung folgt keinen vorher festgelegten mathematischen oder statistischen Gesetzen. Die Klassenstufen ergeben sich nicht durch Rechenoperationen, z. B. durch Bildung des arithmetischen Mittels der Schlüsselnummern.

Vielmehr ist die Zuordnung zu einzelnen Klassenstufen das Resultat praktischer Erfahrungen, die bei Untersuchungen von Verdachtsflächen auf „klassische Art und Weise" gewonnen wurden. Diese vielfältigen Erfahrungen wurden in Form von Schlüsselnummern mit Hilfe logisch nachvollziehbarer Verknüpfungen, sogenannten „Wenn-Dann-Entscheidungen", in Klassenstufen umgesetzt.

Beispiel Emissionspotential:

Wenn das Mobilitätspotential sehr hoch ist, das Stoffmengenpotential ebenfalls, die Betriebsdauer 25 Jahre beträgt, das Betriebsende vor 1972 war und die Flächengröße bei 5 ha liegt, dann wird das Emissionspotential sehr hoch eingeschätzt.

Bei der Zuordnung von Klassenstufen treten scheinbar regellos Sprünge von einer Stufe zur anderen auf. Diese Sprünge sind insofern regellos, als sie – wie bereits erwähnt – keinen vorgefertigten mathematischen Regeln folgen. Die Zuordnung ist dem Vorsorgeprinzip verhaftet und befolgt demnach das „worst-case-Prinzip". Dies führt zwar zu einer systematischen Überschätzung des Einzelfalles; sie wird aber reguliert durch die schrittweise Zunahme der Datendichte, so daß nach und nach die Zahl kritisch eingestufter Standorte abnimmt.

Informationsniveau der Bewertungsbereiche

Das Informationsniveau der Bewertungsbereiche muß so gewählt werden, daß für alle Standorte die erforderlichen Informationen und Daten annähernd auf der gleichen qualitativen Ebene vorliegen und die Bewertungsmatrizen über eine ausreichend hohe Aussagekraft verfügen.

Die Bedingung einer für alle Standorte qualitativ gleichwertigen Datenbasis läßt sich erfüllen, wenn als Datenquelle die nach einheitlichen Kriterien erhobenen Stammdaten der Erfassungsbögen ausgewertet werden. Die erforderlichen Grundlagendaten für die Erstellung der Bewertungsmatrizen können den Erfassungsbögen sowohl direkt (Nutzung, z. T. Standortverhältnisse) als auch indirekt (Stoffgefährlichkeit, z. T. Standortverhältnisse) entnommen werden.

Das Bewertungskonzept muß zweigleisig fahren können. Das heißt, es wird so angelegt, daß es sowohl auf beprobungslos untersuchte Standorte anwendbar ist als auch auf Standorte (z. B. Modellstandorte), die aufgeschlossen, beprobt und analytisch auf den Schadstoffgehalt kontaminierter Umweltmedien untersucht worden sind.

Da die Vergleichbarkeit der Standorte untereinander und die Forderung der Übertragbarkeit ein einheitliches Informationsniveau verlangen, muß sich die Bewertungsmethodik nach den kv-Standorten mit dem niedrigsten Informationsniveau richten. Diese Standorte bilden die Grundlage für das gesamte vergleichende Bewertungskonzept. Allerdings bedingt der mehrstufige Aufbau der Hauptbewertung eine rasche Informationsverdichtung von Stufe zu Stufe.

Am einheitlichsten ist das Informationsniveau für den Bewertungsbereich „Nutzung". Qualitative Unterschiede treten kaum auf, da die realen Nutzungsverhältnisse an allen Standorten gleichermaßen gut zu recherchieren sind. Auch für die anderen Bewertungsbereiche, eingeschlossen die geoökologischen Standortverhältnisse, können die erforderlichen Daten aus den Erfassungsbögen gewonnen werden. Bei größeren Unsicherheiten kann eine zusätzliche Geländebegehung zur Klärung beitragen.

Überprüfung des Bewertungskonzeptes

Ob unter den genannten Bedingungen eine nachvollziehbare Hauptbewertung zu leisten ist und ob das methodische Konzept auch auf andere kv-Standorte übertragbar ist, konnte und mußte an den intensiv recherchierten und z. T. analytisch untersuchten kv-Standorten überprüft werden. Diese Standorte mit einem hohen Informationsniveau dienen demnach der Eichung des gesamten Bewertungskonzeptes.

Die Ergebnisse der drei Bewertungsbereiche werden in einem speziell entwickelten Bewertungsschlüssel (Gesamtbewertung) miteinander verknüpft. Die dabei gleichzeitig vorgenommene Bildung einer Rangfolge entsprechend dem vermuteten Gefährdungspotential erhöht die Aussagekraft der Hauptbewertung erheblich.

Der Schlüssel für die Gesamtbewertung verfügt über den gleichen methodischen Aufbau wie die Bewertungsschlüssel für das Emissions- und Transmissionspotential. Große Unterschiede bestehen dagegen in der Art und Weise der Umsetzung in Schlüsselnummern. Dagegen werden die 200 Schlüsselnummern der Gesamtbewertung entsprechend ihrer Bedeutung gewichtet und in eine Rangfolge zueinander gesetzt.

Eine derartige Rangfolge eignet sich allein sicherlich nicht zur exakten Bestimmung der von einem kv-Standort evtl. ausgehenden Gefährdung, doch zeigt sie die Dringlichkeit auf, mit der an einem kv-Standort bestimmte Handlungsempfehlungen in die Praxis umgesetzt werden sollen. Die Rangfolge beruht auf der subjektiven Gewichtung der Einzelpotentiale, wobei das Emissionspotential mit 30 %, das Transmissionspotential mit 20 % und das Immissionspotential mit 50 % gewichtet werden. Der 50-%-Anteil des Immissionspotentials hängt ursächlich mit dem Befolgen des Vorsorgeprinzips zusammen, d. h. der möglichen Gefährdung von Nutzungen wird in der Gesamtbewertung grundsätzlich die größte Bedeutung beigemessen. Die im Vergleich zum Transmissionspotential etwas höhere Einstufung des Emissionspotentials wird damit begründet, daß Schadstoffe am kv-Standort höher konzentriert vorliegen als in möglichen Schadstofftransportmedien.

Die Zuweisung von Handlungsempfehlungen markiert den schwerwiegendsten Unterschied zwischen dem Schlüssel für die Gesamtbewertung und denen für Emissions- und Transmissionspotential. Bei den beiden zuletztgenannten Schlüsseln werden sämtliche Schlüsselnummern in Potentialklassen eingestuft.

Die Umsetzung des Datenmaterials in Bewertungsmatrizen anhand einfacher Schlüsselzahlen ermöglicht einen semiautomatischen Prozeß der Hauptbewertung. Ein gewisser Automatismus wird angestrebt, um eine weitgehend objektive Bearbeitung der Daten zu erzielen. Allerdings kann der Bearbeiter bei speziellen Standortverhältnissen in beschränktem Maß auch Einfluß auf die Dateneinspeisung der einzelnen Bewertungsschlüssel nehmen. Dieser Grad an Subjektivität behindert jedoch nicht den möglichen und – wegen der hohen Standortzahl – fast zwangsläufigen Einsatz von Computern. Ein Beispiel dient zur Erläuterung der individuellen Eingriffsmöglichkeit in die Dateneinspeisung: In der Standortcheckliste eines kv-Standortes wird als Altnutzung Metallbearbeitung angegeben. Dies führt zu einem sehr hohen Stoffgruppenanzahl- und Stoffmengenpotential mit der Wertungsstufe 4. Allerdings besitzt der Sachbearbeiter Informationen über die ehemalige Produktionscharakteristik, die eine deutlich geringe Einstufung nahelegt. Der Bearbeiter gibt daher nicht die Wertungsstufe 4, sondern lediglich die Stufe 2 in den Computer ein.

Die Verwendung von Bewertungsschlüsseln dient der Beurteilung der Gefährdung, die von einem kv-Standort ausgeht. Die Bewertungsmethodik setzt voraus, daß das Gefährdungspotential sich durch die Verknüpfung dreier Teilpotentiale, nämlich des Emissions-, Transmissions- und Immissionspotentiales, hinreichend genau beschreiben läßt. Jedes der genannten Potentiale kann an unterschiedlichen Standorten unterschiedlich stark ausgeprägt sein. Die Höhe des jeweiligen Teilpotentials muß für jede Verdachtsfläche neu bestimmt werden. Dafür eignen sich verschiedene Standortmerkmale. Zur Bestimmung des Immissionspotentials genügt bereits ein einziges Merkmal: die Art der Nutzung am Standort und dessen unmittelbarer Umgebung. Zur Bewertung des Emissionspotentials werden fünf und zur Bewertung des Transmissionspotentials sechs Standortmerkmale benötigt.

Die Standortmerkmale bilden das Fundament der Bewertungsschlüssel. Die Ausprägungen eines jeden Merkmals werden bewertet und in Wertigkeitsstufen unterteilt. Die Ausprägungen der Merkmale, repräsentiert durch die einzelnen Wertigkeitsstufen, werden miteinander verknüpft. Jede dabei mögliche Kombination ergibt eine individuelle Schlüsselnummer.

Die Schlüsselnummer selbst drückt noch nicht die Höhe eines Potentiales aus. Die Nummer ist lediglich die numerische Kurzfassung einer Kombination unterschiedlich hoch bewerteter Merkmalsausprägungen. Praktische Bedeutung erlangen die Schlüsselnummern des Emissions- und Transmissionspotentiales erst durch ihre Übersetzung und die Zuordnung zu einer der fünf möglichen Potentialklassen.

Wenngleich eine Zuordnung prinzipiell als ein mathematisches Verfahren verstanden werden kann, darf die hier vorgenommene Zuordnung nicht mit der Durchführung mathematischer Operationen verwechselt werden.

Beim Schlüssel für die Gesamtbewertung beruht zwar die Erstellung der Rangfolge von Schlüsselnummern auf einer mathematischen Operation, allerdings läßt die Gewichtung, auf der diese Rangfolge aufbaut, einen persönlichen Entscheidungsspielraum für den Bearbeiter noch zu.

4 Der Bewertungsbereich Emissionspotential („Stoffgefährlichkeit")

Am treffendsten wird das Emissionspotential durch die Stoffgefährlichkeit der (vermutlich) am Standort vorhandenen Schadstoffe charakterisiert. Allerdings entstehen bei dem Versuch, die Stoffgefährlichkeit an einem kv-Standort zu bestimmen, enorme, kaum zu überwindende Schwierigkeiten, besonders wenn auf beprobungslosem Niveau Untersuchungen vorgenommen werden.

Daher wird das Emissionspotential indirekt abgeschätzt. Dazu wird die produktions- und ablagerungsbedingte Neigung und Fähigkeit von kv-Flächen bewertet, umweltgefährdende Stoffe freizusetzen. Eine derartige Bewertung kann nicht nach absoluten Maßstäben erfolgen, da das weithin beprobungslose Untersuchungsstadium nur eine relative, überwiegend nicht durch Messungen belegte Abschätzung des Emissionspotentials zuläßt.

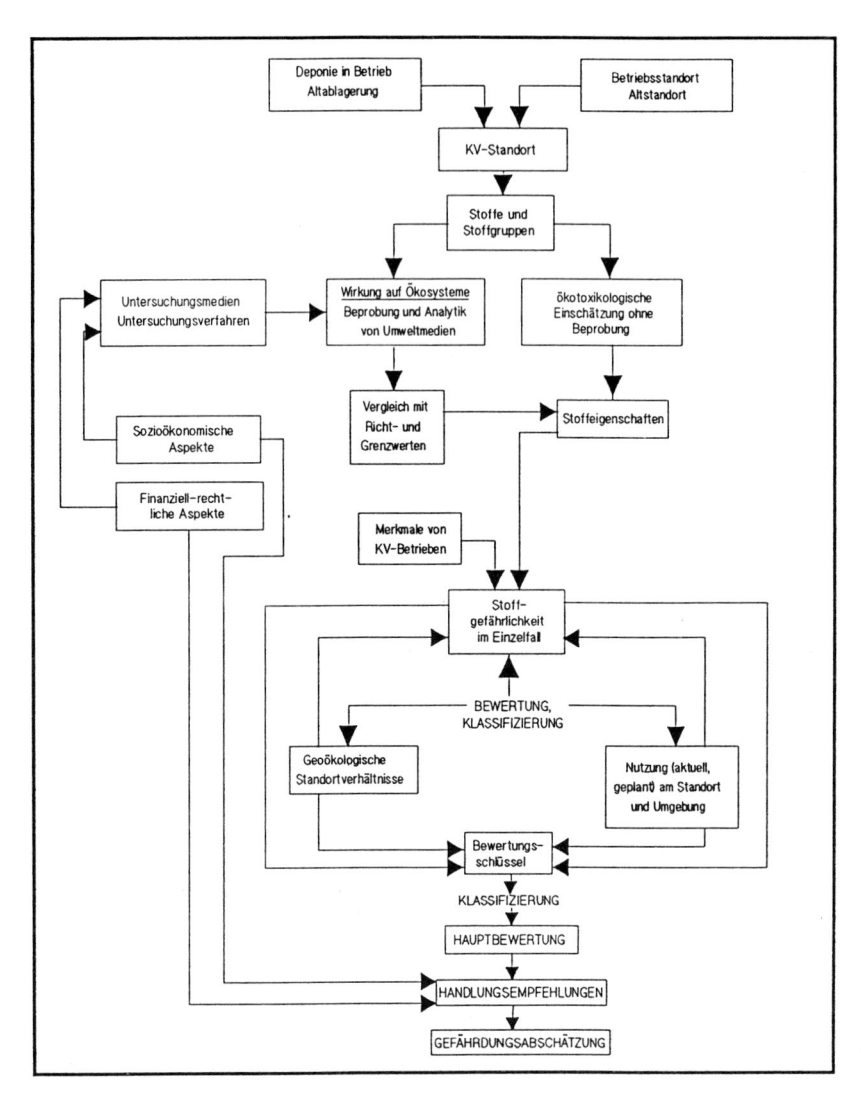

Abb. 2: Konzeptioneller Aufbau der Hauptbewertung

Diese Abschätzung wird mit Hilfe eines Bewertungsschlüssels vorgenommen, in den fünf Standort- und Schadstoffmerkmale bzw. -eigenschaften einfließen:

1. Mobilitätspotential wichtiger Schadstoffe
2. Stoffgruppenanzahl- und Stoffmengenpotential von kv-Standorten
3. Betriebs- bzw. Ablagerungsdauer
4. Betriebs- bzw. Ablagerungsende
5. Flächengröße.

Der Bewertungsschlüssel baut somit auf Merkmalen auf, die beprobungslos gewonnen werden können. Jedes Merkmal wird durch drei bis fünf Merkmalsausprägungen näher beschrieben; jeder Ausprägung wird eine Wertigkeitsstufe zugeordnet.

Den größten Einfluß auf die Bestimmung des Emissionspotentials von kv-Standorten üben das Mobilitäts- sowie das Stoffgruppenanzahl-/Stoffmengenpotential aus. Die Merkmale Flächengröße, Betriebs- bzw. Ablagerungsende und Betriebs- bzw. Ablagerungsdauer sind von nachgeordneter Bedeutung; sie stärken oder schwächen das Gewicht des Stoffgruppenanzahls-/Stoffmengenpotentials. Das Mobilitätspotential wichtiger chemischer Verbindungen – gemeint ist die Fähigkeit zum Weitertransport von Schadstoffen – wird näherungsweise bestimmt durch das Einbeziehen einiger für Mobilisierung und Transport wichtiger physiko-chemischer Stoffeigenschaften. Die Bestimmung dieser Eigenschaften bewegt sich überwiegend auf Stoffgruppenniveau. Das Stoffgruppenanzahl- und Stoffmengenpotential eignet sich zur Grobabschätzung des Emissionspotentials. Zweifellos läßt sich aufgrund einer bestimmten Branchenzugehörigkeit eine Aussage über Anzahl und Menge verwendeter oder abgelagerter Stoffe treffen. So muß beispielsweise eine ehemalige Teerfabrik deutlich kritischer beurteilt werden als etwa eine Kfz-Großwerkstatt.

Mit der Flächengröße nehmen im allgemeinen auch die Stoffmengen und verwendeten Stoffgruppen zu (Stahlwerk <——> Chemische Reinigung). Ebenso ist nachvollziehbar, daß mit zunehmender Betriebsdauer auch die Wahrscheinlichkeit des (unbeabsichtigten) Eintrags von Schadstoffen in ein Umweltmedium wächst.

Einen weiteren nicht unerheblichen Einfluß auf die Höhe des Emissionspotentials besitzt das Betriebs- bzw. Ablagerungsende. Aufgrund verschärfter Umweltschutzgesetze sowie vielfach umweltverträglicherer Produktionsweisen besitzt ein heutiger Betrieb ein geringeres Emissionspotential als ein vergleichbarer Betrieb, der vor 1972, d. h. vor Verabschiedung des Abfallbeseitigungsgesetzes produzierte. Das Jahr 1972 betrifft zwar in erster Linie Ablagerungen, doch auch für Gewerbe- und Industriebetriebe markiert dieser Zeitpunkt in etwa den Beginn verschärfter Auflagen.

Die Bewertung des Emissionspotentials ist gleichbedeutend mit der Einteilung in fünf Klassenstufen. Die Einteilung ist relativ und drückt somit keinen absoluten, als exakte Größe darstellbaren Sachverhalt aus.

KLASSIFIZIERUNG EMISSIONSPOTENTIAL		
* Stufe V	sehr hohes	Emissionspotential
* Stufe IV	hohes	Emissionspotential
* Stufe III	mittleres	Emissionspotential
* Stufe II	geringes	Emissionspotential
* Stufe I	sehr geringes	Emissionspotential

5 Der Bewertungsbereich Transmissionspotential („Geoökologische Standortverhältnisse")

Die Bewertung des Transmissionspotentials beurteilt die geogene Eignung von kv-Standorten, Schadstoffe über die verschiedenen Trägermedien (v. a. Boden, Untergrund und Wasser) transportieren zu können. Die Bewertung beruht nicht auf konkreten Untersuchungsergebnissen. Das Transmissionspotential des Untergrundes kann nur grob abgeschätzt werden, da bei den meisten kv-Standorten konkrete Angaben über wichtige Merkmale (v. a. Bodenart, Mächtigkeit, Lagerungsdichte, Durchlässigkeit etc.) fehlen.

Daher wird eine stark vereinfachte Bewertungsmethode eingesetzt, die dem allen kv-Standorten zugrunde liegenden Informationsstand angepaßt ist und gleichzeitig noch eine deutlich über das Niveau der

Vorbewertung hinausgehende Abschätzung des Transmissionspotentials ermöglicht. Dies geschieht mit Hilfe mehrerer geoökologischer Standortmerkmale und ihrer spezifischen Ausprägungen:
1. Geomorphologie
2. Geologie
3. Zustand der Bodenoberfläche
4. Lage des Emittenten im Profil.

Die notwendigen Informationen zu allen Standortmerkmalen und ihren Ausprägungen werden den jeweiligen Standortchecklisten – gegebenenfalls auch topographischen und geologischen Karten – entnommen.

Die drei erstgenannten Merkmale zeichnen sich durch eine Reihe geoökologischer Eigenschaften aus; auch können ihnen wichtige Schutz- und Regelungsfunktionen im Naturhaushalt zugeordnet werden (Tab. 1). Beide, Eigenschaften und Funktionen, nehmen starken Einfluß auf die mögliche Transmission von an der Oberfläche lagernden, eingelagerten oder in den Untergrund eingedrungenen Schadstoffen.

STANDORTMERKMALE	EIGENSCHAFTEN, FUNKTIONEN	
Geomorphologie	Wasserverfügbarkeit	Wassernähe Wasserzufluß Grundwasserflurabstand
Geologie	Bodenart Wasserdurchdringbarkeit Regelungsfunktion (Untergrund)	Permeabilität Filterkapazität Pufferkapazität
Bodenoberfläche	Wasserdurchdringbarkeit Regelungsfunktion (Boden)	Infiltration Pufferkapazität Transformatorkapazität

Tab. 1: **Standortmerkmale und ihre geoökologischen Eigenschaften und Funktionen**

Im weiteren Bewertungsverfahren werden diese transmissionsrelevanten Eigenschaften und Funktionen mit Hilfe geeigneter Tabellen einer Beurteilung unterzogen. Diese Einzelbewertungen fließen zusammen mit dem Merkmal „Lage der Kontaminationsquelle im Profil" (oberflächennah, diffus etc.) in einen Bewertungsschlüssel ein, mit dessen Hilfe das Transmissionspotential am kv-Standort eingeschätzt wird.

Das Transmissionspotential wird als Ergebnis des Bewertungsverfahrens in fünf Klassenstufen eingeteilt. Die Einteilung ist relativ und beruht nicht auf gemessenen Werten:

KLASSIFIZIERUNG TRANSMISSIONSPOTENTIAL		
* Stufe V	sehr hohes	Transmissionspotential
* Stufe IV	hohes	Transmissionspotential
* Stufe III	mittleres	Transmissionspotential
* Stufe II	geringes	Transmissionspotential
* Stufe I	sehr geringes	Transmissionspotential

6 Der Bewertungsbereich Immissionspotential („Aktuelle und geplante Nutzung")

Dieser Bewertungsbereich bezieht sich auf die Nutzung (aktuell, geplant) bzw. Nichtnutzung am kv-Standort und dessen unmittelbarer Umgebung. Die vorgenommene Klassifizierung in 8 Klassen drückt den Grad der Gefährdung aus, der eine Nutzung und die damit verbundenen Schutzgüter durch Kontamination des Standortes und/oder dessen Umgebung ausgesetzt sind.

Diese Einteilung berücksichtigt jedoch nicht, daß einige der Nutzungen ihrerseits selbst wieder die Kontamination von Umweltmedien bzw. Schutzgütern bewirken können (z. B. Flughafen, Schießanlage).

Die Bewertung des Immissionspotentials orientiert sich im wesentlichen an der Bedrohung des Menschen entweder direkt durch Kontakt bzw.

Aufnahme von kontaminiertem Material oder indirekt über die Beeinträchtigung von Schutzgütern (z. B. Boden, Wasser). Allerdings sollte dieses eher anthropozentrische Weltbild nicht zum alleinigen Maßstab der Hauptbewertung genommen werden. Auch der mehr oder weniger natürlichen Umgebung des Menschen muß ein Wert zugestanden werden. Daher werden Natur- oder naturnahe Räume vergleichsweise hoch eingestuft.

7 Die Gesamtbewertung von kontaminationsverdächtigen Standorten

Die Verknüpfung aller Potentialergebnisse im Gesamtgefährdungsschlüssel führt zu insgesamt 200 Schlüsselnummern. Diese Nummern werden nicht numerisch geordnet, sondern entsprechend der Höhe der vermutlichen Gefährdung der Umwelt aufgelistet. Die Kennzeichnung der Rangfolge erfolgt über die Vergabe von Prioritätsziffern. Eine zusätzliche Differenzierung der Rangfolge ergibt sich durch Einteilung der Schlüsselnummern bzw. Prioritätsziffern (PZ) in fünf unterschiedlich umfangreiche Untersuchungsblöcke (UB).

Die UB fassen zunächst auf einer sehr groben Ebene Schlüsselnummern zusammen, denen ein in etwa vergleichbares Gefährdungspotential zugesprochen wird. Die Einteilung in UB ist ein Hilfsmittel, um kv-Standorte beim ersten Durchlauf bestimmten Handlungsempfehlungen (HE) zuordnen zu können.

Jeder UB ist mit HE verbunden. Insgesamt werden sechs HE unterschieden. Davon weisen vier auf zusätzliche, umfangreicher werdende Untersuchungen der Standorte hin; zwei HE verneinen dagegen weiteren Untersuchungsbedarf und empfehlen, die betreffenden Standorte – zumindest vorläufig – aus dem aktiven Altlastenkataster herauszunehmen.

Zu den jeweiligen UB und den mit ihnen gekoppelten HE gelangt der Anwender durch den wiederholten Durchlauf des Gesamtbewertungsschlüssels. Die erstmalige Anwendung des Bewertungsschlüssels stuft einen kv-Standort in einen der fünf UB ein. Mit Ausnahme von UB 1 (PZ 13 – 1) kann von jedem anderen UB aus ein kv-Standort in eine höhere oder tiefere Ebene gelangen. Dies wird möglich durch

```
                    ┌──────────────────┐
                    │  Bewertung der   │
         ┌──────────│  Einzelpotentiale│──────────┐
         │          └──────────────────┘          │
         │                   │                    │
┌────────────────┐  ┌────────────────┐  ┌────────────────┐
│    EMISSION    │  │  TRANSMISSION  │  │    IMMISSION   │
└────────────────┘  └────────────────┘  └────────────────┘
         │                   │                    │
         │          ┌──────────────────┐          │
         └─────────▶│   Schlüssel der  │◀─────────┘
                    │  Gesamtbewertung │
                    └──────────────────┘
                             │
                             ▼
                    ┌──────────────────┐
                    │  Gewichtung der  │
                    │  Schlüsselnummern│
                    │  E 30  T 20  I 50│
                    └──────────────────┘
                             │
                             ▼
                    ┌──────────────────┐
            ┌───────│   Rangfolge der  │
            │       │  Schlüsselnummern│
            │       └──────────────────┘
            ▼
┌──────────────┐   ┌──────────────┐   ┌──────────────┐
│ Prioritäts-  │──▶│Untersuchungs-│──▶│  Handlungs-  │
│   ziffern    │   │    blöcke    │   │ empfehlungen │
└──────────────┘   └──────────────┘   └──────────────┘
                                                │
                  ┌──────────────────────────┐  │
                  │ GEFÄHRDUNGSABSCHÄTZUNG   │◀─┘
                  └──────────────────────────┘
```

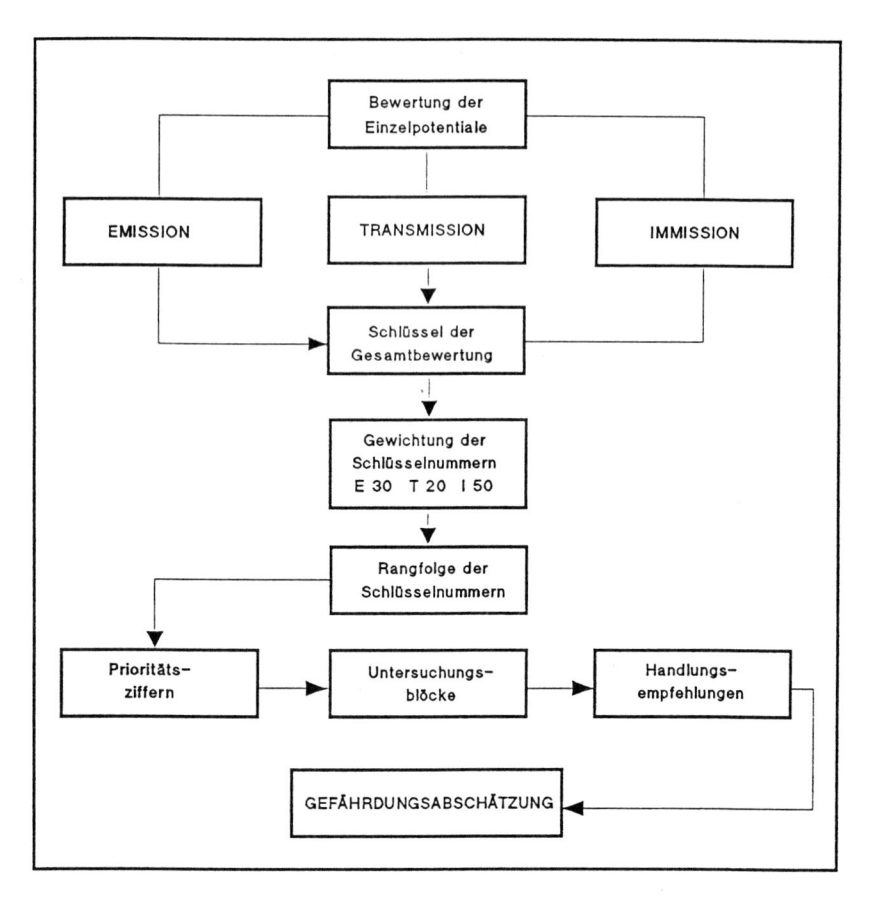

Abb. 3: Ablaufschema der Gesamtbewertung

eine Neubewertung der einzelnen Potentiale (Emission, Transmission, Immission). Eine Neubewertung kann das Resultat der in den einzelnen UB vorgesehenen HE und der damit verbundenen Standortuntersuchungen sein.

Maximal vier Durchläufe oder Schleifen sind möglich. Je mehr Schleifen notwendig, desto kritischer wird die kv-Fläche eingeschätzt. Beispielsweise erhält der Anwender die kritischste Einstufung dann, wenn die Schlüsselnummer des Standortes nach dem vierten Durchlauf auf HE 4 im UB 5 (z. B. PZ 194) hinweist.

Jede Änderung der Einzelpotentialbewertung führt automatisch zu einer erneuten Anwendung des Gesamtbewertungsschlüssels und damit zur Neubewertung eines Standortes. Im Zuge dieser Neubewertung kann ein Standort eine neue Schlüsselnummer und damit auch eine neue PZ erhalten; drei Konsequenzen sind grundsätzlich denkbar:
1. Keine Änderung des laufenden Untersuchungsprogrammes
2. Intensivierung des Untersuchungsprogrammes
3. Abbruch weiterer Untersuchungen.

Die 200 Schlüsselnummern des Gesamtbewertungsschlüssels verteilen sich mit ihren Prioritätsziffern (PZ) auf die fünf UB wie in Tab. 2 dargestellt. Darüberhinaus zeigt die Tabelle, welche HE bei welchen PZ wirksam werden.

UB	PZ	Schlüsselnummern		HE
		n	%	
5	200 - 186	15	7,5	1 --> 2 --> 3 --> 4
4	185 - 156	30	15,0	1 --> 2 --> 3 --> B
3	155 - 80	76	38,0	1 --> 2 --> B
2	79 - 14	66	33,0	1 --> B
1	13 - 1	13	6,5	A
		200	100	

Tab. 2: Verteilung von Schlüsselnummern, PZ und HE in den einzelnen UB

Die fünf UB repräsentieren sechs Typen von HE, wovon zwei (HE A und B) kv-Standorte aus dem Altlastverdacht entlassen und vier (HE 1, 2, 3 und 4) auf weitere, zunehmend detailliertere Arbeitsschritte hinweisen.

HE A: HE A kann nur beim ersten Durchlauf des Bewertungsschlüssels den PZ 13 – 1 zugewiesen werden.

HE A besagt, daß der Standort aus dem Altlastverdacht entlassen, aber als Vorsichtsmaßnahme weiter im Verdachtsflächenkataster geführt wird. Ansonsten kann der Standort uneingeschränkt genutzt werden.

HE B: HE B wird gültig, wenn sich bei Standorten, die in die UB 4, 3 und 2 (PZ 185 – 14) eingestuft sind, nach Abschluß der damit verbundenen Untersuchungen der Altlastverdacht nicht bestätigt.

Am kv-Standort ist derzeit kein Handlungsbedarf erkennbar; allerdings verbleibt der Standort in der Verdachtsflächendatei, um bei einer geänderten Sachlage (gezielter Kontaminationsverdacht) jederzeit wieder verfügbar zu sein. Der Altlastverdacht wird unter Vorbehalt aufgehoben.

Der Vorbehalt bezieht sich darauf, daß bei der Planung besonders anfälliger Nutzungen (Klassen 8 – 5 des Immissionspotentials) die Standortdaten sowie der Standort selbst einer erneuten Begutachtung unterzogen und hinsichtlich der konkreten Nutzungsabsicht überprüft werden. Das bedeutet beispielsweise, daß beim Bau eines Wohnhauses der kommunale Sachbearbeiter zur Begutachtung des Bauaufschlusses hinzugezogen wird.

HE 1: Dieser Arbeitsschritt zielt auf die Überprüfung, Verbesserung sowie Ergänzung des bestehenden, noch aus der Erfassungsphase herrührenden Datensatzes.

Die mit der Durchführung der Gefährdungsabschätzung betraute Institution setzt sich mit dem kommunalen Sachbearbeiter in Verbindung. Dieser überprüft die vorhandenen Standortinformationen, verbessert und ergänzt die Datenbasis im Hinblick auf Emissions-, Transmissions- und Immissionspotential.

Mit dem so überarbeiteten Datensatz werden die Teilpotentiale erneut bewertet. Die korrigierten Ergebnisse werden wiederum in den Schlüssel der Gesamtbewertung eingespeist.

HE 2: Das Arbeitsprogramm greift auf das Instrument der Intensivrecherche zurück.

Die mit der Durchführung der Gefährdungsabschätzung betraute Institution unterzieht den kv-Standort einer beprobungslos funktionierenden Intensivrecherche. Diese dient besonders der Informationsgewinnung von Emissions- und Transmissionseigenschaften. Die Ergebnisse der Recherche werden in einer Standortcheckliste zusammengefaßt und der Kommune zur Verfügung gestellt.

HE 3: HE 3 verläßt die beprobungslos arbeitende Schiene und gibt Anweisung, eine orientierende Untersuchung am Standort durchzuführen.

Mit möglichst geringem Aufwand wird die kv-Fläche beprobt und hinsichtlich der wahrscheinlich am Standort vorhandenen Schadstoffe bzw. Schadstoffgruppen analytisch untersucht.

HE 4: Bei einem positiven Befund im Zuge orientierender Untersuchungen wird der Standort gezielt und detailliert untersucht.

Das dabei anzuwendende Arbeitsprogramm richtet sich nach den Ergebnissen der orientierenden Untersuchung und kann daher nicht bereits im Vorfeld festgelegt werden.

XIII Behandlung von kontaminationsverdächtigen Standorten, Methode und Werkzeug

Helmut Groh und Bernd Hoffmann

1 Einleitung und Problemstellung

In den bisherigen Beiträgen wurde geschildert, mit welchen Methoden und Verfahren die Altlastproblematik umfassend behandelt werden kann. Immer wieder hat sich dabei gezeigt, daß die meist recht hohen Standortzahlen ohne die Hilfe moderner Datenverarbeitung (DV) nicht bewältigt werden können. Im allgemeinen erlaubt der Einsatz von DV ein im Vergleich zu traditionelleren Vorgehensweisen effektiveres Arbeiten. Schon zu einem frühen Zeitpunkt der Projektarbeit wurde daher beim Forschungsvorhaben „Handlungsmodell Altlasten" (HMA) eine Zusammenarbeit mit dem Institut für Umweltinformatik vereinbart, um die entwickelten Verfahren in DV-Werkzeuge umzusetzen.

Der Beitrag zeigt, ausgehend von den anstehenden inhaltlichen Aufgaben, die Anforderungen, die an DV-Werkzeuge gestellt werden müssen. Dabei werden zunächst eine Reihe von vorhandenen Werkzeugen für die Behandlung von kv-Standorten kurz vorgestellt, die in anderen Projekten erarbeitet worden sind. Die im Zusammenhang mit dem Forschungsvorhaben entwickelten Werkzeuge werden daran anschließend ausführlicher beschrieben.

2 Orientierung am Nutzer

Nicht nur an den inhaltlichen Kriterien der vorliegenden Problematik, sondern auch an den Nutzern muß sich ein DV-Werkzeug ausrichten. Das Forschungsvorhaben HMA sieht als Nutzer einerseits hauptsächlich die Mitarbeiter von kommunalen und regionalen Fachbehörden sowie von Ingenieurbüros, aber andererseits in bestimmten Teilbereichen auch die politischen Entscheidungsträger auf dieser Ebene. Viele

Mitarbeiter von Fachämtern und Ingenieurbüros haben heute zwar umfangreiches Fachwissen über Altlasten, können aber wegen der komplexen Vielfalt der Materie – abgesehen von wenigen Ausnahmen – keine Universalfachleute sein. Gerade in Kommunalverwaltungen ist im Umweltbereich eine Vielfalt von Qualifikationen erforderlich, die durch die geringe Zahl des vorhandenen Personals gar nicht bereitgestellt werden kann. Für diese Gruppe wurden im Rahmen von HMA DV-Werkzeuge bereitgestellt, die die entwickelten Methoden und Verfahren umsetzen. Diese Werkzeuge setzen keine Spezialkenntnisse voraus, sondern erklären dem Anwender Schritt für Schritt die Vorgehensweise. Solche Werkzeuge müssen in einem bestimmten Rahmen an die Besonderheiten der jeweiligen Region angepaßt werden.

Unter den Politikern wird der auf Altlasten spezialisierte Fachmann noch seltener zu finden sein, trotzdem muß sich der Politiker im Rahmen seiner Entscheidungen zumindestens mit den Grundlagen der Problematik vertraut machen. Dafür stehen die sogenannten „Hypertextanwendungen" zur Verfügung. Sie erlauben einen wesentlich effektiveren Umgang mit Text- und Bildinformationen als die traditionellen Veröffentlichungsarten wie z. B. Buch oder Broschüre.

3 Die Aufgabenstellung in der Altlastenproblematik

Betrachtet man die Aufgaben bei der Behandlung kontaminiationsverdächtiger Flächen von einem relativ hohen Abstraktionsniveau, so liegen zwei große Teilaufgaben vor: Die Feststellung der Gefahrenlage und die darauf folgende Behandlung. Der hier vorliegende Band behandelt im wesentlichen die Erkundung der Gefahrenlage und geht nur knapp auf Verfahren zur Gefahrenabwehr ein. Im vereinfachten Schema von Abb. 2 sind die großen Phasen der Behandlung von kv-Standorten aufgeführt. Dieses Schema ist in ausführlicherer Form schon weiter vorne aufgeführt worden. Hier soll es dazu dienen, die wichtigsten Punkte noch einmal in Erinnerung zu rufen und daran den Einsatz der verschiedenen Werkzeuge aufzuzeigen.

3.1 Die regionale Erfassung aller kontaminationsverdächtiger Standorte

Bei der Erfassung gibt es in Deutschland eine Reihe recht unterschiedlicher Erfassungsbögen. Die Zahl der zu erfassenden Parameter schwankt zwischen rund dreißig und einigen Hundert.

Das Ergebnis der Erfassung ist ein Verdachtsstandortkataster. Es zeigt im wesentlichen die Lage und den Umfang der Standorte auf einer Karte. Von den erhobenen Parametern sind üblicherweise nur die wenigsten in der Karte dargestellt. Dieses Kataster stellt die wichtigste Grundlage für alle folgenden Aufgaben dar, darum wird es oft auch als ein Bindeglied zu weiterreichenden Umweltinformationssystemen eingesetzt.

Der Stadtverband erfaßt nur die für eine beprobungslose Bewertung unverzichtbaren Daten. Die Gründe sind ausführlich im Beitrag zu den Bewertungsansätzen dargelegt. Nach dieser vergleichenden Bewertung aller kv-Standorte, die je nach Umfang auch in zwei bis drei Schritten ablaufen kann, verbleiben beträchtlich weniger Standorte – im allgemeinen 10 bis 20 % der Ausgangszahl – die näher untersucht werden müssen. Für diese reduzierte Zahl von Standorten können nun wesentlich mehr Daten erhoben werden. Versucht man schon bei der Erfassung aller Standorte Hunderte von Parametern zu erheben, so werden die Kosten- und Zeitaufwendungen schnell das gesamte Vorhaben unrealisierbar machen.

3.2 Die Umsetzung in die kommunale Praxis

Ausgehend von der Erfassung und ersten Datensichtungen muß sofort die Umsetzung in die kommunale Praxis beginnen, vgl. Abb. 1. Mit diesem Schritt beginnt sozusagen schon die Gefahrenabwehr, ohne daß dabei die traditionellen Sanierungsverfahren einsetzen. Ausführlich ist darauf in vorangegangenen Beiträgen eingegangen worden (vgl. die Beiträge von *Selke* und *Hoffmann*). Die erfaßten Verdachtsflächen müssen der Baugenehmigungsbehörde bekannt sein und sie müssen bei der vorbereitenden und verbindlichen Bauleitplanung beachtet werden. Auch für die Wirtschaftsförderung können die Daten von großem Wert sein.

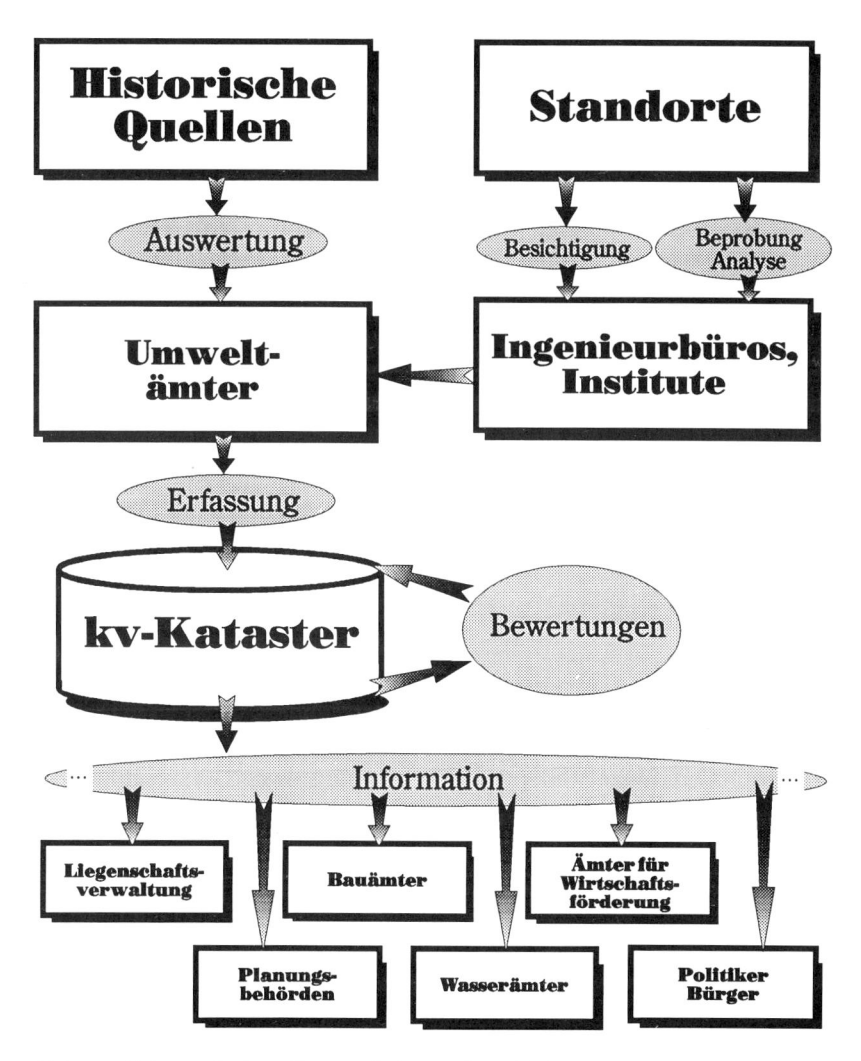

Abb. 1: Altlastenbehandlung – Informationsfluß

3.3 Die vergleichende beprobungslose Bewertung des regionalen Gefährdungspotentials

Da auf regionaler Ebene nach der Erfassung meist eine mindestens dreistellige Zahl an Verdachtsstandorten vorliegt und nicht alle Standorte mit gleicher Intensität behandelt werden können, müssen sie zunächst grob in eine Rangfolge gebracht werden (vgl. Beitrag *Hoffmann*). Daran anschließend erfolgt dann über die Hinzunahme bzw. Verfeinerung von Kriterien eine weitere Differenzierung der Reihenfolge unter dem Gesichtspunkt der verschiedenen Gefährdungsarten. Wichtig ist, daß die Gefährdung immer auf ein bestimmtes Schutzgut bezogen ist (vgl. Beitrag *Albert*). Mit dieser in mehreren Durchläufen erfolgenden Bewertung ist nun das gesamte regionale Gefährdungspotential bestimmt. Jetzt kann die Kommune ihre Vorgehensweise für einen längeren Zeitraum differenziert festlegen. Hier ist meist schon eine Schätzung möglich, welche Mittel größenordnungsmäßig für die folgenden Untersuchungen benötigt werden.

4 Die Gefährdungsabschätzung des Einzelstandortes

Bei dem jetzigen Stand der Erkenntnisse beginnen nun konkrete Untersuchungen am Einzelstandort. Diese sind ganz systematisch aufgebaut und beginnen mit einer Intensivrecherche die noch ohne Beprobung auskommt. Auf Grundlage dieser Intensivrecherche wird ein genau auf den Standort zugeschnittenes Untersuchungsprogramm abgeleitet, das schon im Rahmen der orientierenden Untersuchung wesentlich spezifischere Aussagen ermöglicht als dies sonst auf dieser Ebene üblich ist (vgl. Beitrag *Wagner*). Damit haben die Ämter eine Möglichkeit, die Untersuchungen entsprechend vorzubereiten und über Ausschreibung die vorhandenen knappen Mittel effektiv einzusetzen. Das entwickelte Verfahren erlaubt es dem qualifizierten Mitarbeiter, solche Programme effizient aufzustellen.

Je nach Ergebnissen der Analysen kann der Untersuchungszyklus mehrere Male durchlaufen werden bis hin zu Aussagen über mögliche Sanierungsverfahren. Obwohl auf den Einzelstandort ausgerichtet, können mit dieser Methodik auch Reihen vergleichbarer Standorte behandelt werden. Werden dann mehrere Standorte in Serie untersucht, so kann meist mit beträchtlichen Kosteneinsparungen gerechnet werden (vgl. Beitrag *Heinemeyer*).

5 Die Gefahrenabwehr am Einzelstandort

Die Gefahrenabwehr wird in dieser Publikation nur am Rande in Form eines Ausblicks gestreift – die Werkzeuge befinden sich teilweise noch in der Entwicklung, vgl. Beitrag *Selke/Hoffmann*. Dabei geht es im wesentlichen darum, den Entscheidern – Planern und Politikern – die Konsequenzen von alternativen Sanierungsentscheidungen sowohl für die Nutzungsmöglichkeiten der Standorte wie auch den damit verbundenen Kosten in ansprechender Form vor Augen zu führen. Damit werden für diese Akteure die Entscheidungsgrundlagen transparenter und sind so besser zu berücksichtigen.

6 DV-Werkzeuge

Man kann DV-Werkzeuge für die Behandlung von kontaminationsverdächtigen oder kontaminierten Flächen nach verschiedenen Gesichtspunkten klassifizieren:
- Arbeitsphasen, die unterstützt werden,
- Funktionsumfang,
- DV-technischer Ansatz.

Die Arbeitsphasen sind in Abb. 2 dargestellt. Für solche Arbeitsphasen wurden jeweils spezielle Werkzeuge entwickelt, die teilweise auch mehrere Arbeitsphasen abdecken. In den frühen Phasen steht der regionale Aspekt im Vordergrund. Man sammelt Informationen über alle Verdachtsflächen einer Region. In den späten Phasen geht es um Einzelstandorte, die genauer untersucht und evtl. einer Gefahrenabwehr unterzogen werden.

Hinsichtlich der Funktionen kann man z. B. unterscheiden:
- einzelne Standorte erfassen und abfragen
- Standorte regional vergleichend oder einzeln bewerten

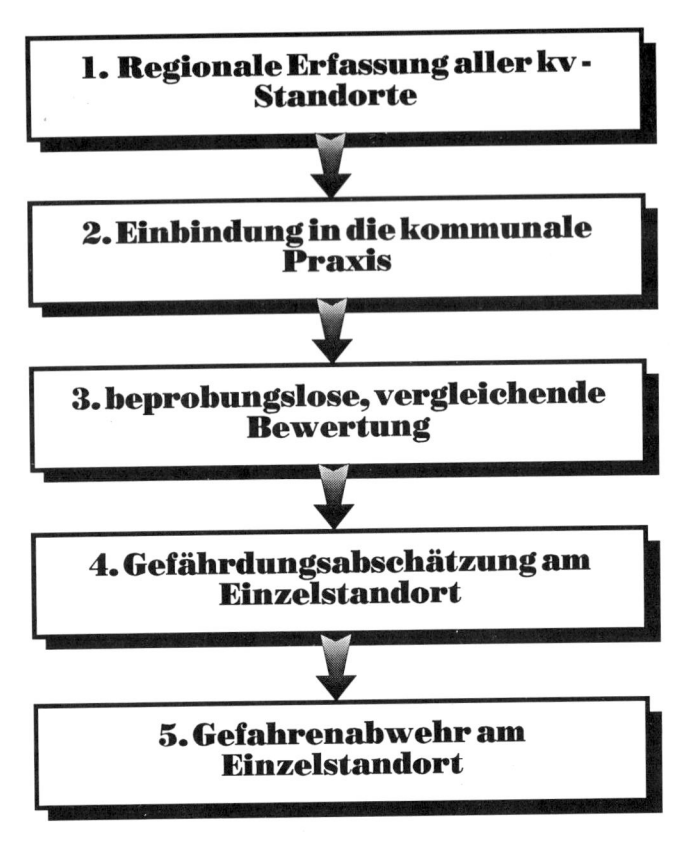

```
┌─────────────────────────────────────────┐
│ 1. Regionale Erfassung aller kv -       │
│           Standorte                      │
└─────────────────────────────────────────┘
                    ▼
┌─────────────────────────────────────────┐
│ 2. Einbindung in die kommunale          │
│            Praxis                        │
└─────────────────────────────────────────┘
                    ▼
┌─────────────────────────────────────────┐
│ 3. beprobungslose, vergleichende        │
│            Bewertung                     │
└─────────────────────────────────────────┘
                    ▼
┌─────────────────────────────────────────┐
│ 4. Gefährdungsabschätzung am            │
│         Einzelstandort                   │
└─────────────────────────────────────────┘
                    ▼
┌─────────────────────────────────────────┐
│ 5. Gefahrenabwehr am                    │
│         Einzelstandort                   │
└─────────────────────────────────────────┘
```

Abb. 2: Phasen der Behandlung von kv-Standorten

- Informationen verknüpfen z. B. für eine Raumverträglichkeitsprüfung
- Schadstoffinformationen abfragen: Schwell- oder Grenzwerte, Verursacherrelevanz
- Gefährdungspotential für bestimmte Nutzungen bestimmen
- Berichte oder Karten erstellen, für die Standorte nach vorgegebenen Gesichtspunkten ausgewählt wurden und die nur auswählbare Teile der gespeicherten Datensätze enthalten
- Karten erstellen, in denen kv-Standorte mit anderen Objekten kombiniert dargestellt sind, z. B. Wasserschutzgebieten, Biotopen

- Kostenparameter abfragen
- Kosten für Untersuchungen oder Sanierungsmaßnahmen abschätzen.

Beim DV-technischen Ansatz kann man klassische Datenbank- oder Auswertungssysteme (z. B. für Statistiken), wissensbasierte Software (z. B. Hypertext oder Expertensysteme) sowie geografische Informationssysteme unterscheiden.

In der Regel wird mit Systemen gearbeitet, die sich aus verschiedenen teils phasenbezogenen, teils phasenübergreifenden Modulen zusammensetzen. Die einzelnen Module können auf verschiedenen DV-technischen Ansätzen beruhen oder auch solche kombinieren.

6.1 Datenbanken

Grundwerkzeug für die Behandlung von kv-Standorten ist das
- Kataster.

Es ist eine Datenbank, die mit einem geografischen Informationssystem kombiniert sein kann. Das Kataster muß sowohl Erfassungs- als auch Berichts- und Planungswerkzeug sein. Das Kataster ist die Basis weiterer DV-Werkzeuge für:
- Umsetzung in die kommunale Praxis (Information der Ämter)
- Vorbewertungen
- Intensivrecherchen
- Erstellung von Untersuchungsprogrammen
- Durchführung von Untersuchungen (u. a. mit Beprobung)
- vertiefende Bewertungen
- Planung der Gefahrenabwehr
- Durchführung der Gefahrenabwehr (evtl. Sanierung).

Alle Werkzeuge für regional orientierte Arbeitsphasen greifen auf die im Kataster gespeicherten Daten zu und leiten aus ihnen nach vorgegebenen Kriterien zusätzliche Informationen ab, vgl. Abb. 3. Das kann z. B. die Aufforderung sein, für bestimmte Standorte weitere historische Quellen auszuwerten. Das kann aber auch eine Gefährdungsabschätzung für bestimmte Schutzgüter sein. Im wesentlichen werden also je

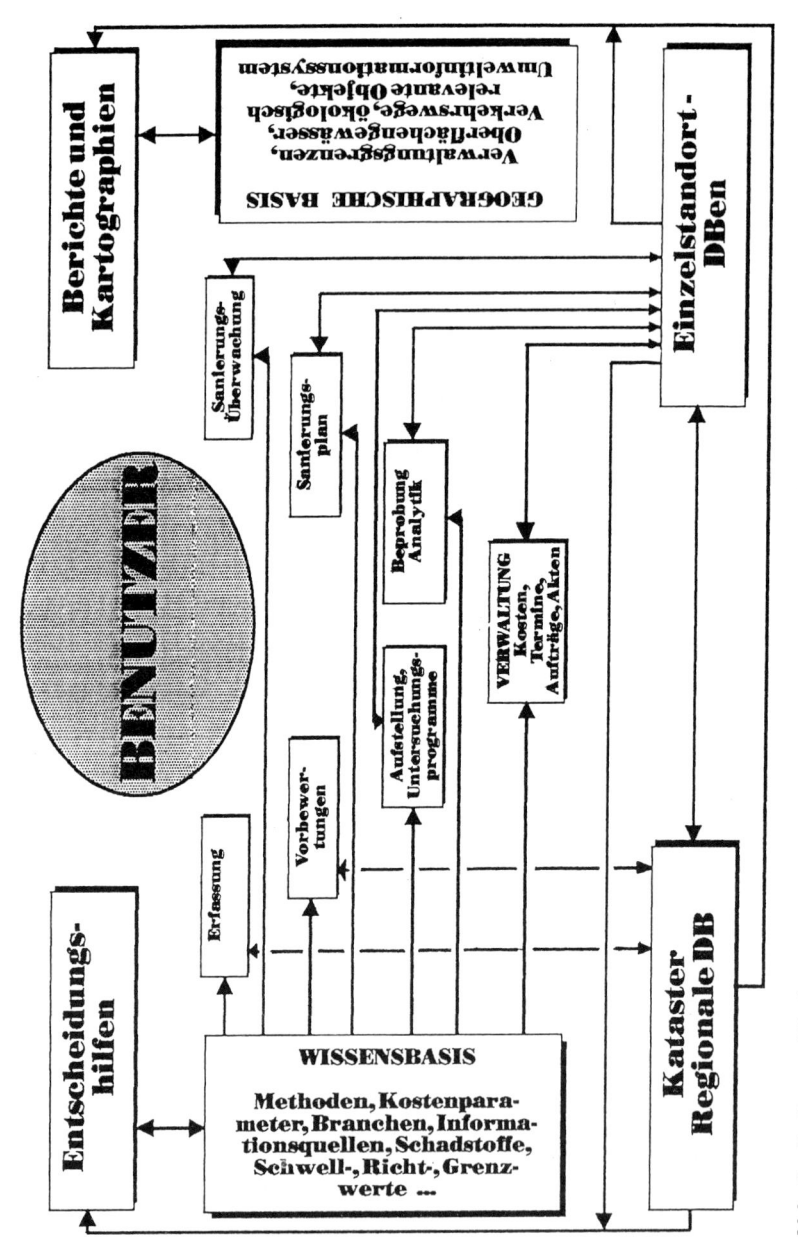

Abb. 3: Software-Werkzeuge für die Behandlung von kontaminierten Standorten

Standort neue Daten erzeugt und dem Kataster zugefügt. Diese Daten können sodann als zusätzliche Auswahlkriterien benutzt werden. Sie können ebenso in die Entscheidungen anderer Behörden eingespeist werden.

Die auf einen Einzelstandort ausgerichteten Arbeitsphasen greifen auf die standortspezifische Datenbank zu, auch hierzu vgl. Abb. 3.

6.2 Geografische Informationssysteme

Ein wichtiges Arbeitsmittel ist die Darstellung der geografischen Lage der kv-Standorte auf dem Bildschirm. Man wird auswählen wollen nach Verwaltungsbezirk oder Kartenblatt. Schutzgutbezogene Gefahrenklasse, verursachende Branche oder Flächengröße können Auswahlkriterien sein. Die Auswahl erfolgt also entweder auf dem Bildschirm anhand kartografischer Merkmale oder durch Eingrenzung von Parameterwerten oder durch eine Kombination von beidem. Beispiel: Zeige alle Standorte im Gemeindeteil St. Arnual an, die hinsichtlich des Schutzgutes „menschliche Gesundheit" in der höchsten oder zweithöchsten Gefahrenklasse liegen und wo Kinderspielplätze betroffen sind.

Hat man einen Standort (oder mehrere) ausgewählt, muß der Zugriff auf vollständige Datensätze möglich sein. Man muß die gesamte über einen Standort gespeicherte Information abrufen können.

Von hohem Interesse ist auch die Verdeutlichung von Querbezügen. Welche Standorte liegen in oder nahe bei Brunnen, Wasserschutzgebieten, Biotopen oder landwirtschaftlichen Nutzflächen? Das setzt voraus, daß diesbezügliche Daten gespeichert und mit den Altlastendaten verknüpfbar sind. In diesem Falle ist das Kataster die erste Stufe eines Umweltinformationssystems.

Bei der Diskussion über geografische Informationssysteme für die Behandlung von kontaminationsverdächtigen bzw. kontaminierten Standorten wird häufig übersehen, daß man für die meisten Anwender nur einen sehr bescheidenen Leistungsumfang braucht. Fast alle heute angebotenen geografischen Informationssysteme gehen weit über das Notwendige hinaus. Ihr Preis entspricht dem (nicht benötigten) Leistungsumfang.

Es reicht für den ortskundigen Bearbeiter zur Orientierung aus, wenn er auf dem Bildschirm die Verwaltungsgrenzen, Oberflächengewässer und bei großen Maßstäben wichtige Verkehrswege sieht. Im Ausnahmefall kann er eine gescannte Karte als Hintergrund einblenden. Die genaue Lageinformation kann er aus dem Datensatz des Standorts abrufen: Koordinaten, Adresse und evtl. auch Parzellennummer. Für Berichte kann man den Bildschirminhalt maßstabsgetreu auf eine Karte aufplotten, in der genauere Hintergrundinformation vorhanden ist. Man kann eine solche Karte auch scannen und als Hintergrundinformation auf den Schirm bringen.

Nur wenige Anwender brauchen die genaue kartografische Information, die für ein Liegenschaftskataster oder für ingenieurmäßige Arbeit erforderlich ist. Das kann der Fall sein bei Flächenumwidmungen, Grundstücksverkauf, Leitungsbau oder aufwendigen Sanierungsmaßnahmen. Da die Bereitstellung derart exakter geografischer Information aufwendig und teuer ist, sollte man das nur fallweise und bei Bedarf vorsehen. In vielen größeren deutschen Städten sind digitale Liegenschafts- oder Kanalkataster bereits verfügbar. Gute PC-Grafik kann mit solch aufwendigen Grafiksystemen Daten austauschen.

Abschließend sei darauf hingewiesen, daß zuviel kartografische Hintergrundinformation auf dem Bildschirm eher verwirrt. Sparsamer Umgang mit dem Hintergrund ist also nicht nur ein Kosten- oder Leistungsgesichtspunkt, sondern hat auch ergonomische Bedeutung.

Ein besonderes Problem ist die kartografische Basis für PC's. Grundsätzlich kann man bei PC's beliebig komplizierte Karten auf den Bildschirm bringen, vorausgesetzt, der PC hat eine EGA- oder VGA-Karte. Der Bildschirmaufbau ist aber um so langsamer, je mehr aufgebracht wird. Erträgliche Antwortzeiten kann man bei der heutigen Leistungsfähigkeit von PC's nur bekommen, wenn man sich beschränkt.

6.3 Wissensvermittelnde Systeme

Die bisher angesprochenen DV-Werkzeuge sind klassischer Art: Datenbanken mit geografischem Informationssystem. Sie können den Anwender nicht hinsichtlich des methodischen Vorgehens beraten. Seit einigen Jahren wird an mehreren Stellen in der Bundesrepublik an

Systemen gearbeitet, die den Anwender für bestimmte Teile der Behandlung von kv-Standorten hinsichtlich des methodischen Vorgehens beraten. Wichtige Fragen sind z. B.:
- Wie erfasse ich ohne Beprobung kv-Standorte?
- Welche Informationsquellen gibt es?
- Welche Informationen finde ich in welchen Quellen?
- Wie zuverlässig sind diese Informationen? Dabei muß die Zuverlässigkeit z. B. für bestimmte Zeiträume oder bestimmte Verursacher spezifiziert werden.
- Wie mache ich eine Vorbewertung?
- Wie erstelle ich ein Untersuchungsprogramm?
- Wie wehre ich Gefahren wirksam und kostengünstig ab?
- Wie wähle ich eine geeignete Sanierungstechnik aus?
- Wie binde ich die Öffentlichkeit ein?

Systeme, die derartige Fragen beantworten können, werden als „Expertensysteme", „Wissensbasierte Systeme", „Entscheidungsunterstützende Systeme" oder auch als „Hypertextsysteme" angeboten. Es ist hier nicht der Platz, diese Varianten untereinander abzugrenzen. Sie haben eines gemeinsam: Sie vermitteln Wissen und Erfahrung hochspezialisierter Fachleute. Das heißt aber auch, sie vermitteln deren individuelle Vorgehensweise und die beruht auf der jeweiligen individuellen Erfahrung und „Philosophie". Die Ansätze sind bei den vorhandenen Systemen verschieden, aber es gibt eben mehr als nur eine richtige Lösung. Die Entscheidung für eine bestimmte Methode ist eine Vertrauenserklärung gegenüber dem Experten, der sie vertritt.

Ergänzend ist anzumerken, daß die heute verfügbaren wissensvermittelnden Systeme sich meist nur auf ein begrenztes Teilgebiet der Altlastenbehandlung beziehen, also z. B. die regionale Erfassung, die Abschätzung der Grundwassergefährdung, die Bewertung aufgrund chemischer Analysen. Man kann sie also jeweils nur für diese Teilaufgaben einsetzen. Damit stellt sich die Frage der Datenkompatibilität zwischen dem Katasterwerkzeug und dem wissensvermittelnden System. Kann man die im Kataster enthaltenen Daten automatisch in das System einspeisen? Kostenfaktoren sind u. a. die Hardware, das Betriebssystem und evtl. die Expertensystemshell.

7 Aspekte der Benutzerfreundlichkeit, Softwareergonomie

Für die Benutzerfreundlichkeit gibt es bekanntlich allgemeine Kriterien wie etwa Auswahlmenü oder kontextsensitive Hilfsfunktion. Insbesondere die Eingabe von Codenummern, z. B. für verursachende Branche oder Schadstoff, sollte unbedingt über ein Auswahlmenü erfolgen. Das spart vor allem Fehler. Bei Systemen mit großem Funktionsumfang sind auch sog. „Navigationshilfen" bedeutsam: Wo befinde ich mich, wo komme ich her, was kann ich als nächstes tun? Bei der Behandlung von kontaminationsverdächtigen bzw. kontaminierten Standorten gibt es allerdings weitere Anforderungen, die sich aus der Komplexität der Aufgabe und der Weiterentwicklung des Kenntnisstandes ergeben.

Für die Erfassung ist es erforderlich, daß Eingabemasken den in jedem Einzelschritt anfallenden Informationen angepaßt werden können: Maskenflexibilität. Es ist wenig effizient, wenn bei der Auswertung einer Quelle je Standort vier Daten anfallen, das Erfassungswerkzeug aber hundert Eingabefelder anbietet, in denen man dann für jeden erfaßten Standort mühsam die passenden aussuchen muß.

Bei späteren Arbeitsschritten, z. B. einer Erkundung bzw. Beprobung mit anschließenden Analysen, wird die Datenmenge für immer weniger Standorte immer umfangreicher. Auch diese Detaillierung einzelner Standorte muß das Kataster bewältigen: Datenflexibilität. Datenflexibilität heißt, daß man dynamisch dem Kataster neue Parametergruppen und neue Parameter zufügen kann, die jeweils nur für einen Teil der Standorte erfaßt werden. Sowohl die Datenstrukturen als auch die Erfassungsmasken müssen automatisch anpaßbar sein. Dazu ein Beispiel:

Man hat zunächst keine Analysewerte. In der Analysephase kommt dann für den einen Standort eine Parametergruppe „zyklische Kohlenwasserstoffe" hinzu, für den anderen „Schwermetalle". Eine neue Parametergruppe entspricht also einer Schadstoffgruppe, ein neuer Paramter einem Schadstoff oder einer Teilgruppe, z. B. „Polyzyklen". Auch hier sind wiederholte Verfahrensschritte möglich. Man bestimmt z. B. zuerst den Schadstoffgehalt der gesamten Gruppe oder Teilgruppe und erst danach erforderlichenfalls den des einzelnen Schadstoffs.

Für die Abfrage bzw. für die Erstellung von Berichten muß man zwischen zusammengefaßt-verdichteter und detaillierter Information unterscheiden. Ersteres betrifft z. B. eine ganze Region oder einen bestimmtem Standorttyp, etwa Mittelwerte von Schadstoffkonzentrationen. Letztere betrifft einen bestimmten Standort, z. B. den gemessenen Bleigehalt. Zur Benutzerfreundlichkeit gehört daher auch die Berichtsflexibilität.

Die in wissensvermittelnden Systemen enthaltene Information wird meist in Form von sogenannten Regeln gespeichert. Neue wissenschaftliche Erkenntnisse oder Erfahrungen aus durchgeführten Projekten führen dazu, daß man solche Regeln ändern oder ergänzen muß. Dazu braucht man Regelflexibilität. Sie ist ein besonderes Problem, das heute noch nicht zufriedenstellend gelöst ist.

Bei wissensbasierten Systemen betrifft die Benutzerfreundlichkeit auch das Zusammenspiel mit den anderen Werkzeugen. Man bedient sich eines solchen Systems, um in einem Dialog das Vorgehen für einen bestimmten Arbeitsschritt zu klären. Man entscheidet sich aufgrund eines solchen Dialogs z. B. für die Auswertung einer bestimmten Informationsquelle. Nun kommt es darauf an, ob das Erfassungswerkzeug, also das Kataster, auch anpassungsfähig ist. Bietet es eine Eingabemaske an, die auf die ausgewählte Quelle paßt? Die Forderung liegt nahe, daß das wissensbasierte System selbt die der Quelle entsprechende Erfassungsmaske erzeugt oder auswählt und aktiviert.

Wünschenswert im Sinne der Benutzerfreundlichkeit ist es, daß man Bedienvorgänge zu Makros zusammenfassen und sodann mit einem einzigen Handgriff in Gang setzen kann. Dazu ein Beispiel: Man benötigt für mehrere TK5-Kartenblätter das Aufplotten von Wasserschutzgebieten und von Standorten, die nach bestimmten Gesichtspunkten ausgewählt sind. Das kann für jedes einzelne Blatt dreißig bis vierzig Bedienvorgänge bedeuten. Ähnliches gilt für Dateneingabe, Datenabfrage oder Berichtserstellung, wenn jeweils Objektgruppen nach den gleichen Regeln zu bearbeiten sind. Es ist allerdings aufwendig, einen solchen Makromechanismus in einem DV-Werkzeug zu realisieren.

8 Standardisierung

Man muß davor warnen, auf der Flexibilitätsklaviatur zu virtuos zu spielen. In den regionalen Arbeitsphasen haben nur Daten einen Sinn, die man für alle Standorte mit geringem Aufwand erfassen und in der Vorbewertung sinnvoll nutzen kann. Regeln für die Bewertung, Untersuchungs- oder Sanierungsplanung dürfen nur eingefügt werden, wenn die für sie erforderlichen Parameter verfügbar sind. Dazu Beispiele:

Bei der regionalen Erfassung besteht oft die Versuchung, zufällig identifizierte Schadstoffe oder die im Einzelfall bekannte Parzellennummer „gleich mitzunehmen". Beides kann in der regional vergleichenden Bewertung nicht genutzt werden und wird nur für eine geringe Zahl von Standorten erst zu einem späteren Zeitpunkt – vielleicht – benötigt. Es bedeutet unsystematische Arbeitsweise und unnötigen Aufwand.

Man sollte daher allgemein anerkannte Standards gemäß dem „Stand der Kunst" einhalten. Das ergibt zudem vergleichbare Ergebnisse und damit eine Absicherung der eigenen Entscheidungen. Aber gerade deshalb ist es wichtig, ein System zu haben, mit dem man der allgemeinen Entwicklung folgen kann.

9 Kosten für DV-Werkzeuge

Kataster und kartografisches Informationssystem werden an vielen Stellen benötigt. Von vielen Schreibtischen aus muß der Zugriff möglich sein. Die erforderliche Ausstattung darf nicht zu teuer sein. Bereits vorhandene Hardware sollte nutzbar sein. Es ist daher naheliegend, Kataster und kartografisches Informationssystem auf MS-DOS-Basis für PC's bereitzustellen. Das Katastermodul sollte allerdings auf einem PC-Netz lauffähig sein, damit die verschiedenen Stellen zugreifen können, die die gespeicherte Information benötigen.

Unter Berücksichtigung der in diesem Kapitel aufgezeigten Gesichtspunkte wird der Katasterzugriff für alle betroffenen Behörden „erschwinglich". Die Grundausstattung für einen Arbeitsplatz ist für deutlich unterhalb sechstausend DM zu haben (Stand 1992). Damit können Hardware, Betriebssystem, Datenbankverwaltungssystem, geografische Grundausstattung und einfacher grafikfähiger Drucker beschafft werden. Bei geringen Ansprüchen bekommt man einen nutzbaren Arbeitsplatz auch schon unterhalb dreitausend DM. Die Lizenzkosten für die Softwarewerkzeuge sind in diesen Beträgen nicht enthalten.

10 Werkzeugauswahl

Bevor man sich für ein DV-System zur Behandlung von kontaminationsverdächtigen bzw. kontaminierten Standorten entscheidet, sollte man sich vergewissern:
- welche Methodik dahintersteckt
- welche Arbeitsphasen es unterstützt
- wer die Methodik aufgrund welcher Erfahrungen entwickelt hat
- wo und wie es sich in der Praxis bereits bewährt hat
- ob die eigenen Probleme mit den bisherigen Anwendungen vergleichbar sind
- ob das System den erwünschten Komfort bietet.

Für die Funktionsbeschreibung und den Vergleich von Werkzeugen hat das Umweltbundesamt einen Fragebogen entwickelt, mit dem im Frühjahr 1992 eine Reihe von Systemen erfaßt wurden, die in der Bundesrepublik Deutschland im Einsatz sind. Die darin enthaltenen Gesichtspunkte sind bei einer Auswahl sicher hilfreich.

In Tabelle 1 sind DV-Systeme zusammengestellt, die 1992 in der Bunderepublik im Einsatz sind. Außer dem Produktnamen ist der Hersteller angegeben. In der zweiten Spalte sind einige Stichworte angegeben.

10.1 DV-Werkzeuge auf der Basis von HMA

Der Stadtverband Saarbrücken (SVS) und das Institut für Umweltinformatik (IUI) haben während der Durchführung des Projekts „Handlungsmodell Altlasten (HMA)" mit dem Ziel zusammengearbeitet, die Erfahrungen aus diesem Projekt in DV-Werkzeuge umzusetzen. Ebenso war das saarländische Landesamt für Umweltschutz zu Beginn beteiligt.

Name Hersteller	Stichworte, Projekte
A G A P E Expert-Team Oberhausen	beruht auf Entwicklungen der Umweltbehörden von Hamburg
A L A D I N IABG, Ottobrunn	Altlastendaten - Informationssystem, Datenbank
A L E X Protec	Altlasten - Expertensystem, Erfassung, Bewertung
A L T E X S Y S DEGAS, IBM	Standortorientierte Bewertung
A L T R I S K Inst. f. Geologie FU Berlin	Standortorientiert, Schadstoffpfad Altablagerung-Grundwasser-Mensch
A L T S A N	Schadstofforientierte Auswahl von Sanierungstechniken
A L T S A N I DGAS, IBM	Vorschlag von Sanierungsmaßnahmen
G I B E X Expert-Team GmbH Oberhausen	Erfassung und Bewertung von Gewerbe- und Industrieflächen durch Expertensystemeinsatz
H M A - S W IUI, SVS, Saarbr.	Handlungsmodell Altlasten, Softwarewerkzeug, vgl. Tab. 2
K O S A L	Kostenmodell für die Sanierung von Altlasten (in Entwicklung)
M A G M A IABG, Ottobrunn	Modell zur Abschätzung der Gefährdung von militärischen Altlasten
M E M U R A IABG, Ottobrunn	Modell zur Erstbewertung von militärischen und Rüstungslasten
T E R E S A FIWG, RWTH Aachen	Technologieregister zur Sanierung von Altlasten
U M E X AWD-GmbH 7137 Sternenfels	Ökonomisch-ökologische Liegenschaftsbewertung auf der Basis einer Sanierungskostenabschätzung
Xi ALIEBEX Expert-Team GmbH, Oberhausen	Altlasteninformationen: Erhebung und Bewertung mittels Expertensystemeinsatz
Xi MIKUBO Expert-Team GmbH, Oberhausen	wissensbasiertes Informationssystem zur landwirtschaftlichen oder gärtnerischen Nutzung altlastenverdächtiger Flächen
X U M A Inst.f.DV,Technik KFK, Karlsruhe	standortorientiert, Analytik, Bewertung der Analyseergebnisse

Tab. 1: Altlastensoftware/Übersicht

So entstanden das kv-Kataster HMA-ALKA und das Expertensystem XHMA (Arbeitstitel), jetzt als HMA-ER verfügbar. Das darin enthaltene methodische Wissen wird auch auf einem Hypertextsystem angeboten (HMA-MER), das von HMA-ALKA aus interaktiv aufgerufen werden kann. HMA-ALKA und HMA-ER können mit dem geografischen Informationssystem GRAS kombiniert werden, das auf PC's unter MS-DOS lauffähig ist. Für die erste Stufe der Vorbewertung (HMA-VB1) sowie für die Erstellung eines Untersuchungsprogramms für Beprobung und Analytik (HMA-UP) sind Module ebenfalls verfügbar.

Bis Ende 1992 werden Module für die abschließende Vorbewertung (HMA-VB2), die Erfassung der Ergebnisse von Beprobung und Analytik (HMA-BA) sowie für die Sanierungsplanung (HMA SINUS und HMA-PASAT) einsatzbereit sein. Für HMA-UP und die in diesem Absatz genannten Module ist außer dem SVS auch die von Herrn Dr. *J. Wagner* geleitete Arbeitsgruppe des Ingenieurbüros dr. *h. marx* GmbH Kooperationspartner.

Im Frühjahr 1993 sollen weitere Module für die Bewertungsmethodik sozialer und ökonomischer Einflußgrößen (HMA-MSO), soll die Sanierungsüberwachung (HMA-SU) und das Sanierungsmanagement (HMA-MAN) fertig werden.

Einschlägige Module werden vom Umweltbundesamt im Projekt „Regionale Erfassung von Altlasten im Landkreis Wittenberg, REAW" eingesetzt.

Tabelle 2 zeigt einen Überblick der Module. Einige davon werden im folgenden beschrieben.

10.2 HMA-ALKA, Altlastenkataster

HMA-ALKA ist ein Umweltinformationssystem zur Erfassung, Bewertung und grafischen Repräsentation von Altlasten bzw. kontaminationsverdächtigen Standorten (kv-Standorte). In HMA-ALKA kann GRAS als Grafikkomponente integriert werden. HMA-ALKA bietet für die zuständigen Behörden, insbesondere auf Ebene der Kommunen und Landkreise, eine systematische Grundlage zur Verwaltung von kv-Standorten. Die Verfügbarkeit einer einheitlichen Erfassungssoftware für verschiedenartige Einrichtungen (Behörden, Ingenieurbüros) sowie

H M A - A L K A 1 9 9 1	Altlastenkataster, Datenbank für die regionale Erfassung von kv-Standorten; GRAS ist integrierbar; HMA-MER ist interaktiv aufrufbar; PC, MS-DOS, CLIPPER
G R A S 1 9 9 1	Kartografische Visualisierung von kv-Standorten, Erstellung von Berichten und thematischen Karten; beliebige ökologische Datenbanken sind anschließbar: einfaches kommunales Umweltinformationssystem; PC, MS-DOS, CLIPPER, DGE, VGA, Maus
H M A - V B 1 1 9 9 1	Vorbewertung, grobe Priorisierung; beprobungslos, regional vergleichend; wissensbasiert; PC, MS-DOS, CLIPPER, Schnittstelle zu HMA-ALKA oder UNIX-System, PROLOG, Datenimport aus HMA-ER
H M A - V B 2 1 9 9 2	Vorbewertung, verfeinerte Priorisierung; beprobungslos, regional vergleichend; wissensbasiert; PC, MS-DOS, CLIPPER, Schnittstelle zu HMA-ALKA
H M A - U P 1 9 9 1	Untersuchungsprogramm erstellen für die Beprobung und Analytik von Einzelstandorten; PC, MS-DOS, CLIPPER; wissensbasiert
H M A - B A 1 9 9 2	Beprobung und Analytik bei Einzelstandorten, Datenbank für Beprobungsstellen und Analysewerte; PC, MS-DOS, CLIPPER, Datenimport aus HMA-UP
H M A - S I N U S 1 9 9 2	Simulation von nutzungsabhängigen Sanierungsmaßnahmen; Grafik; Lage geplanter Nutzungen, daraus hergeleitet: Sanierungsvolumen, Reinheitsgrad, Technologie, Kosten; PC, MS-DOS, CLIPPER, Datenimport aus HMA-BA
H M A - P A S A T 1 9 9 2	Priorisierung und Auswahl von Sanierungstechnologien, berücksichtigt: Boden, Schadstoffe, Verfahrenseignung; wissensbasiert; Datenimport aus HMA-BA; PC, MS-DOS, CLIPPER
H M A - S U 1 9 9 3	Sanierungsüberwachung, DB für Emissionen der Sanierungs- anlagen, den Materialverbleib und die Restkontamination; PC, MS-DOS, CLIPPER
H M A - M E R 1 9 9 1	Methodik der Erfassung; wissensbasiert; HMA-MER umfaßt das Wissen aus HMA-ER; PC, MS-WINDOWS, MS-DOS, toolbook-Hypertext
H M A - M S O 1 9 9 3	Methodik der Bewertung sozialer und ökonomischer Einflußgrößen; PC, MS-WINDOWS, MS-DOS, CLIPPER
H M A - E R 1 9 9 1	Erfassung inklusive methodische Beratung; Masken den ausgewählten Quellen angepaßt; wissensbasiert; Datenimport und -export aus/zu HMA-ALKA; UNIX, ORACLE, PROLOG, Schnittstellen zu GRAS und HMA-VB1
H M A - M A N 1 9 9 3	Management, Auftragsüberwachung, Aktenverwaltung; Datenbank; PC, MS-DOS, CLIPPER

Tab. 2: HMA-Softwarewerkzeuge

die Transparenz und Reproduzierbarkeit der vom System durchgeführten Vorbewertungen (s. u. HMA-VB1 und -VB2) sind eine wichtige Voraussetzung für richtige administrative Entscheidungen. Die von HMA-ALKA gebotene Möglichkeit zur grafischen Repräsentation von Umweltinformationen erhöht nicht nur die Nutzerfreundlichkeit, sondern stellt geradezu ein politisches Erfordernis dar.

HMA-ALKA ist ein Werkzeug zur menügesteuerten Erfassung von kv-Standorten, wobei neben verwaltungstechnischen Daten (Adressen, Bezeichnungen, Erfasser usw.) auch inhaltliche Charakteristika über umweltspezifische Parametergruppen und raumbezogene Daten (Gauß-Krüger-Koordinaten) in die Beschreibung der kv-Standorte einbezogen werden. In den erfaßten Datenbeständen lassen sich menügesteuert bzw. grafisch gestützt Suchprozesse, Änderungen und Ergänzungen durchführen. Zu diesem Komplex gehören Filter und Sortiervorgänge für die Aufbereitung der Informationen.

10.3 HMA-VB1 und -VB2, Vorbewertung

Die Bewertungsmodule HMA-VB1 und -VB2 greifen auf HMA-ALKA zu. Die Bewertungen werden wieder in HMA-ALKA abgelegt. HMA-VB1 ist als MS-DOS und als UNIX-Version verfügbar. HMA-VB2 wird nur auf MS-DOS lauffähig sein. Die Vorbewertung wird auf Grundlage der erfaßten Daten durchgeführt. Sie ergibt eine Klassifizierung der kv-Standorte. Eine der Klassen in HMA-VB1 heißt beispielsweise „sofortiger Handlungsbedarf, weil Trinkwasser in hohem Maße gefährdet sein könnte".

Die Zuordnung zu einer Klasse erfolgt nach Regeln, in die das für die identifizierte Verursachung (Branche) zu vermutende Freisetzungspotential bestimmter Schadstoffe und die ihm entsprechende Betroffenheit des jeweiligen Schutzgutes eingehen. Diese Regeln können flexibel geändert werden. Ein bestimmter Standort kann bei verschiedenen Schutzgütern unterschiedlich klassifiziert sein. Die Bewertung ist für den Anwender transparent.

10.4 GRAS, Grafisches System zur Visualisierung von Sachdaten

GRAS erlaubt es, geografisch bezogene Sachdaten, z. B. Brunnen oder Wasserschutzgebiete, auf kostengünstigen PC-Bildschirmen in einen kartografischen Hintergrund eingebettet darzustellen. GRAS ist mit dem Datenbanksystem CLIPPER unter Einbeziehung der Datenbank-Grafik-Erweiterung DGE entwickelt worden.

GRAS ist ein für sehr viele Verwaltungsvorgänge ausreichendes, sehr kostengünstiges geografisches Informationssystem. Das System GRAS arbeitet mit kartografischen Daten und Sachdaten. Kartografische Daten sind u. a. Verwaltungsgrenzen (z. B. Land, Regierungsbezirk, Landkreis, Kommune, Ortsteil, Gemarkung), Oberflächengewässer, Verkehrsnetze u. s. w. Die benutzten Sachdaten müssen einen geografischen Bezug haben: Gauß-Krüger-Koordinaten. Es können Punktobjekte (nur ein Koordinatenpaar, z. B. Brunnen), Linienobjekte (offenes Polygon, z. B. Fluß) oder Flächenobjekte (geschlossenes Polygon, z. B. Biotop) sein. Das System bringt zuerst die gewünschte Hintergrundinformation auf den Bildschirm, z. B. einen Regierungsbezirk und seine Landkreise nebst Oberflächengewässern. Sodann kann man einen Landkreis auswählen und erhält diesen mit seinen Kommunen vergrößert auf den Bildschirm. Man kann, je nach verfügbarer kartografischer Information, weiter vergrößern bzw. detaillieren.

Es ist auch eine Auswahl nach DGK 5 (Deutsche Grundkarte 1 : 5 000) oder TK 25 (Topografische Grundkarte 1 : 25 000) möglich. Ebenso kann man beliebige Rechtecke zoomen. Die Zoom-Stufen können wieder rückwärts durchlaufen werden. Auf jeder Zoom-Ebene können Objekte aus den angeschlossenen Sachdatenbanken eingebettet werden. Bei der Einbettung können die Objekte farblich und ikonografisch unterscheidbar gemacht werden, z. B. Altlasten hinsichtlich der Gefahrenklasse. Man kann mit der Maus ein Objekt auf dem Bildschirm auswählen und die zugehörigen Datensätze anzeigen oder ausdrucken lassen. Auf diese Weise ist eine geografische Auswahl von Objekten auf visueller Grundlage aus den Sachdatenbanken möglich. GRAS hat u a. folgende Funktionen:

– Kartografischen Hintergrund aufbauen
– Gescannte Hintergrundkarte unterlegen
– Zoomen nach Verwaltungseinheiten, Kartenblättern, Rechtecken
– Bildschirminhalte speichern für späteres Wiederladen
– Objekte aus Sachdatenbanken einbetten (mit Auswahlkriterien)
– Mehrere Objekttypen überlagern
– Datensätze zu einem Objekt anzeigen lassen

- Datensätze zu ausgewählten Objekten (Berichte) ausdrucken,
- Bildschirminhalte plotten (maßstabsgerecht auf Karte).

10.5 HMA-ER, Wissensbasierter Modul für die regionale Erfassung

HMA-ER wurde unter dem Arbeitstitel XHMA bekannt. HMA-ER ist ein wissensbasiertes System zur methodischen Unterstützung bei der Erfassung und Handhabung von Altlasten bzw. kontaminationsverdächtigen Standorten. Der Anwender wird menügesteuert geführt. Er entscheidet aufgrund der Empfehlungen des Systems seinen nächsten Arbeitsschritt. Handelt es sich dabei um die Auswertung einer Quelle, so stellt HMA-ER unmittelbar die auf diese Quelle zugeschnittene Erfassungsmaske zur Verfügung. HMA-ER ist also ein Katasterwerkzeug mit „intelligenter Oberfläche".

HMA-ER hat eine Schnittstelle zu GRAS. Über sie stehen die gleichen grafischen Funktionen wie bei HMA-ALKA zur Verfügung. Außerdem können Daten zwischen HMA-ALKA und HMA-ER ausgetauscht werden. HMA-ER kann daher insbesondere auch auf der Ebene von Landkreisen, Regierungsbezirken oder Ländern eingesetzt werden, um die auf unterer Ebene erfaßten Altlastendaten zusammenzufassen und auszuwerten.

Die Suche nach kv-Standorten erfolgt durch systematische Auswertung von Akten, Plänen, Karten, Luftbildern und anderen Literaturquellen. HMA-ER stellt Beziehungen zu früheren Nutzungen, gegenwärtigen Nutzungen und geplanten Nutzungen her. Die Erhebung kann eingegrenzt werden, sowohl in räumlicher Hinsicht (Wohngebiete, Wasserschutzgebiete usw.) als auch im Hinblick auf zu spezifizierende Branchen (Industriezweige, Handel, Bergbau, Handwerk usw.).

Das mit HMA-ER erstellte Kataster umfaßt für jeden kv-Standort u. a. folgende Informationen:

- Lage des Standortes: Gauß-Krüger-Koordinaten, Ort, Straße
- Schutzgüter: Brunnen, offene Gewässer
- betroffene Nutzungen: gegenwärtige Nutzung, geplante Nutzung
- Transmission: Bodentyp, Oberflächenbeschaffenheit, Grundwasserfließrichtung
- Kontamination: kontaminationsverdächtige Nutzung, Fläche, Füllhöhe.

10.6 HMA-UP, Handlungsmodell Altlasten – Untersuchungsprogramm

HMA-UP ist ein Datenbank-Informationssystem zur Festlegung von Programmen für orientierende und vertiefende Untersuchungen von kontaminationsverdächtigen Standorten.

Das Programmsystem HMA-UP bietet kommunalen Sachbearbeitern und Entscheidungsträgern im Umweltschutz eine systematische Grundlage zur Erstellung von Untersuchungsprogrammen zur Beprobung und Analytik eines kontaminationsverdächtigen Standorts. Das Untersuchungsprogramm wird auf der Basis der eingegebenen standortspezifischen Merkmale wie Nutzung, Oberflächenbeschaffenheit, Grundwasser etc. erstellt.

Der Benutzer kann Entscheidungen bezüglich der ersten Untersuchungen selbständig treffen; er muß sich nicht auf einen großen Mitarbeiterstab von Wissenschaftlern unterschiedlicher Fachrichtungen stützen. Mit Hilfe des Systems HMA-UP kann der Benutzer kostengünstige, fachlich sinnvolle Untersuchungsprogramme vor allem als Vorbereitung zur Ausschreibung der Leistungen erstellen. HMA-UP ist ein eindeutiges, leicht verständliches Werkzeug, welches trotz seiner Einfachheit wissenschaftlich abgesichert ist. Es funktioniert auch mit relativ wenigen Daten.

Das von HMA-UP erstellte Untersuchungsprogramm macht Aussagen über:

- Untersuchungsmedien (Boden, Wasser, Luft)
- Untersuchungsverfahren (Such-, Aufschluß- und Probenahmeverfahren)
- Probenahmeraster
- analytische Nachweisverfahren für Gefahrenstoffgruppen bzw. Gefahrstoffe.

Außerdem enthält das System eine Aufstellung aller bei der Untersuchung eines kontaminationsverdächtigen Standortes anfallenden Kosten.

11 Philosophie des offenen „Werkzeugkastens"

Das Institut für Umweltinformatik arbeitet an einem offenen „Werkzeugkasten" mit Altlasten-Softwaremodulen. Er wird alle vorstehend genannten Module enthalten. Die Entwicklungsphilosophie ist, daß die einzelnen Module integrale Bestandteile eines Gesamtsystems sind. Dies wird auch in Abb. 3 dargestellt.

Einmal erfaßte Datenbestände werden von allen Modulen problemlos mitverwendet. Aufgrund leistungsfähiger Datenimport- und -exportfunktionen mit entsprechenden Konvertierungsroutinen wird der Aufwand, der sonst bei mehrfacher Datenerfassung entsteht, spürbar minimiert. Für den Anwender entsteht darüber hinaus durch die offenen Schnittstellen keine Bindung an den Softwarehersteller (hier IUI). Der einzelne Anwender kann sich eine, auf seine momentanen Bedürfnisse zugeschnittene Arbeitsumgebung zusammenstellen. Wächst sein Bedarf nach DV-Unterstützung, so wächst „sein Werkzeugkasten" sukzessive mit. Sind Produkte anderer Hersteller einzusetzen, so benötigen diese nur eine Datenimportfunktion.

Zukünftige Entwicklungsrichtungen des IUI, unter Beibehaltung der Offenheit und des integralen Systemansatzes, sind:

– Projektmanagement von Sanierungsvorhaben
– Anbindung an Standard-Software-Produkte (z. B. Textverarbeitung, Tabellenkalkulation, Mailingsysteme, Geschäftsgrafik, Groupware-Produkte usw.)
– Abbildung des unternehmens- bzw. behördenspezifischen Informationsflusses
– Integration einer Dokumentenverwaltung und eines Ablage-/Archivierungssystems
– Einbindung von Verfahren zum sicheren Datenaustausch und zur Gewährleistung der Rechtsverbindlichkeit (Integrität) von Dokumenten und deren Vertraulichkeit.

XIV Ausblick, Perspektiven, künftige Arbeitsschwerpunkte

Wolfgang Selke und Bernd Hoffmann

Die zur umfassenden Diagnostik von Altlastproblemen erforderlichen Instrumente stehen bereit. Die Hauptquellen zur Informations- und Datengewinnung sind ohne weitere administrative Hemmnisse zugänglich und mit kalkulierbarem Aufwand abarbeitbar. Es wurde am Beispiel des Stadtverbandes aufgezeigt, daß die Selbstbeschränkung auf historische Fragestellungen nicht zwingend ist und Forderungen – z. B. des Rates von Sachverständigen für Umweltfragen – in Betrieb befindliche Anlagen zu berücksichtigen, also kontaminationsverdächtige Standorte, erfüllbar sind.

Am Beispiel des Stadtverbandes konnte aufgezeigt werden, daß die Erwartungen der Verwaltungsgerichte nach sachgerechter Abwägung aller Belange bei der Bauleitplanung leistbar sind. Es ist mittels einfacher Organisationsverfügungen möglich, Entscheidungsfehler zu vermeiden. Damit wird die Rechtssicherheit des Flächennutzungsplanes und der Bebauungspläne wesentlich erhöht, Fehlinvestitionen werden weitgehend ausgeschlossen.

Als Fazit läßt sich festhalten, daß für die flächendeckende, systematische Gesamterfassung von kontaminationsverdächtigen Standorten die Vorteile überwiegen und Aufwand und Zeit gerechtfertigt sind. Mit der sogenannten Hauptbewertung wird die Zahl kritischer Standorte mit der Methode der Relativbewertung, d. h. einer vergleichenden Gefährdungsabschätzung auf der Grundlage beprobungsloser Verfahren, erheblich reduziert. Somit besteht eine gute Grundlage zur Priorisierung im Hinblick auf orientierende oder detaillierte Untersuchungen an der Vielzahl der erfaßten Standorte, aber auch bezüglich der Auswahl eventueller Folge- und Neunutzungen.

In jedem Fall führt der eingeschlagene Weg den Anwender auf eine mehr oder weniger große Anzahl von untersuchungsbedürftigen Standorten. Ihre Auswahl ist auf rationaler und nachvollziehbarer Grundlage erfolgt. Dennoch stellt sich natürlich sofort die Frage: „Was nun?" Für diese Situation wurde der Projektbaustein „Untersuchungsprogramm

Altlasten" entwickelt, der an detaillierten Fragestellungen zum individuellen, konkreten Einzelstandort ansetzt. Alle Aspekte sind jetzt wichtig, die zur Aufklärung der Verdachtsmomente beitragen. Hierzu wird jetzt auch der bislang beprobungslose Ansatz verlassen und exakt auf den Aufklärungsbedarf ein Analyseprogramm ausgerichtet. Dieses Programm hilft auch dem Nichtexperten, transparent, wiederholbar und auf fachlich hohem Niveau Leistungen (Probenahme und Analytik) so zu beschreiben, daß sie ausschreibbar werden. Damit ist die Hauptvoraussetzung geschaffen, Marktmechanismen für den Einsatz öffentlicher Gelder nutzbar zu machen, ohne Qualitätseinbußen befürchten zu müssen.

Leider gibt es bereits bei mittelgroßen Kommunen in der Gruppe der Standorte mit hohem Gefährdungspotential noch so viele kontaminationsverdächtige Flächen, daß ein völliger Verzicht der weiteren Nutzung in der Regel nicht hingenommen werden kann. Dies gilt umso mehr, als diese Flächen oftmals eine attraktive Lage aufweisen können, beispielsweise in Gewerbegebieten oder infrastrukturell gut erschlossenen Innenstadt-Bereichen. Häufig ist auch festzustellen, daß Altlasten-Standorte für eine Folgenutzung nicht völlig unbrauchbar sind, sondern, abhängig von dem Aufwand, den man in ihre Aufbereitung investiert, mehr oder weniger anspruchsvoll wiedergenutzt werden können.

Dieses „mehr oder weniger anspruchsvoll" einzuengen und eine Quantifizierung zu erreichen, ist für viele Entscheidungsträger von allergrößtem Interesse. Diejenigen, die gesellschaftliche oder ökologische Interessen repräsentieren, benötigen gemeinsam mit den rein betriebswirtschaftlichen Aspekten Entscheidungsgrundlagen, die die ökonomische Rationalität berücksichtigen.

Genau hier setzt der Stadtverband Saarbrücken die Ziele einer weiteren Teilaufgabe im Rahmen seines Forschungsprojektes: Ein Hauptziel, an dem seit 1991 gearbeitet wird, ist es, alternative Wiedernutzungsmöglichkeiten von Brachflächen vorzuschlagen. In diesem Zusammenhang werden Sanierungsziele und Sanierungskosten diskutiert. Der Stadtverband entwickelt das Simulationsmodell Integrierte Nutzungs- und Sanierungsplanung (SINUS). Die Eingriffsmöglichkeiten reichen von der Empfehlung zum Verzicht auf bestimmte Nutzungen über Vorschläge zur bevorzugten Nutzungsplanung bis zur empfehlungsneutralen Wiedergabe der kosten- und massenmäßigen Abschätzung der Anwendung der Palette verschiedener Sanierungsverfahren.

Weil das ökologisch und sozio-ökonomisch wünschenswerte maximale Handlungsprogramm zur Wiederherstellung eines Zustandes vor Eindringen der Kontamination aus technischen und überwiegend finanziellen Gründen nicht möglich ist, kommt neben der Überwachung, der Vorsorge, dem Schutz und der Beschränkung insbesondere der „Gefahrenabwehr durch Raumplanung" besondere Bedeutung zu. Die Konzeption der Gefahrenabwehr durch offensive städtische und regionale Entwicklungsplanung wird als kombinierter Modellansatz (Überwachung/Sanierung und Planung) erarbeitet zur Realisierung eines wirtschaftlich vertretbaren und dennoch effektiven Instrumentariums der Gefahrenabwehr. Dabei steht, soweit möglich, die Gefahrenabwehr durch Nutzungs-/Planungsänderung im Vordergrund.

Da das Gefährdungspotential einer Altlast keine absolute Größe ist und bei der Gefährdungsabschätzung davon ausgegangen wurde, daß bestimmte Nutzungsansprüche durch rechtswirksame Raumordnungspläne, Bauleitpläne und Fachpläne vorgegeben sind, liegt es nahe, ein flexibles Handlungsmodell auf der Grundlage dieser Überprüfung und gegebenenfalls Änderung der betroffenen Nutzungen und Nutzungsabsichten zu entwickeln. Es bestehen Abhängigkeiten zwischen den alternativen Nutzungen und den Kosten der dazugehörenden Eingriffserfordernissen, die anhand eines Computerprogrammes wiedergegeben werden sollen. Letzteres wird im Zuge des Forschungsprojektes von einer Arbeitsgruppe in enger Abstimmung mit der Projektleitung erstellt.

Mit dem Programm können die Konsequenzen der verschiedenen Planungen aufgezeigt und ausgewählt werden. Den politischen Gremien obliegt dabei die Entscheidung und Verantwortung über Alternativen und Kosten. So entsteht stufenweise ein Entscheidungskonzept, aus dem ersichtlich ist, mit welchem Aufwand die verschiedenen Nutzungen realisierbar sind. Die Bewertung der Kontamination und die Anforderungen an das Gelände bzw. die notwendigen Eingriffserfordernisse hängen maßgeblich von der Art der geplanten Nutzung ab.

So können beispielsweise nutzungsbezogene Grenzwerte zugrunde gelegt werden, so daß ein mehrfacher Durchlauf der Bewertung bzw.

damit einhergehende alternative Programme für eine Fläche notwendig werden können. Ein solcher Durchlauf zur Entscheidungsfindung für die Kosten-Nutzungsoptimierung einer kontaminationsverdächtigen Fläche besteht prinzipiell aus drei Schritten, die sich jeweils aus Teilschritten aufbauen. Wie bereits erwähnt, soll ein maßgeblicher Teil des Arbeitsablaufes mit Hilfe eines DV-Werkzeugs durchgeführt werden. Die Ergebnisse aus diesem Programm sollen in ansprechender Form visuell verdeutlicht werden können, damit auch Nichtfachleuten die Folgen veränderter Entscheidungen verständlich gemacht werden können. Alle Erfahrungen zeigen, daß interaktive Programmgestaltungen in besonderem Maße effizient sind. Hierzu ist geplant, entweder verschiedene am Markt befindliche Programmodule heranzuziehen, die in sich mehr oder weniger abgeschlossen und verwendungsfähig vorliegen, oder ein an anderer Stelle vorhandenes Programm so umzuarbeiten, daß dessen Leistungsprofil und das im Stadtverband Saarbrücken-Projekt formulierte Anforderungsprofil zueinander passen.

So soll zum Beispiel eines der konventionellen Programme eingesetzt werden, das die Erstellung von Isolinienplänen bzw. dreidimensionalen Schadstoffverteilungsbildern aus einer Datenpunktwolke zu konstruieren erlaubt. Dieses Programm erlaubt die flächen- und tiefenmäßige Angabe von Werten sowie ihre zwei- und dreidimensionale Wiedergabe. Damit ist die Status-quo-Situation über eine moderne Probenahmedatenbank gesichert.

Weitere Programmbausteine erlauben die Konstruktion von Profilschnitten, Berechnung von Schadstoffvolumina, Darstellung der Nutzungsmöglichkeiten und Rückgriffe auf eine Programmbibliothek, in der Informationen zu Grenz-, Richt-, Schwellenwerten, Sanierungsverfahren u. a. enthalten sind. Im Gegensatz zu Programmen, die nur geringe naturwissenschaftliche Vorkenntnisse erfordern (bspw. Erfassungprogramme, Bewertungsprogramme u. a.), sind hier allerdings umfangreichere Vorkenntnisse erforderlich.

Da viele kommunale Sachbearbeiter und Mitarbeiter in den Ingenieurbüros aufgrund ihrer alltäglichen oder wiederkehrenden Beschäftigung mit der Altlastenproblematik über ausreichende Erkenntnisse verfügen, ist davon auszugehen, daß gerade für sie mit dem hier geplanten Programm ein geeignetes Instrument zur Entscheidungsvorbereitung bereitgestellt werden kann. Das Simulationsmodell SINUS wird am konkreten Fall entwickelt und erprobt, um die anwenderfreundliche Benutzung sicherzustellen. Zur Praktikabilität wird sicher auch beitragen, daß das geplante Modell für marktgängige Hardwaresysteme der unteren Preisklasse konfiguriert wird.

Diese Aufgabe verspricht spannende Ergebnisse, daher wollen wir ihr eine eigene Veröffentlichung widmen. Wir hoffen, daß die konkreten Auseinandersetzungen um die zukünftige Entwicklungsmöglichkeit bei kontaminationsverdächtigen Standorten im städtischen Nutzungsgefüge bei unseren Lesern auf Interesse stoßen werden.

Glossar

Altlastenfreiheits-Bescheinigung
Dokument in Brief-, Gutachten- oder Vertragsform, das nach eingehender beprobungsloser Untersuchung oder nach evtl. zusätzlich durchgeführten Feld- und Laboruntersuchungen eine Fläche als mit großer Wahrscheinlichkeit nicht umweltgefährdend ausweist.

Arbeitspaket
Eigenständiges, in sich weitgehend abgeschlossenes Bearbeitungsteil des Handlungsmodells Altlasten des SVS.

Befliegung
Bildflug zur systematischen Erstellung von Luftbildern über einen bestimmten Geländeausschnitt.

Bewertungskategorie der Verfügungsmöglichkeit
Aspekt (Dimension), mit dem die mögliche zukünftige Nutzung im Standortumfeld abgeschätzt wird.

Bewertungskategorie der wirtschaftlichen und sozialen Bedeutung
Aspekt (Dimension), mit dem die tatsächlich vorhandene Nutzung im Standortumfeld erfaßt und bewertet wird.

Bewertungsschlüssel
Bewertungsschlüssel dienen zur Abschätzung des Emissions-, Transmissions- und des Gesamtgefährdungspotentials. Ein Schlüssel ist eine Bewertungsmatrix, die eine Anzahl von komplizierten, komplex aufgebauten Sachverhalten miteinander verknüpft. Als Ergebnis des Verknüpfungsprozesses erhält man eine Schlüsselnummer, die einer bestimmten Potentialklasse zugeordnet ist (Transmission, Emission) oder die auf die Dringlichkeit hinweist, bestimmte Handlungsempfehlungen auszuführen (Gesamtbewertung).

Bodenschutzgesetz
Das (auf Bundes- oder Landesebene angesiedelte) Umweltgesetz, das medial den Schutz des Bodens zum Gegenstand hat.

Bodenwert

Kaufpreis für Bauland (DM/m^2).

Emissionspotential

Es dient der Einschätzung der an kv-Standorten vorhandenen Stoffgefährlichkeit. Im wesentlichen drückt das Emissionspotential aber die Wahrscheinlichkeit von Stoffemissionen an einer kv-Fläche aus. Dies kann durch folgende Aussagen erreicht werden:
- Bestimmung des toxischen Wirkungspotentials der am Standort ermittelten Schadstoffe,
- Bestimmung physiko-chemischer Stoffeigenschaften,
- Bestimmung des Stofffreisetzungspotentials von Branchen.

Entscheidungsschlüssel

Entscheidungsschlüssel dienen als methodisches Hilfsinstrument bei der Aufstellung von Untersuchungprogrammen. Es handelt sich um eine Entscheidungsmatrix, die eine Anzahl von komplizierten, komplex vernetzten Sachverhalten miteinander verknüpft und auch bei mehrfacher Anwendung durch verschiedene Benutzer über Schlüsselnummern zu immer den jeweils gleichen Empfehlungen führt.

Ermächtigungsgrundlage

Die gesetzliche Bestimmung, die den behördlichen Eingriff in Rechtspositionen Einzelner rechtfertigt.

Erstbewertung

Die Erstbewertung ist der erste Schritt in der Gefährdungsabschätzung für eine einzelne Verdachtsfläche.

ETI-Modell

Modell zur Gefährdungseinschätzuung von kv-Standorten, wobei die Parameter Emission (Stoffgefährlichkeit, Freisetzung von Schadstoffen), Transmission (Schadstofftransport) und Immission (Anfälligkeit von Nutzungen gegenüber der Einwirkung von Schadstoffen) dem Abschätzungsverfahren zugrunde gelegt werden.

Flächennutzungs- und Bauleitplanung

Die flächenbezogene verbindliche Festlegung von vorgesehenen Nutzungen durch konkrete Planungsakte auf kommunaler Ebene.

Gefährdungsabschätzung

Gefährdungsabschätzung ist die qualitative oder quantitative Spezifizierung der Gefahren, die von einer kontaminationsverdächtigen Fläche ausgehen. Im hier vorliegenden Zusammenhang ist eine Gefährdungsabschätzung relativ zu sehen, d. h. es werden unter mehreren Standorten graduelle Abstufungen der Gefährdung in Form einer Reihenfolge vorgenommen.

Geographisches Informationssystem (GIS)

Rechnergestütztes System zur Erfassung, Bearbeitung und Darstellung der verschiedensten raumbezogenen Punkt-, Linien- und Flächendaten, im Grunde eine elektronische Verknüpfung von Karte und Datenbank.

Gesamtbewertung

Die Gesamtbewertung dient der Bewertung des Gesamtgefährdungspotentials an einem kv-Standort. Zu diesem Zweck werden die Teilpotentiale Emission, Transmission und Immission in einem Bewertungsschlüssel miteinander verknüpft. Die Schlüsselnummern werden entsprechend dem vermuteten Gefährdungsgrad priorisiert; den einzelnen Prioritätsziffern werden Handlungsempfehlungen, die der Einschätzung der Standorte dienen, zugewiesen. Am Ende der Gesamtbewertung steht die Bestimmung des Gesamtgefährdungspotentials eines Standortes.

Gesamtwert (für das Standortumfeld)

Räumliche und sachliche Zusammenfassung aller Bewertungsergebnisse aller sozio-ökonomischen Teilsysteme im Standortumfeld.

Grauton

Reflektionsunterschiede der mit panchromatischen Filmen aufgenommenen Objekte werden im Bild durch unterschiedliche Grautöne wiedergegeben. Sie sind eines der wichtigsten Hilfsmittel für eine korrekte Interpretation.

Handlungsempfehlung

Im Zuge der Gesamtbewertung werden alle 200 Prioritätsziffern in unterschiedlich großen Untersuchungsblöcken zusammengefaßt. Den einzelnen Blöcken ist eine bestimmte Abfolge von Handlungsempfehlungen zugeordnet. Insgesamt sechs Handlungsempfehlungen stehen zur Verfügung. Vier Handlungsempfehlungen weisen auf zunehmenden Informations- bzw. Untersuchungsbedarf an den einzelnen kv-Standorten hin. Jeweils zwei (Handlungsempfehlung 1 und Handlungsempfehlung 2) funktionieren beprobungslos oder benutzen Aufschluß-, Probenahme- und Analytikverfahren (Handlungsempfehlung 3 und Handlungsempfehlung 4). Zwei weitere Handlungsempfehlungen verneinen weiteren Untersuchungsbedarf (Handlungsempfehlung A und Handlungsempfehlung B) und sprechen die betroffenen kv-Standorte zumindest vorläufig vom Altlastverdacht frei.

Hauptbewertung

I. Arbeitspaket, mit dem die Bewertungsphase des Handlungsmodells abschließt.
II. Nochmalige beprobungslose Standortbewertung aus einem anderen Blickwinkel wie Vorbewertung. Hier werden rein naturwissenschaftliche Gesichtspunkte zugrunde gelegt. (Die Hauptbewertung ist nicht zu verwechseln mit den Ergebnissen einer Hauptuntersuchung). Ziel der Hauptbewertung ist die Reduktion der Anzahl kritischer Standorte.

Immissionspotential

Die Bestimmung des Immissionspotentials meint die grundsätzliche Anfälligkeit von Nutzungen gegenüber der möglichen Kontamination von Umweltmedien. Die Klassifizierung des Immissionspotentials beschreibt den Grad der Gefährdung, der eine Nutzung und damit verbundenene Schutzgüter durch Kontamination des Standortes und/oder dessen Umgebung ausgesetzt sind.

Intensivrecherche

Über einen Standort werden Informationen beschafft mit dem Ziel, nachzuprüfen, ob eine Gefährdung der Umwelt von diesem Standort ausgeht. Die Informationsgewinnung erfolgt beispielsweise durch Telefonate, Besprechungen, Aktenauswertungen bei Behörden, Institutionen (Bauaufsichtsbehörde, Wasserbehörde, Gewerbearchive, Planungsämter, Katasterämter, Landesvermessungsämter usw.) und Privatpersonen sowie durch Begehungen.

Interpretationsschlüssel (b. d. Luftbildauswertung)

Systematische Zusammenstellung typischer Merkmale der zu erfassenden Objekte, z. B. charakteristischer Muster oder Texturen, die eine eindeutige Identifizierung erlauben.

Kontaminationspotential

Die wahrscheinlich bzw. möglicherweise aufgrund gewerblicher oder industrieller Vornutzungen freigesetzten Stoffe, die das ortsübliche Maß überschreiten.

Kontaminationsverdächtige (kv) Fläche, kv Standort

Fläche, für die aufgrund der Datenlage oder aufgrund von Beobachtungen ein Kontaminationsverdacht besteht. Dieser kann sowohl durch die aktuelle als auch durch die historische Nutzung verursacht worden sein.

Luftbildumzeichner, analytischer Stereoplotter
Präzisionsgeräte zur lagetreuen Erfassung von Objekten in Luftbildern, etwa in Form von Karten.

Mobilitätspotential
Fähigkeit zur Freisetzung und zum Weitertransport von Schadstoffen aufgrund ihrer spezifischen physiko-chemischen Stoffeigenschaften.

Morphologie
Lehre von der Form von Objekten oder auch einfach die Form von Objekten selbst (zugehöriges Adjektiv: morphologisch).

Multitemporale Luftbildinterpretation
Systematische Auswertung von Bildern, die zu verschiedenen aufeinanderfolgenden Zeitpunkten aufgenommen worden sind. Ziel ist es vor allem, die zwischen den einzelnen Befliegungsdaten erfolgten Veränderungen zu erfassen (entsprechend: multitemporale Karteninterpretation).

Orientierte Untersuchungen
Standortuntersuchungen auf der Basis von Leit- und Summenparametern und/oder auf der Basis häufig bei Altlaststandorten anzutreffender Schadstoffe.

Panchromatische Luftbilder (Filme)
Panchromtische Bilder umfassen den gesamten sichtbaren Bereich des elektromagnetischen Wellenlängenspektrums. Alltagssprachlich: „Schwarz-Weiß-Bilder".

Polizeiliche Generalklausel
Die Bestimmung in den Polizei- und Ordnungsgesetzen, die der zuständigen Behörde aufgibt, zur Abwehr von Gefahren für die Sicherheit und Ordnung die erforderlichen Maßnahmen zu treffen.

Prioritätsstufe
Im Rahmen der Vorbewertung wurden die kv-Standorte innerhalb des Stadtverbandes entsprechend ihrem vermutlichen Gefährdungspotential in sechs Prioritätsstufen eingeteilt (Prioritätsstufe 1 = höchste Einstufung eines kv-Standortes).

Prioritätsziffern

Alle Schlüsselnummern des Gesamtbewertungsschlüssels werden entsprechend der vermuteten Gefährdung in einer Rangfolge sortiert. Die Rangfolge zeigt die Dringlichkeit auf, mit der die unter der jeweiligen Prioritätziffer zusammengefaßten Standorte einer Untersuchung unterzogen werden müssen. Die vermutete Gefährdung errechnet sich durch Gewichtung des Emissionpotentials mit 30 %, des Transmissionspotentials mit 20 %, und des Immissionspotentials mit 50 %.

Regelungsfunktion (des Bodens)

Dieser Parameter bezieht sich gleichermaßen auf den Ober- und den Unterboden. Er setzt sich aus den drei Teilfunktionen Filter-, Puffer- und Transformatorkapazität zusammen.

Schlüsselnummer

Die beim Durchlauf eines Bewertungsschlüssels resultierende Zahlenkombination (s. Bewertungsschlüssel). Standortmerkmale sind die Grundbausteine der Bewertungsschlüssel für das Emissions- und Transmissionspotential. Es können sowohl geoökologische Eigenschaften damit gemeint sein (z. B. Wasserdurchdringbarkeit) als auch solche, die mit der kontaminationsverdächtigen Nutzung des Standortes korrespondieren (z. B. Lage des Emittenten oder des Mobilitätspotentials).

Schutzgüter

Rechtlich geschützte Güter, z.B. Gesundheit von Menschen, öffentliche Wasserwirtschaft.

Sozialer Funktionswert

Wert für die Einschätzung von öffentlichen oder sozialen Belangen (wird qualitativ vergeben).

Sozio-ökonomische Teilsysteme

Nutzungen, insbesonderer Flächennutzungen am kv-Standort und im Standortumfeld.

Standort-Checkliste

Tabellarisch aufbereitetes, weitestgehend standardisiertes Standortdossier, dem die wesentlichen standortspezifischen Eigenschaften entnommen werden können.

Standortumfeld
Nähere Umgebung der Altlastenfläche.

Steuerungsfunktion des Rechts
Der Beitrag, den das Recht zur Verhaltensbeeinflussung leistet.

Stoffgruppenanzahl und Stoffmengenpotential
Diese Kriterien eignen sich zusammen mit anderen Standortmerkmalen (Flächengröße, Betriebs- bzw. Ablagerungsende, Mobilitätspotential) zur Abschätzung des Emissionspotentials. Die Zuweisung von Stoffgruppenanzahl und Stoffmenge zu bestimmten Branchen basiert auf praktischen Untersuchungen, Erfahrungswerten und auf Literaturangaben.

Transmissionspotential
Das Transmissionspotential gibt Auskunft über die geoökologischen Standortverhältnisse am Standort und deren Eignung zum Transport von Schadstoffen.

Umweltmedien
Umweltmedien sind in diesem Zusammenhang Boden, Wasser und Luft.

Untersuchungsblöcke
Ein Hilfsmittel, um kv-Standorte beim ersten Bewertungsdurchlauf bestimmten Handlungsempfehlungen zuordnen zu können. Es werden auf einer groben Ebene Schlüsselnummern zusammengefaßt, denen ein etwa vergleichbares Gefährdungspotential zugesprochen wird.

Untersuchungsprogramm
Detaillierte Aufstellung aller durchzuführenden Feld- und Laborarbeiten einschließlich der Vorgaben über Zahl und Art von Probenahmen und Untersuchungsverfahren, die auf einer nachvollziehbaren wissenschaftlichen Grundlage basiert.

Vorbewertung
Die Vorbewertung dient der ersten groben Einschätzung von kv-Standorten hinsichtlich ihres vermuteten Gefährdungspotentials. Sie stuft kv-Fächen in sechs Prioritätsstufen ein, wobei die potentielle Gefährdung von Prioritätsstufe 1 zu Prioritätsstufe 6 abnimmt. Entsprechend der abnehmenden Gefährdung werden die Standorte durch die Hauptbewertung einer genaueren Gefährdungsabschätzung unterzogen.

Wirkungsanalyse sozio-ökonomischer Systeme
Arbeitspaket, in dem die ökonomischen und sozialen Qualitäten im Standortumfeld beschrieben werden.

Worst-case-Prinzip
Bei der Bewertung sowohl der Teilpotentiale als auch bei der Bewertung des Gesamtgefährdungspotentials wird bei unsicherer Sachlage aus Vorsorgegründen immer der schwerwiegendste Fall angenommen. Das heißt im Zweifel wird die Bewertung hochgestuft.

Autorenverzeichnis

ALBERT, GERHARD
Dr. rer. hort.
Geschäftsführer der Planungsgruppe Ökologie und Umwelt Hannover

BECKER, MARTIN
Dipl.-Geol.
Saarberg-Interplan, Saarbrücken

BOHRER, HARTMUT
Dipl.-Geogr.
UGB ECO-LOG Umweltconsulting – Planung – Projektdurchführung, Blieskastel

BRANDT, EDMUND
Prof. Dr. jur., habil. Dipl.-Pol.
Lehrstuhl Umweltrecht an der Universität Cottbus

EBERHARD, JOST
Dipl.-Geogr.
Geschäftsführer Heide und Eberhard, Stadt- und Regionalplaner, Bonn

FRANKE, KLAUS-JÜRGEN
Bundesverband Altlastbetroffener e. V.

GROH, HELMUT
Prof. Dr. rer. nat.
Direktor des Instituts für Umweltinformatik an der Hochschule für Technik und Wirtschaft des Saarlandes, Saarbrücken

HARTMANN, JÖRG
Dr. rer. nat.
Leiter des Umweltamtes des Landkreises Wittenberg

HEIDE, RUDOLF
Dipl.-Ing.
Heide und Eberhard, Stadt- und Regionalplaner, Bonn

HEINEMEYER, STEFAN
Dipl.-Geogr.
Sachgebiet Bodenschutz/Altlasten im Umweltamt des Stadtverbandes Saarbrücken

HOFFMANN, BERND
Dipl.-Ing., M. S. Urban Planning
Sachgebiet Bodenschutz/Umweltinformationssystem im Umweltamt des Stadtverbandes Saarbrücken

HUPPERT-NIEDER, HANS-PETER
Dr. phil.
Geschäftsführer der Firma UGB ECO-LOG
Umweltconsulting – Planung – Projektdurchführung, Blieskastel

OELLERICH, JÖRG
Dipl.-Biol.
Amt für Strom- und Hafenbau, Hansestadt Hamburg

RUF, JOACHIM
Dipl.-Geogr.
Lahmeyer International, Frankfurt a. M.

SELKE, WOLFGANG
Dipl.-Ing., Mag. rer. publ.
Leiter des Sachgebietes Bodenschutz/Umweltinformationssystem im Umweltamt des Stadtverbandes Saarbrücken, Projektleiter des Forschungsvorhabens „Handlungsmodell Altlasten"

SOYEZ, DIETRICH
Prof. Dr.
Fachrichtung Geographie an der Universität des Saarlandes

WAGNER, JÜRGEN
Dr. rer. nat.
Priv.-Doz., Geschäftsführer der Firma Dr. H. Marx GmbH, Spiesen-Elversberg/Saar